Quarante Ans

DE

THÉATRE

FRANCISQUE SARCEY ÉCRIVANT SON FEUILLETON

(Croquis d'après nature, par DANTAN)

Francisque SARCEY

Quarante Ans
DE
THÉATRE

(Feuilletons dramatiques)

LA CRITIQUE ET LES LOIS DU THÉATRE

LA COMÉDIE-FRANÇAISE

I

BIBLIOTHÈQUE DES ANNALES
Politiques et Littéraires

PARIS — 15, RUE SAINT-GEORGES

1900

IL EST TIRÉ DE CET OUVRAGE

CINQUANTE EXEMPLAIRES NUMÉROTÉS A LA PRESSE

SUR PAPIER DE HOLLANDE

AVANT-PROPOS

Longtemps, nous avons hésité avant de nous résoudre à cette publication. Bien souvent, Francisque Sarcey avait été sollicité de l'entreprendre : il s'y était toujours refusé. Il se réservait de condenser ses feuilletons, de les récrire en parties, et d'en tirer un ouvrage général sur le théâtre, une sorte de dramaturgie, où il aurait tout à la fois exprimé les idées qui lui étaient chères et versé ses souvenirs. Il gardait ce labeur pour sa vieillesse. La mort lui a arraché la plume des mains. Et nous nous demandions si nous avions le droit de tenter ce qu'il n'avait pu lui-même accomplir.

Nous avons consulté à ce sujet, les amis de Sarcey, et le plus autorisé de tous, son élève et son successeur, Gustave Larroumet. Ils nous ont pleinement rassuré. Ils nous ont dit que bien loin de trahir les intentions du maître critique, nous les réaliserions en répandant sa pensée au sein de la foule, et que d'ailleurs, il était nécessaire, dans l'intérêt des lettres françaises, d'exprimer le suc de ces deux mille causeries, où l'histoire du théâtre et des mœurs est tracée au jour le jour, avec une verve, une vivacité d'impressions, une verdeur sans pareilles, et une imperturbable sagesse. Ce dernier argument nous a paru décisif. Et nous avons recherché les meilleurs moyens de venir à bout de notre tâche.

Elle était fort délicate. Il ne s'agissait plus d'un travail de remaniement et de refonte. Nous avions le devoir absolu de respecter le texte de l'écrivain. Le reproduire intégralement, il n'y fallait pas songer : quatre-vingts tomes n'y eussent pas suffi. Il convenait d'en éliminer ce qui n'avait qu'un caractère d'actualité passagère et de retenir ce qui avait trait, soit aux chefs-d'œuvre classiques, soit aux plus considérables des auteurs contemporains, soit aux acteurs célèbres, soit aux lois essentielles, aux traditions et aux conditions de l'art dramatique. La grande expérience et le goût de M. Gustave Larroumet nous ont aidé dans ce choix et nous tenons à le remercier ici de son précieux concours.

Tel est donc le plan que nous avons suivi. Le lecteur trouvera dans ce premier volume, avec quelques importants chapitres de « Théorie », ce que Sarcey a imprimé de plus décisif sur la Comédie-Française. On ne saurait dans l'avenir s'occuper de l'illustre Maison sans se reporter à ces pages qui témoignent d'une tendresse immuable mais non pas aveugle, et qui renferment le résultat d'un demi-siècle d'observations.

Les volumes suivants auront pour objet :

Les comiques (Molière, Regnard, Marivaux, Beaumarchais, etc.).

Les tragiques (Corneille, Racine, Sophocle, Shakespeare, etc.).

Viendront ensuite :

Les modernes (le drame, le vaudeville, la comédie de mœurs et de caractère).

La jeune école (le théâtre libre et l'influence d'Ibsen).

Enfin, dans un dernier volume, prendront place les retentissantes réponses de Sarcey. Et si nous rééditons certains de ces fameux morceaux, ce n'est pas pour le vain plaisir de ranimer des querelles éteintes, c'est que le talent de Sarcey s'y épanouit sous une forme particulièrement éclatante. Sarcey restera, à côté de Paul-Louis Courier et de Veuillot, comme un des plus savoureux polémistes de ce temps. Sa bonhomie, au même degré que leur virulence, était redoutable.

Et maintenant, puisse le public éprouver, à lire ces fragments, le même plaisir que nous avons ressenti à les assembler. Il y prisera cette honnête et robuste franchise, cette conscience qui assurèrent l'autorité du critique, et ces admirables qualités, qui étaient en lui, et qui sont des qualités de théâtre : le relief, le mouvement et la vie...

Adolphe Brisson.

FRANCISQUE SARCEY

D'innombrables témoignages d'admiration et de sympathie ont été apportés à la mémoire de Francisque Sarcey. Parmi tous ces articles, publiés au lendemain de sa mort, nous croyons devoir reproduire les suivants, qui renferment d'utiles indications sur sa personne et son œuvre.

C'est un collaborateur de trente années, c'est un ami de ma jeunesse, c'est un maître de la critique, une des forces du journalisme que le *Temps* vient de perdre, et le retentissement de la mort de Francisque Sarcey sera profond dans le public qui l'aimait, dans la foule même où il était si populaire.

On ne s'imagine pas une première représentation sans cette sorte de président robuste, attentif et passionné, qui n'avait d'autre désir, en entrant dans une salle de spectacle, que de s'y plaire, et qui, à soixante et onze ans, aimant le théâtre comme aux jours de ses débuts, y arrivait le premier et sacrifiait tout : invitations mondaines, soirées amicales, relations, camaraderie, jusqu'à sa santé, pour suivre avec le respect de sa profession et le plus rare souci de ce qu'on appelait en souriant le « sacerdoce », les débuts des auteurs et des comédiens, depuis la Comédie-Française qu'il aimait tant, jusqu'à ces petits théâtres où les directeurs le suppliaient d'apparaître, et où il allait avec bonhomie, toujours prêt au labeur quotidien, espérant découvrir là quelque œuvre méritant d'être encouragée, quelque auteur nouveau digne d'être révélé au public.

On ne s'imagine point Paris, en ses journées de liesses populaires, privé de l'image de celui à qui, mercredi dernier, la dernière fois que j'ai eu la joie de causer avec Sarcey, un jeune diplomate arabe, l'émir Émin Arslan, disait chez moi : « Savez-vous, cher maître, que, là-bas, au Liban, vous êtes pour mes compatriotes l'*oncle* vénéré comme vous êtes celui des Parisiens? » Le surnom faisait sourire Francisque Sarcey qui l'acceptait de bonne grâce, s'en faisait une sorte de parure et, paterne, restait en effet l'oncle souriant de ceux-là mêmes qui le raillaient et semblaient parfois témoigner de la haine à ce vigoureux homme de lettres qui connaissait toutes les ressources de la polémique mais qui ignorait, lui, le secret de la haine.

On ne s'imagine point surtout le feuilleton du *Temps* n'apportant pas, le dimanche venu, au public qui l'attendait, cette causerie substantielle à la fois magistrale et familière, aimée du lecteur, redoutée des justiciables, singulièrement *documentée*, comme on dit aujourd'hui, sur les œuvres, les hommes et les choses du théâtre et qui servit, pendant quarante ans — depuis les articles de l'*Opinion nationale* — de guide et de moniteur au public. Non pas que, comme on l'en a souvent accusé, Francisque Sarcey se fît le serviteur absolu et comme l'esclave des goûts de la foule. Que de fois, courageusement, avec cet acharnement qu'il apportait en tout son labeur, essaya-t-il de réagir contre les sévérités du public et de lui imposer telle ou telle œuvre forte que les spectateurs n'entendaient pas accepter. Je me rappelle sa campagne en faveur de la *Contagion* d'Augier, satire au fer rouge dont le « public » ne voulut pas. Je cite cette pièce, j'en pourrais citer bien d'autres dont les auteurs sont morts ou encore ont oublié l'intervention courageuse de Sarcey pour ne se souvenir que de ses critiques.

Ce fut cette passion évidente et absolue pour le théâtre qui donna à Sarcey sur la masse des lecteurs cette influence considérable qu'il aura gardée jusqu'à la fin. Lorsqu'il débuta dans la critique, le feuilleton du *lundi* — régal des esprits lettrés —

était aux mains de maîtres stylistes qui, comme Théophile Gautier et Paul de Saint-Victor, en faisaient un prétexte à de brillantes fantaisies, souvent à de durables pages d'histoire ou, comme Édouard Fournier, un thème à des recherches érudites. Le bon Janin, déjà vieillissant, se préoccupait seul de donner sur l'œuvre nouvelle son sentiment intime, ou du moins avait-il ainsi fait jadis, et ce procédé tout simple qui consiste à conter l'œuvre que le public entend connaître lui avait valu, dès longtemps, le surnom de *prince des critiques*. Mais Jules Janin, depuis des années, ne tirait plus, dans les *Débats,* que des feux d'artifice un peu éventés et des fusées mouillées. Sarcey vint qui fut un Janin moins fantaisiste, plus érudit et plus averti, subordonnant, comme il l'a dit, sa vie tout entière au théâtre, ne cherchant pas les pyrotechnies du style, n'aimant que le bon sens, en Français de France, et la bonne foi, en ami d'Horace devenu l'ami de Montaigne, se rappelant le vers de Boileau :

Et mon vers bien ou mal, dit toujours quelque chose,

pour le traduire ainsi :

Ma phrase, bien ou mal, dit toujours quelque chose.

et arrivant ainsi à cette souveraineté littéraire, à cette indiscutable autorité qui pouvait faire se cabrer ceux qui niaient cette toute-puissance mais qui étaient condamnés à la subir.

Je retrouvais, l'autre jour, au bas d'une photographie de Sarcey ces lignes très sincères qu'il traçait sur le carton en manière d'autographe : « Toute mon esthétique tient dans cette phrase de La Bruyère : « Vous voulez dire : il pleut, dites : » il pleut ; vous me trouvez bon visage et vous désirez m'en fé- » liciter ; dites : je vous trouve bon visage. Est-ce un si grand » malheur d'être entendu quand on parle ? » En un mot, il était de la grande lignée des écrivains de race française qui prisent par-dessus toutes choses ces vertus suprêmes : la simplicité, la netteté, la lumière, la clarté.

Et ces qualités, méprisées des subtils et des chercheurs de quintessence, Sarcey les possédait à un degré tel qu'il fut, en ce temps-ci, une force. Une force faite de bonté. Je ne sais pas d'homme au monde qui ait plus volontiers bravé les injures. Il les laissait passer en levant légèrement ses larges épaules et, au rebours de bien d'autres qui puisent des motifs de rancune dans les services qu'on leur rend, il ne se souvenait pas plus des services qu'il rendait aux ingrats qu'il ne se souciait des colères ou des haines de ses ennemis.

D'ailleurs, avait-il des ennemis? Tout homme qui manie, par devoir professionnel, les amours-propres, les vanités et surtout les intérêts des hommes, est exposé à déchaîner des révoltes qui, chez les âmes hautes, se calment bien vite, mais qui s'aigrissent et deviennent fiel chez les âmes basses. Sarcey passait à travers ces orages comme si ses yeux de myope lui eussent donné la grâce d'état de ne pas les voir. Mais, en réalité, s'il ne les voyait point, c'est qu'il les dédaignait et qu'il faisait mieux encore, le bon et brave juge tant de fois maudit et toujours aimé en fin de compte : il les oubliait.

C'est maintenant qu'on va voir quelle était la puissance de Sarcey et combien cet ami du théâtre en France savait inspirer au public même cette passion pour la scène qui le dévorait. Les jeunes, qu'il encourageait pourtant, se figureront sans doute que lui, parti, l'obstacle est renversé. Ils verront bien qu'ils perdent un conseiller, un oncle parfois grondeur, bon enfant cependant, et la main cordialement tendue. Je dis la main : chez Sarcey, elle n'était pas toujours vide.

La Comédie-Française surtout perd un ami dévoué et le type le plus parfait et le plus complet de ces vieux habitués dont le coup d'œil et le suffrage étaient autrefois, pour les comédiens, l'encouragement suprême. « Vous avez été bien applaudi, ce soir », disait-on à un de ces acteurs d'autrefois, un des plus illustres. Il répondit, comptant pour peu les bravos de la foule : « Oui, mais le *petit coin* n'a pas bronché! » Sarcey était, à lui seul, ce *petit coin* des habitués dont se souciaient jadis et s'inquiétaient les comédiens fameux. Il l'aimait cette noble Comédie qui, devant l'étranger, fait partie de notre gloire nationale. Il l'aimait, la châtiant parfois, précisément parce qu'il l'aimait, la défendant toujours, avec une ardeur et un dévouement qui touchaient au cœur le pilote.

Et quel exemple donne au journalisme ce journaliste qui meurt à la veille du jour où l'Académie va élire un autre journaliste disparu! Jusqu'à la fin, Francisque Sarcey aura travaillé, travaillé par ce besoin d'écrire qui pousse invinciblement les écrivains nés pour ce labeur de chaque jour, de chaque instant. Il me quittait mercredi, pour aller piocher, disait-il. Et ce mot *travailler*, lorsqu'il le disait, il le prononçait gaiement. Le labeur c'était sa vie. Faire un article lui était un plaisir. La dernière fois qu'il s'assit à sa table de travail, il traça, coup sur coup, deux articles. Le soir, il était au théâtre « devant que les chandelles fussent allumées ». Et couché, le lendemain — frappé à mort — il s'inquiétait de « l'article à faire » — du feuilleton du *Temps*.

Hier encore, hier, quelques heures avant l'étouffement suprême, il se souciait, en vrai journaliste, de l'actualité du matin; demandait, réclamait son gendre, M. Adolphe Brisson, qu'il aimait comme un fils : « Je veux le voir, j'en ai besoin : je ne serais plus au courant! » Il eût pu tenir la plume, il eût écrit certainement.

Écrire, parler, agir, c'était sa vie et tout son être débordait de vie, se dépensait en causeries, en conférences, en articles, jetés au vent, en correspondances privées qu'il multipliait, répondant aux lettres, donnant des conseils, lisant des manuscrits, ajoutant à son labeur public tout un labeur privé — ignoré, et qui sans doute encore, s'il lui faisait des amis, des obligés, lui faisait des ingrats. Mais quoi! peut-être fallait-il à cette nature puissante cette multiplicité d'efforts et de travail. Il disait volontiers, lorsqu'on lui conseillait d'enrayer, que l'homme est fait pour obéir à son tempérament et suivre sa destinée. L'imprudence lui était une règle. Il sortait du théâtre en voiture découverte, sans pardessus. Après une soirée passée à écouter un drame il allait causer durant des heures dans un bureau de rédaction. Il aimait à la fois le *home* qui sent la bonne odeur des livres bien reliés et la salle de journal où le journaliste hume l'odeur de l'encre d'imprimerie comme un soldat aspirerait la poudre.

Il est tombé intact, en pleine puissance, en pleine verve, septuagénaire enseignant aux plus jeunes le travail, l'amour de la lutte, la force, la volonté, la bonté. Je parlais tout à l'heure de l'Académie française. Je ne crois pas m'avancer beaucoup en affirmant que Francisque Sarcey eût, s'il l'eût voulu, succédé à Émile Augier parmi les Quarante. Son vieil ami, M. Gréard, le poussait beaucoup à se présenter. Sarcey se crut tenu, par un article jadis publié à propos de sa candidature et où il déclarait que sur sa tombe il ne voulait que deux titres gravés : *professeur et journaliste*. Qui se souvenait de cet article de renoncement? Sarcey ne l'oubliait pas et, quelque tenté qu'il fût peut-être au fond de son cœur du juste désir d'aller s'asseoir en une compagnie où sa place était marquée, il poussa le scrupule jusqu'à rester fidèle à cette déclaration que tant d'autres avaient faite avant lui qui l'ont oubliée. Le journaliste tint parole au journaliste.

Qu'il garde donc devant la postérité ce seul titre glorieux dont il était fier. Ce grand journaliste honora le journalisme, et son nom populaire, ce nom que tout un peuple, à Orange, avant *Œdipe roi*, acclamait en même temps que celui de Mistral, ce nom du remueur d'idées, de *l'articlier* admirable, prodigieusement alerte, fécond et entraînant, restera dans l'histoire littéraire de ce siècle. Le *Temps* aujourd'hui en porte le deuil.

Et c'est pour nous, c'est pour moi comme un deuil de famille. Cette nuit, dans la maison ouverte où, sur le seuil, les reporters groupés attendaient les nouvelles, dans ce logis où tant de débutants suppliants et peureux ont passé, cherchant l'appui et le réconfort; dans cette petite maison d'un sage où le dévouement admirable de la plus dévouée des femmes s'unissait au zèle des amis, des parents, là, à côté du silencieux désespoir des fils, j'ai vu se dresser le fantôme de ma jeunesse, — j'ai revu Sarcey solide, brun, gai, accueillant, se levant de la table où, penché sur le papier, il promenait sa plume cursive et tendant au nouveau venu cette main rude à la fois et loyale — et j'ai senti combien j'aimais l'ami dévoué qui, dans une heure, allait mourir!

JULES CLARETIE.

17 mai 1899.

Un homme vient de nous quitter qui était plus célèbre qu'un très grand homme, parce que son tempérament était de telle sorte qu'il respirait continuellement de la vie commune, de la vie publique, de la vie de tous, en parfaite communion de sensations, de sentiments et d'idées avec la majorité de ses concitoyens, et vivant, seulement avec un peu plus d'intensité, la vie sentimentale et intellectuelle de tout le monde.

Il était né public, il était né foule. Ce que tout le monde allait penser tout à l'heure, il le pensait un instant auparavant, et ce sens spécial, qui était chez lui un don, qu'il ne faisait rien pour se donner ou pour accroître, lui conférait naturellement une autorité immense sur le public.

De là la notoriété conquise du premier coup et l'illustration très vite acquise, qui n'a subi ni une éclipse ni même un obscurcissement passager depuis quarante ans. De là ce titre de « prince du bon sens » qui lui a été octroyé de très bonne heure et qu'il a accepté sans se faire prier avec bonne grâce. On n'a jamais bien su ce que c'était que le bon sens ; mais on voit assez facilement ce que c'est que le sens commun, et M. Sarcey avait tellement ce sens-là que le sens commun était, en quelque manière, son sens particulier.

Toutes les manières de s'écarter du sens commun lui étaient odieuses : le paradoxe lui répugnait ; l'ironie l'exaspérait ; il n'admettait rien que penser tout droit et parler tout droit, « comme on parle cheux nous », sans jamais s'éloigner de la façon de penser qui était celle de la majorité des « honnêtes gens », en y mettant seulement un ton plus vif, une allure plus allègre et une expression puisée aux sources mêmes de la bonne langue...

Avec une telle nature d'esprit, il était clair que M. Sarcey était appelé, par décret nominatif de la Providence, à être journaliste. La vocation était chez lui éclatante. Les hommes voulant impérieusement qu'on leur donne l'opinion qu'ils ont, qu'on leur dicte les idées qui sont en eux et qu'on leur apprenne ce qu'ils savent, le journaliste idéal est celui qui sait exprimer avec netteté l'idée qui flotte, un peu indécise, dans l'esprit du public, et renvoyer au public, plus précise et plus arrêtée, la pensée que le public lui a donnée à lui-même. Si Nisard a eu raison en disant que l'art classique consiste à exprimer la pensée de tous dans le langage de quelques-uns, Francisque Sarcey a été l'auteur classique par excellence.

C'est ainsi que, successivement, au *Journal de Paris*, au *Gaulois*, sous le second Empire; au *XIXe Siècle* (d'Edmond About), aux *Annales politiques et littéraires*, à l'*Estafette*, au *Matin*, au *Temps*, au *Figaro*, sous la troisième République, sans compter une multitude de journaux de province, il répandit à foison une foule d'articles petits ou grands où, toujours, une pensée judicieuse, très plausible, très probable, sur les menues affaires du temps, s'affirmait en une très bonne langue, avec une bonhomie franche, avec une allure facile, et une imperturbable conviction.

M. Sarcey avait cette très grande force de ne jamais douter de lui pendant tout le temps qu'il écrivait son article, ni peut-être après; mais, du moins, pendant qu'il écrivait, c'était certain. Jamais un repentir, jamais une hésitation, jamais un « peut-être », jamais un « et puis après tout... » De telles manières lui paraissaient condamnables même chez les autres, et jamais il ne se les serait permises avec lui-même, même par jeu. Il pouvait se contredire; mais ce n'était jamais dans la même phrase, ni dans le même paragraphe, ni dans le même article.

De là son immense influence sur le public, qui pardonne tout, excepté qu'on ait une hésitation et qu'on délibère devant lui. Toute manière est bonne en journalisme, excepté celle de Montaigne. Sarcey n'eut rien de cette manière-là, et c'est avec raison qu'il se réclamait de Voltaire, dont l'esprit de décision et l'affirmation énergique et prompte lui servirent, en tout temps, de modèle.

Sa carrière de journaliste proprement dit fut donc très brillante et ce lui fut une grande joie qu'à mesure qu'il approchait du terme il triomphait de certaines préventions et que, s'il voyait se fermer de petites portes, il voyait s'en ouvrir de plus grandes. Éliminé, assez brutalement, d'un journal populaire, il était appelé au *Figaro,* d'où très longtemps l'hostilité d'un directeur, peu judicieux en cela, l'avait tenu éloigné. Cette revanche fut une des flatteuses aventures de ses dernières années.

Je ne sais trop pourquoi, comme journaliste, il évitait les grandes questions. Il préférait les petits faits, les menues affaires, voire les « questions de mots », qu'il aimait particulièrement, et sur tout cela il écrivait au courant de la plume des articles nets, vifs, prestes sous des apparences de nonchalance et qui pouvaient avoir leur défaut, mais d'où jamais la qualité maîtresse du journaliste, c'est-à-dire le mouvement, n'était absente.

Mais c'est surtout comme critique dramatique qu'il s'est fait une réputation qui a dépassé, et de très loin, les frontières de France. En cette affaire il était passé maître, et il restera comme le plus sûr des juges et des amateurs de littérature dramatique qui se soient vus en France depuis que le théâtre y existe. Il s'est trompé assez souvent, il s'est contredit quelquefois et pourtant, je répète ma formule, il a été le plus sûr des critiques dramatiques français, le meilleur en cela étant celui qui se trompe le moins.

Il devait cette maîtrise, d'abord à son amour profond du théâtre qui n'a jamais connu un instant de défaillance, ensuite à sa connaissance, qui était assez étendue, du théâtre français ancien, surtout de celui du dix-huitième siècle, enfin, à son expérience personnelle qu'on jugera assez grande si l'on réfléchit que depuis quarante ans exactement, depuis 1859, il n'a jamais passé une seule soirée sans aller au théâtre, soit pour une première, soit pour une reprise, soit pour le répertoire, et que souvent il y allait, de plus, en matinée, ce qui fait qu'on peut évaluer à *plus de quinze mille* le nombre des représentations théâtrales auxquelles il avait assisté.

Du reste, il avait, dès ses débuts, le sens du théâtre, et cette habitude, qu'il a érigée en règle, et qui est excellente pour le pronostic du succès et de l'échec, de ne s'intéresser, au théâtre, qu'à ce qui distingue essentiellement le théâtre de tous les autres arts, c'est-à-dire à l'intrigue et au dialogue. C'est ce qu'il appelait « le théâtre », et, en effet, c'en est, sinon l'essence, du moins le caractère distinctif et comme le signalement, et c'est à quoi le public s'attachera toujours plus qu'à autre chose, résistant toujours au complexe et, à chaque art, demandant plutôt ce qui le constitue différent des autres que ce qu'il peut emprunter aux autres pour s'en enrichir.

D'esprit très net, il démontait admirablement le mécanisme intérieur d'une pièce et mettait le doigt très vite sur le point faible qui devait, au bout de quelque temps, apparaître en pleine lumière et aussi sur telle qualité un peu cachée, mais de fond, qui devait, malgré l'absence de beautés spécieuses, maintenir et ramener une pièce sur la scène.

Par ce talent vraiment extraordinaire, poussé jusqu'au point où il le portait ; par sa conscience aussi, sa probité littéraire, qui était capable de condescendance et d'indulgence, mais qui n'oubliait jamais « qu'il y avait un minimum de vérité qu'il devait au public » ; par le don, enfin, qui fut chez lui une demi-qualité et un demi-défaut, mais très utile pour la popularité, de penser avec la foule, au théâtre comme ailleurs, et d'être comme un centre où convergeaient naturellement les sensations, même inexprimées, de toute une salle de spectacle, il s'était acquis une immense autorité, devant laquelle on tremblait un peu dans le monde des théâtres, qu'on s'exagérait même et que l'on augmentait en se l'exagérant, et qui, tout compte fait, fut plutôt salutaire, et qui était parfaitement méritée.

Il eut de très grandes qualités morales.

Il était parfaitement incorruptible, ce qui est l'orthographe, sans doute ; mais, encore, tout le monde ne la met pas.

Il était très bienveillant aux débutants, aux « jeunes », à la condition qu'ils ne fussent pas arrogants, ce qui diminuait quelque peu le champ de sa bienveillance, mais lui laissait encore un petit domaine où elle s'exerçait très chaudement. Il était extrêmement généreux et charitable, et n'épargnait, en cas d'infortune à secourir, ni ses soins, ni ses peines, ni son argent.

Il était bon, puisqu'il savait pardonner, et puisque, s'il connaissait l'irascibilité, il ne connaissait pas la rancune. Il attaquait peu, et, merveilleux de riposte acérée et cuisante quand on l'attaquait, homme tout nouveau alors et qui se dépassait lui-même brusquement de vingt coudées, encore, même dans ces coups de boutoir terribles dont quelques poitrines sont restées trouées, il avait un geste de bonhomie et un air de belle humeur qui montrait qu'il était de ceux qui pardonnent, non seulement les blessures qu'ils reçoivent, mais, ce qui est plus rare, celles qu'ils font.

Il avait un art, ou plutôt un don, bien enviable, de tourner même ses défauts, sinon en qualités, du moins en bonnes grâces. Il était assez vain, et il fallait absolument qu'il parlât de lui; mais il en parlait avec une naïveté aimable et dont personne ne pouvait être désobligé et qui donnait plutôt le désir de le connaître qu'elle n'inspirait de l'éloignement à son endroit. Il n'était pas tout à fait insensible à la flatterie, et c'est par où on a pu, peut-être, un peu l'exploiter, mais il ne la provoquait point et, s'il l'acceptait assez volontiers, il ne s'en emparait point impétueusement pour y ajouter. Il faut tenir compte de ces nuances.

Très fier avec un peu de timidité, qu'il avouait de fort bonne grâce, il se déroba à ces honneurs qui sont très recherchés, qui font un vif plaisir quand on les obtient, une beaucoup plus grande peine quand on ne les obtient pas et qui, somme toute, font surtout qu'on vous discute.

Si, comme j'aime à le répéter, l'art de la vie est de faire de la vie un objet d'art, il n'a pas mal dessiné la sienne. Il a travaillé formidablement un demi-siècle; il s'est fait dans trois carrières : journaliste, conférencier, critique dramatique, un nom très illustre; il n'a eu qu'une ambition : mourir en travaillant, la plume en main et, très heureux jusqu'à la fin, sans la moindre diminution de ses forces physiques et intellectuelles, au contraire peut-être, il ne s'est vu imposer par la nature qu'un congé de trois jours entre son dernier article et le repos éternel.

Il laisse à ses amis, à ceux surtout qui se diront toujours ses disciples et ses élèves, un très bon exemple, qu'ils suivront; une mémoire respectable et chère, qu'ils n'auront pas besoin de défendre, mais qu'ils entretiendront, tant qu'ils vivront eux-mêmes, parmi les hommes nouveaux, avec une sorte de dévotion reconnaissante.

ÉMILE FAGUET.

18 mai 1899.

Je perds un ami de trente ans. Mon chagrin est profond. Mais j'ai du moins la joie mélancolique de le voir partagé par beaucoup. Ceux-là mêmes (il y en a) dont l'amour-propre, blessé par le critique, ou la jalousie, éveillée par son autorité, ont pu le voir disparaître sans émoi ni regret, peut-être avec satisfaction, gardent inavoués des sentiments inavouables. Et Sarcey, à l'heure de sa mort, si triste pour nous, est récompensé par l'opinion des lettrés, ses confrères, aussi bien que par celle du public où il avait tant de lecteurs.

Sa vie fut simple, avec une belle unité d'écrivain qui ne fut et ne voulut être qu'écrivain. Il n'était même pas décoré et ne brigua nul honneur. L'Académie lui était presque sûrement ouverte. Il ne frappa pas à sa porte. C'est par l'École normale qu'il débuta. Il fut de la belle époque, de la grande promotion, avec Taine, About, bien d'autres encore, qui furent célèbres, quittèrent l'Université et ne cessèrent pas, pour cela, de la défendre. L'Université, cependant, avait été un peu marâtre pour la plupart d'entre eux. On n'y aimait alors ni l'esprit libéral ni l'esprit voltairien. Sarcey était imprégné de tous les deux. Aussi, quoiqu'il fût un professeur excellent, adorant l'enseignement, — son œuvre littéraire le démontre assez, — il connut des disgrâces qu'il ne put accepter. L'amitié d'About, amitié qu'il lui rendit avec usure, lui donna le conseil de démissionner, de venir vivre à Paris et lui facilita son entrée dans le journalisme. About, déjà connu, très brillant, mondain, plus habile à se créer des relations qu'à s'assurer des amitiés, fut cependant un introducteur dévoué pour Sarcey dans le monde des lettres. Sous le pseudonyme bizarre de Satané Binet, sous le nom de sa mère, signant de Suttières, sous son nom, enfin, il se montra très vite un journaliste excellent. Le travail, chez lui, toujours facile, arriva rapidement à être un jeu. Il aborda tous les sujets : controverses philosophiques et religieuses, chroniques, critique littéraire, politique, et sa réputation était grande déjà quand, avec le feuilleton dramatique qui lui fut confié dans l'*Opinion nationale* de Guéroult, il trouva sa vocation essentielle, l'occupation favorite et, je crois qu'on peut l'affirmer, la joie de sa vie.

Sarcey eut pour le théâtre un goût passionné, qui ne fit que grandir. On peut penser qu'il regardait comme perdue toute journée pendant laquelle il n'avait pas passé quelques heures au théâtre. Pour réussir dans la critique, il avait tout ce qu'il fallait : une grande facilité, assurée, comme presque toujours, par un fonds solide d'érudition, car, avant même d'aller les entendre à la Comédie, il lisait les grands dramatiques grecs, en leur langue, pendant ses longues promenades de professeur exilé en province ; une belle indépendance d'esprit et de caractère, très réelles l'une et l'autre, car s'il se montra réfractaire à certaines formes d'art, ce fut en toute conscience et jamais il ne s'aperçut qu'il s'était trompé sur quelque point de théorie ou sur quelque personnalité, sans trouver une joie à confesser et à réparer son erreur. Il avait encore, avec une force prodigieuse de labeur, l'avantage de posséder une règle, un système : et, si on a pu dire, non sans raison, que ce système enfermait sa critique dans un cercle un peu étroit, il faut reconnaître qu'il la faisait singulièrement nette et assurée. Dès ses premiers feuilletons, Sarcey réussit. Son succès et son autorité ne firent que grandir, lorsqu'il passa de l'*Opinion nationale* au *Temps* : et, après l'autorité sur le monde du théâtre et parmi ses confrères, vint pour lui, dans le public, une véritable popularité.

Cette popularité, Sarcey l'aimait : et, dans la mesure où l'affirmation ne comporte pas de blâme, on peut affirmer qu'il la soignait. Il ne lui déplaisait pas d'être appelé « notre oncle » et qualifié de « critique national ». D'esprit extrêmement subtil sous ses dehors de bonhomie, bonhomie où il entrait une part de naturel et une part de volonté, il se rendait un compte exact de ce qu'il y avait encore de respect dans les railleries qu'on lui adressait. Il était devenu un personnage quasiment classique des Revues de fin d'année. Parfois, il y avait quelque lourdeur dans la main du Revuiste : mais, dans le coup de patte, Sarcey savait sentir la caresse de la renommée. Il était, d'ailleurs, naturellement bon et foncièrement accueillant pour les jeunes gens et les débutants. Quand il ne leur faisait pas accueil, c'est que, réellement, il ne comprenait pas l'aspiration vague et indécise de leurs talents vers des formes d'art nouvelles et obscures. Mais, alors même qu'il les méconnaissait et les raillait, il restait sympathique à leur effort. Je ne l'ai jamais vu irrité que lorsqu'il se trouvait en face de quelqu'une de ces vilenies qui ne sont épargnées à aucun de ceux qui touchent à ce monde si admirable et si sensible du théâtre. Devant elles, Sarcey avait des indignations dont ses amis seuls savaient le secret. Car il était infiniment plus sensible qu'on ne l'a pensé et qu'il ne voulait le laisser paraître. Il avait un défaut à sa cuirasse d'indifférence et ce défaut était du côté du cœur. Mais, pour les choses de l'esprit, nul ne montra plus de liberté dans la façon dont il disait sa pensée et plus de tolérance dans la façon dont il acceptait qu'on lui répondît par une pensée opposée. C'était d'ailleurs, un polémiste charmant et redoutable. Il a eu des reparties exquises et les rieurs, dans les discussions littéraires qu'il eut, furent presque toujours de son côté.

L'influence de Sarcey, dans le monde des théâtres, était immense. Son hôtel — très petit hôtel — de la rue de Douai, que son ami Garnier lui avait bâti, a vu passer tout ce que le monde a compté d'hommes et de femmes de talent. La maison était hospitalière entre toutes. Dix ans j'en ai été l'hôte assidu. Notre goût commun du théâtre, notre collaboration au *XIXe Siècle*, à l'heure des luttes mémorables, avaient créé entre nous un lien solide d'amitié que rien ne relâcha jamais, que la mort seule devait briser. Cette amitié fut sans nuages. Avec des formes diverses et la variété de nos natures, nous avions le cerveau fait de même. Que de fois, sans que nous pussions être soupçonnés de nous inspirer l'un de l'autre, nous pensâmes et nous écrivîmes de façon tout à fait semblable! C'est que nous avions bien des points de ressemblance intellectuelle, et la belle définition que Salluste donne de l'amitié, quand il dit qu'elle consiste à vouloir et à ne pas vouloir de même, cette définition parut souvent faite pour nous. Ceci arriva même pour nous, qu'en une occasion assez douloureuse, obligés de nous séparer, nous nous sentîmes peut-être plus rapprochés que jamais après cette séparation d'un jour. Avec lui s'en va une part de ma vie, de ma vie de l'âge mûr. Les fameux déjeuners du mardi ont été ma joie et ma distraction pendant des années. Ils n'étaient pas ce qu'en a dit la légende, si souvent trompeuse en son mensonge ingénu. La joie n'en était pas, certes, bannie. Presque toutes les femmes de théâtre y prirent part. Mais que de conversations sérieuses en leur forme libre et gaie! Que de questions d'art agitées avec une gravité qui excluait seulement la pédanterie! Que de bon sens et d'esprit dépensés en ces agapes où le maître de la maison n'était pas le dernier à payer son écot! Les gloires du théâtre, les réputations des artistes étaient discutées là, en complète liberté, avec une indépendance et une impartialité que tempérait seule la crainte de ne pas être bon et de décourager ceux qui aimaient le même art que nous!

Car mon ami fut bon, essentiellement bon. Ah! je sais bien qu'il put avoir, comme nous tous, des emballements dans l'admiration, des sympathies et des antipathies, et qu'il fut un homme, après tout, n'ignorant même peut-être pas des rancunes qu'il ne demandait d'ailleurs qu'à oublier au premier mot conciliant. Mais le caractère essentiel de sa critique, qui ne faisait en cela que répondre à son caractère et à son tempérament, fut de se plaire à admirer et de se plaire à conseiller et à enseigner. Il était resté professeur. Son bonheur était de trouver dans les débutants des promesses de talent qu'il aimait à diriger dans les voies qui étaient les siennes. Ce goût de l'enseignement était si loin poussé qu'il y sacrifia même une partie de sa réputation littéraire. Il prenait volontiers ses lecteurs pour des élèves et ne craignait pas de contraindre son discours à une simplicité extrême, qui n'était pas toujours celle de son esprit, extrêmement fin et plus raffiné qu'il ne le laissait paraître d'ordinaire. Ce n'est pas sans quelque sacrifice de ce genre qu'il assura sa popularité. Il réserva toujours quelque chose de lui-même, qui fut la part de ses amis. Et ceux-ci se souviennent aujourd'hui, à la fois, de sa camaraderie sûre et bonne en même temps que de ses admirables qualités intellectuelles dont il distribuait la monnaie à la foule, son ambition, satisfaite, ayant été celle d'être un éducateur.

Henry Fouquier.

18 mai 1899.

Je n'ai jamais senti plus durement qu'aujourd'hui l'obligation du devoir professionnel et j'écris cet article les yeux gonflés. J'avais envers Francisque Sarcey de telles obligations, il me témoignait depuis mes débuts une sympathie si attentive, je lui portais en retour tant d'affection et de reconnaissance, que sa mort me cause une de ces douleurs intimes et profondes qui voudraient rester repliées sur elles-mêmes, sans confidence publique ni souci de littérature. D'autre part, faisant métier d'écrire, je manquerais à mon devoir comme à la mémoire de mon maître, si je ne me joignais à ceux qui vont dire ce que perdent avec lui les lettres françaises et, plus encore, ceux qui étaient aimés de cet homme excellent.

Aucun, parmi les littérateurs de notre temps, ne pouvait se flatter d'avoir plus de lecteurs que Sarcey et de leur être plus nécessaire. Ces lecteurs comprenaient depuis l'élite intellectuelle jusqu'à la petite bourgeoisie et au menu peuple. Son jour était si attendu que l'absence de son article a fait événement. Depuis quarante ans, cet événement ne s'est produit que deux fois : en 1884, lorsque, pour conserver la vue, il dut prendre le temps de subir une grave opération et, ces jours derniers, lorsque, en sortant du théâtre, il s'est couché pour mourir. Aucun homme n'a plus aimé la littérature ni fait plus vaillamment son métier de littérateur. Son labeur était énorme et il donnait un exemple de vaillance professionnelle auquel je ne vois rien de supérieur, dans le présent ni dans le passé. Jusqu'au seuil de la vieillesse, il a écrit deux et trois articles par jour, avec une force, une fécondité et une bonne humeur sans lassitude. Il a été comme le Dumas père de la chronique et du feuilleton.

Sa bonté était infinie, comme son indulgence et son incapacité de rancune. Certes, il était redoutable dans la polémique et il avait une façon à lui d'assommer l'adversaire, d'un coup de patte indifférent, je dirais presque avec un air de bonhomie cordiale ; mais cela, c'était la lutte. Il oubliait avec la même facilité les coups qu'il avait donnés et ceux qu'il avait reçus. Il était un ami incomparable par le dévouement et l'abnégation. About et lui ont raconté ce qu'ils étaient l'un pour l'autre, mais, parmi ceux dont la vie n'est pas publique et se raconte moins, combien lui ont donné et en ont reçu une affection fraternelle !

Cordial avec ses contemporains et ses égaux, il a été longtemps une providence pour les jeunes et les débutants. La plupart des hommes arrivés sont peu accessibles et se défendent contre les sollicitations ; ils n'aiment guère la jeunesse, ou même la jalousent ; ils n'en parlent et n'acceptent sa concurrence qu'à contre-cœur. La porte de Sarcey était toujours ouverte et il tendait volontiers la main aux nouveaux venus. Il signalait avec bonheur le talent naissant et les promesses d'avenir. Jusqu'au jour où, devant un changement profond des idées et des genres, il lui fut impossible, malgré le plus sincère effort, de suivre une évolution qui eût exigé de sa part une transformation impossible à son âge, il a salué et aidé les nouveaux venus. Parmi les écrivains qui ont aujourd'hui de quarante à quarante-cinq ans, il y en a bien peu qui ne lui doivent pas un de ces encouragements décisifs qui ouvrent une carrière.

Dans la critique, Sarcey fut un bourgeois et un professeur, avec toutes les qualités et quelques-uns des défauts que, par définition, ces deux mots impliquent. Sorti de la classe moyenne et élevé dans ses idées, au moment de son apogée politique et sociale, il avait reçu, comme normalien, le meilleur de l'instruction universitaire. Il était richement pourvu de bon sens et il aimait la prose ; il répugnait à la fantaisie et il sentait médiocrement la haute poésie. Il avait assisté à la banqueroute finale du romantisme, en politique comme en littérature ; il avait vu l'avènement du réalisme et il l'avait suivi, pour ne plus le quitter. Sa robuste poitrine ne respirait à l'aise que près de terre; ses larges pieds ne quittaient pas le sol; ses yeux attentifs de myope ne risquaient pas leur regard au delà de leur rayon visuel, mais, ce qu'il voyait, comme il le voyait bien!

A l'École normale il s'était nourri de littérature latine, la littérature moyenne et pratique entre toutes; comme l'Université d'alors, il n'avait pris qu'une faible teinture du grec, autrement large et haut. Dans la littérature française, il avait mis le centre de ses goûts au milieu du dix-septième siècle, celui qu'a dominé Boileau, l'homme du bon sens. Il y avait fait entrer aussi Rabelais et Voltaire; avec Rabelais, il satisfaisait un penchant tout bourgeois de liberté gauloise; avec Voltaire, il apprenait la raison lumineuse, la passion de l'esprit, l'aversion pour l'emphase, l'irrévérence narquoise envers la prétention et la sottise.

Il appliquait d'abord cette culture au métier de professeur. Il avait la passion d'enseigner et il s'y serait livré avec bonheur dans une chaire, toute sa vie, si l'administration universitaire de ce temps-là, autoritaire et dévote, n'eût rendu le métier impossible à un rabelaisien et à un voltairien.

Il donnait donc sa démission et se lançait dans la vie littéraire. Il y restait ce que l'avaient fait la nature et l'éducation, un bourgeois et un professeur. Il tâtonnait quelque temps, faisait laborieusement son apprentissage de journaliste en tous genres — chronique, polémique et politique, — puis, concurremment avec ces diverses besognes, il s'appliquait avec passion à la critique théâtrale et, rapidement, à côté de Théophile Gautier, de Jules Janin, de Paul de Saint-Victor, il y révélait une maîtrise.

D'abord, il aimait le théâtre comme on ne l'a jamais aimé. Le métier de critique dramatique, qui, pour deux au moins de ses grands confrères, était une corvée, et pour tous les trois, un prétexte à faire autre chose, lui causait une joie intense et il y donnait le meilleur de lui-même. Il ne pouvait passer ses soirées qu'au théâtre et il était si malheureux, pendant les mois d'été, lorsque la Comédie-Française elle-même fermait ses portes pour voyager, qu'il faisait sa malle et la suivait. De 1859 à mercredi dernier, bien rares furent les journées où il ne passait pas quatre heures dans une salle de spectacle, et souvent huit, en matinée et en soirée.

Son sens inné du théâtre se développait par l'étude journalière, mais, dès le début, il avait une esthétique non seulement arrêtée dans ses grandes lignes, mais immuable, car elle était l'expression même de sa nature, comme il arrive pour tous les talents originaux. C'était encore une esthétique de bourgeois et de professeur. Il avait le goût de l'honnête, du raisonnable et du régulier; il voulait que toute pièce fût claire et logique. Il était aussi capable d'émotion que de gaieté, mais, s'il aimait à rire jusqu'aux larmes, il n'aimait pas qu'on lui servît les sentiments violents à trop haute dose. Il sentait profondément la poésie, depuis l'héroïsme de Corneille jusqu'à l'élégance de Marivaux; pourtant, celle de Shakespeare, ou même de Musset, le laissait froid.

Surtout, il tenait pour la distinction des genres, fondement de la doctrine classique. Il voulait que le théâtre fût du théâtre, non du roman, ou du lyrisme, ou de l'histoire. Aux tentatives de ce qui n'était pas du théâtre et prétendait s'y imposer malgré la nature des choses, il préférait les formes inférieures du théâtre, mais qui en étaient. Il résistait à celles-là et les repoussait comme des intrusions; il avait pour celles-ci des indulgences infinies.

De là toutes ses préférences et toutes ses antipathies. Il admirait Scribe, qui n'était ni psychologue ni écrivain, encore moins poète, mais qui poussait le don du théâtre jusqu'au génie. Il prenait un vif plaisir aux pièces « bien faites » et faiblement écrites de Casimir Delavigne et de Ponsard. Il admirait la force scénique et la pensée vigoureuse et le courage de Dumas fils, mais il résistait souvent aux thèses et aux prétentions morales de l'auteur du *Fils naturel* et de la *Visite de Noces*, quoiqu'il fût lui-même moraliste et polémiste en dehors de ses feuilletons, car la philosophie devait, selon lui, rester en dehors du théâtre, qui n'admet que la peinture des mœurs. Il lui préférait de tout son cœur Augier, c'est-à-dire l'esprit bourgeois incarné dans un grand auteur dramatique; il lui préférait Sardou, le plus doué pour la scène de tous nos écrivains ; il lui préférait Meilhac et Halévy, qui excellaient à revêtir d'une forme scénique l'observation amusée de la vie parisienne. Il adorait en Labiche un maître du rire, et tout autant le Labiche du *Chapeau de paille d'Italie* que celui du *Voyage de M. Perrichon*. Un vaudeville sans prétention, c'est-à-dire sans vérité et sans style, mais bien fait, c'est-à-dire amusant par un habile emploi des moyens consacrés — quiproquos, travestissements, cache-cache, rencontres imprévues, etc. — lui était un ravissement.

Classique et bourgeois, il était par cela même traditionnel. Il aimait le répertoire, même à l'Odéon, et il avait le culte de la Comédie-Française. Il suivait assidûment leurs représentations classiques, dédaignées par tous ses confrères ; il conseillait leurs directeurs ; il les défendait contre les critiques imméritées ou dangereuses ; il suivait attentivement leurs artistes dans toutes leurs créations et reprises, d'une sévérité ou d'une indulgence qu'inspirait sa passion du théâtre et d'un certain genre de théâtre. Il estimait avec raison qu'une Comédie-Française et un Odéon sont des modèles ou des exercices indispensables aux auteurs, aux acteurs et au public.

Il lui a été reproché de suivre docilement le goût public et de lui subordonner son propre sentiment. Rien de plus injuste. Au théâtre, Sarcey n'a jamais aimé et défendu que son propre goût. Il lui est souvent arrivé de faire campagne contre le public, et s'il ne s'obstinait pas, c'est que, au théâtre, le public finit toujours par avoir raison, parce que c'est lui qui apporte son argent et, sans argent, pas de théâtre. Mais, toujours, il s'efforçait de diriger le goût public dans la voie qu'il estimait non seulement la meilleure, mais la seule bonne, son goût à lui. Cet homme qui, dans la vie privée, était non seulement malléable, mais faible par bonté, restait « ferme comme un Turc sur les principes ».

Comme ces principes s'accordaient en leur ensemble avec le goût moyen du public, qu'il en reprenait sans cesse l'exposition et la défense, qu'il les appuyait d'une expérience incomparable, que chaque ligne de son feuilleton, même dans ses injustices et ses partis pris, témoignait de sa sincérité, il avait acquis une autorité incomparable et unique. Avec lui disparaît un juge redouté et estimé de tous, même de ceux qui, auteurs ou artistes, affectaient de l'ignorer. Les uns et les autres le lisaient tous les dimanches soir ; tous, même les intransigeants, en faisaient leur profit. Quant au public, au grand public comme aux délicats, il lui était indispensable.

Aujourd'hui disparaît un représentant typique de notre esprit national, un de ceux qui ont incarné sa tradition, c'est-à-dire la conscience qu'un peuple a de lui-même. Avec nos excellences et nos faiblesses, Sarcey fut une incarnation notable de notre race. Là-bas, chez les morts, Boileau va l'accueillir et le conduire vers le coin d'élection où Corneille, Racine et Molière voisinent avec Victor Hugo, Dumas et Augier. Sarcey critiquera les maladresses de Corneille, les négligences et les dénouements de Molière, trois au moins des pièces de Racine ; ils lui donneront raison, en bloc, avec la sérénité des immortels, mais Molière qui a fait la *Critique de l'École des Femmes* et l'*Impromptu de Versailles*, réclamera le rang que mérite l'auteur de la *Visite de Noces*. Sarcey résistera, mais, l'air des Champs-Élysées aidant, cet air subtil qui purifie et allège le pénétrera lui-même et, après amende honorable, lui-même prendra son rang, au-dessous de Boileau, car il a trop écrit, mais fort au-dessus de Geoffroy et même de La Harpe.

J'aurais à dire encore ce que fut, chez Sarcey, le journaliste, l'homme qui, chaque matin, dit son sentiment sur « tout ce dont il est question », tout ce qui lui arrive, toute sa vie, tout son caractère. J'aurais à marquer les étapes successives de son esprit, à appeler ses campagnes fougueuses au *XIXᵉ Siècle* d'About, contre bien des choses, qui, depuis, lui ont inspiré remords et respect. J'aurais à raconter comment il a créé un genre, la conférence de théâtre, ou, tout au moins, lui a imprimé sa marque souveraine en s'y mettant tout entier. J'aurais à caractériser le polémiste, amusant entre tous pour la galerie, qui ne demande que plaies et bosses, et entre tous redoutable à ses adversaires, car il piquait en souriant, d'un coup d'épingle et au bon endroit, les ballons les plus gonflés.

Je m'arrête, car je suis déjà long. Le lecteur voudra bien m'excuser en songeant qu'un homme tel que Sarcey ne se mesure pas en deux colonnes et, surtout, qu'il occupa dans la critique du siècle une place assez large pour que les historiens de notre littérature reviennent nécessairement sur les jugements portés au lendemain de sa mort. J'ajouterai seulement, comme suprême éloge, que cet écrivain fut uniquement un homme de lettres, passionné pour sa profession à un degré tel que notre siècle n'en a pas connu d'aussi désintéressé de tout ce qui n'était pas la littérature, et la littérature la plus laborieuse, la plus militante, la plus absorbante, celle du journal. Il n'a voulu ni de la richesse, ni des honneurs, ni de la politique, non par fausse modestie ou impuissance orgueilleuse, mais par vraie philosophie, amour exclusif des lettres et sentiment juste de ce qu'il était. Il n'y aura sur son cercueil ni croix ni palmes, mais, dans toutes les histoires de la littérature française, il aura son nom.

GUSTAVE LARROUMET.

17 mai 1899.

Il était « l'oncle », l'oncle de tous ceux de ses confrères (et ils sont nombreux) qui l'aimaient, l'oncle des « bourgeois » de France, et même des plus petits, l'oncle national. Et il était très bien nommé ainsi ; et ce nom exprime à merveille la parenté familière de son robuste esprit avec les têtes innombrables de la foule.

Sarcey n'eût pas été l'oncle de tant de milliers de neveux s'il avait eu ou affecté d'avoir les raffinements et les inquiétudes que quelques-uns lui reprochent d'avoir ignorés. Il faut le prendre pour ce qu'il est, pour un être extraordinairement vivant, puissant et « représentatif ».

Par beaucoup de points, par son tour d'esprit, par son style, par ses goûts littéraires, par sa préoccupation de l'utilité commune, même un peu par sa philosophie, il relève de ce dix-huitième siècle qu'il aimait tant. — Il avait une âme vraiment sociable et populaire, l'impérieux besoin de se sentir en communication avec le grand nombre. — « Entrez, dit La Bruyère ; les portes vous sont ouvertes, mon antichambre n'est pas faite pour s'y ennuyer en m'attendant... L'homme de lettres est trivial comme une borne au coin des places ; il est vu de tous, et à toute heure, et en tous états, à table, au lit, habillé, sain ou malade... » C'était tout à fait la pensée de notre bon maître. Il réduisait sa vie intime au *minimum*. Il était homme de place publique. Il n'avait pas de secret, ni dans sa vie, ni dans sa pensée.

Chose remarquable, c'est par ce don même de sentir comme tout le monde un peu avant tout le monde, — ce don s'accompagnant de l'intelligence la plus lucide, — qu'il a été original. Il l'a été surtout dans la critique dramatique. Seulement, il l'a été trente-deux ans, ce qui faisait que les gens inattentifs ne s'en apercevaient plus. Il est cependant certain que, jugeant, au théâtre (du moins la plupart du temps), comme la foule, mais cherchant avec une sincérité sagace *pourquoi* il jugeait ainsi, il a été amené à « créer » en France la critique expérimentale, tout simplement. Ceux qui parcoureront ses feuilletons des premières années — alors que Gautier, Janin, Saint-Victor écrivaient à côté de lui — concevront que Sarcey fut vraiment nouveau à son heure.

Conférencier, il débordait de vie. Nous nous souviendrons longtemps de cette bonhomie, de cette rondeur, de ce ventre indulgent, de cette bonne face rose qu'une neige encadrait sans la vieillir, — et de cette voix charmante... Son enseignement était ingénieux et solide. Outre qu'il excellait à démontrer la « technique » de l'art qu'il adorait, il avait au plus haut point, lorsqu'il expliquait le théâtre passé, l'intelligence des rapports entre les sociétés et les formes d'art, le sens du relatif, qui est le sens historique lui-même. Et cet homme d'un si rare bon sens était aussi un homme d'imagination copieuse et d'inépuisable « humour ». Les lointains personnages de notre ancien théâtre, il les repétrissait de ses gros doigts agiles, il les déformait peut-être, mais comme il les faisait vivre ! Nul n'a mieux fait sentir que lui la persistante vérité humaine et le réalisme de nos classiques.

Journaliste, il fut, durant près d'un demi-siècle, le « bonhomme Richard » et, comme il s'appelait lui-même, le « Sganarelle » de la presse française (entendez le savoureux Sganarelle du *Médecin malgré lui*). Il avait la clarté, la verve, le mouvement, la vie, — toujours ! — et, sur les événements quotidiens, petits ou grands, publics ou privés, sur mille questions de politique ou de littérature, de morale ou d'orthographe, de casuistique ou de voirie, il rédigeait en se jouant, au nom de millions de Français charmés, l'imperturbable et plausible jugement du Sens commun. — Et, quoi qu'en puissent dire des jeunes gens mal informés, c'était un excellent écrivain, aisé, naturel et dru, tout pénétré du dix-huitième siècle, et particulièrement de Le Sage et de Voltaire, et dont le style pouvait pécher quelquefois par négligence et hâte, jamais par méconnaissance du génie de la langue.

Son existence, quand on y réfléchit, fut stupéfiante. Pendant trente-deux ans, il alla tous les jours au théâtre, et pendant plus de quarante ans il écrivit deux ou trois articles par jour. Je pense que ses œuvres complètes formeraient cinq ou six cents volumes, dont les cent cinquante mille pages ne paraîtraient peut-être pas toutes immortelles, mais dont aucune ne fut ennuyeuse. Et cet énorme labeur, il le porta, non seulement avec aisance, mais avec allégresse. Le pli professionnel qui, après cela, aurait dû le marquer jusqu'à l'âme, était, chez lui, à peine sensible. Ce prodigieux travailleur trouvait le temps de « vivre », selon le conseil de son ami Boileau, et d'être un très brave homme. Il était bon, charitable, insoucieux de l'argent, largement hospitalier. Et il pardonnait les injures, dès qu'il y avait répondu. Il est vrai qu'il y répondait supérieurement. On pourrait faire un volume tout à fait remarquable des « répliques » de Sarcey.

Et cet homme jovial était un ferme philosophe : Il s'est très bien connu lui-même ; il a eu l'intelligence la plus juste de ce dont il était capable, et aussi de ce qui pouvait faire, de son existence elle-même, une œuvre harmonieuse et bien composée. Il ne voulut être qu'homme de lettres. Il fut un homme de lettres très fier et qui conçut pleinement la dignité de sa profession. Il écarta résolument tout ce qui pouvait apporter à son indépendance ne fût-ce que l'ombre d'un obstacle ou d'une limite. Il repoussa les récompenses publiques. Il refusa d'entrer à l'Académie. — C'est là une espèce de courage qui n'est pas si mince, à en juger par sa rareté.

Si peut-être cette attitude lui coûta (du moins en ce qui regarde l'Académie), il faut reconnaître qu'il eut de beaux dédommagements. Il fut un des hommes les plus populaires de France ; et, pour lui, la popularité se faisait affectueusement familière, tout en demeurant, dans ces dernières années, presque universellement respectueuse. On saluait en lui une force cordiale. C'est pourquoi je suis bien tranquille sur sa mémoire. Sans compter que sa place restera sûrement considérable dans l'histoire du journalisme et surtout dans celle de la critique, il y a, à l'heure qu'il est, sous des milliers et des milliers de fronts, vieux ou jeunes, une image de Sarcey, nette, précise, pittoresque, d'un relief durable... Et ainsi le souvenir de sa personne même et de sa figure terrestre sera très long à s'éteindre.

Il nous manquera beaucoup. Que de fois, au théâtre, nos yeux le chercheront à sa place accoutumée! Il est, proprement, irremplaçable. — Adieu, mon bon maître! En même temps qu'une créature très particulière et très vivante, vous étiez un être presque symbolique (vous qui goûtiez peu les symboles); et il nous semble que nous ensevelissons avec vous quelque chose de nous-même, puisque vous représentiez éminemment quelques-unes des qualités « communes », — c'est-à-dire, à le bien prendre, essentielles et permanentes, — de la race dont nous sommes.

JULES LEMAITRE.

19 mai 1899.

Au moment où le dix-neuvième siècle va éteindre ses feux, la plupart des grands lettrés qui en avaient éclairé la seconde moitié disparaissent à la file sous la porte basse de la mort. Comme les convives du dernier acte de *Don Juan*, on dirait qu'ils ont hâte de s'esquiver avant l'arrivée du Commandeur. Dumas, Hervé, Meilhac, Pailleron, Becque, Sarcey, viennent de partir l'un après l'autre, et on est pris d'une morne tristesse en assistant à ces départs précipités des compagnons avec lesquels on a marché dans la vie. Il y a pourtant quelque chose de plus triste encore, c'est de constater que la notion du respect et des convenances qu'on doit aux morts semble avoir disparu avec eux.

Ceux qui sont entrés dans la carrière après nous et qui s'intitulent « les jeunes » deviennent féroces. Ils pratiqueraient volontiers à l'égard de leurs aînés la méthode expéditive, employée jadis par les sauvages pour se débarrasser de leurs vieux parents, et quand les anciens se décident enfin à mourir, cette jeunesse impatiente s'empresse d'exécuter sans vergogne la danse du scalp sur la fosse à peine comblée. Nous l'avions déjà vu pour Dumas fils, et nous sommes menacés de le voir de nouveau pour Sarcey. On n'a même pas attendu que sa bière fût enlevée pour lui dire rageusement son fait, pour déclarer qu'il avait la haine de « tout ce qui est généreux et élevé », et, qu'en somme, il ignorait absolument la littérature de son temps.

Qui dit trop ne dit rien, et cette grande colère à la Père Duchêne sent trop la rancune et le parti pris pour avoir la valeur d'un jugement littéraire sérieux.

La vérité est que, pendant sa longue carrière de critique, Sarcey s'est toujours montré un pur lettré, aimant les belles œuvres faites de main d'ouvrier, et s'efforçant de les comprendre, même quand elles le déconcertaient tout d'abord et répugnaient à son goût, resté très classique. Il avait un esprit foncièrement français; il était épris de netteté, de lumière et de naturel, et détestait le jargon obscur, prétentieux et affecté qu'on essayait d'imposer au public sous prétexte d' « écriture artiste ». Il voulait que la langue française conservât ces qualités de franchise, de clarté, de logique, de bonne santé qui sont sa gloire et qui la tirent hors de pair. Il avait un faible pour la pièce bien faite, soit; il estimait que l'art dramatique, comme tous les autres arts, exige un studieux apprentissage, et que pour y exceller, il faut avant tout apprendre le métier. En quoi il n'avait pas tort. Il se méfiait des importations de l'étranger et ne goûtait que « médiocrement les brumes émanées du théâtre d'Ibsen ». En dépit de l'admiration des snobs, il ne croyait pas que ces drames, enfantins par certains côtés, compliqués, bizarres et excessifs le plus souvent, fussent des chefs-d'œuvre.

Le public, qui s'y ennuyait, lui a donné raison, et, comme cette admiration factice était surtout une affaire de mode et d'engouement, la réaction contre le théâtre exotique n'a pas tardé à se produire. Avant deux ou trois ans, il n'en sera plus question. Sarcey, il est vrai, avait la poigne peu délicate, et les coups qu'il assénait tombaient sur la victime avec une lourdeur quasi brutale. Mais sa rude et libre franchise était doublée d'une scrupuleuse conscience, d'une parfaite loyauté.

Il n'hésitait jamais à revenir sur son opinion, lorsqu'il craignait de s'être trompé. Quand après avoir entendu plusieurs fois une œuvre nouvelle, il s'apercevait que son jugement manquait d'équité, il avait le courage de se déjuger ; il avouait son erreur avec une fine bonhomie qui désarmait les mécontents.

Ce n'est point là, vous l'avouerez, la marque d'un esprit sans générosité et sans largeur. Peut-être, cet esprit était-il fermé à la poésie purement lyrique... Il en convenait lui-même fort modestement. Mais un critique théâtral ayant des prédilections exclusivement lyriques serait, on le reconnaîtra, un juge bien autrement dangereux et sujet à caution. Au théâtre, le lyrisme est l'exception, et la majorité des auteurs dramatiques pourrait à bon droit retourner contre un pareil juge les récriminations de certains poëtes contre Sarcey.

D'ailleurs, qu'on veuille bien citer les œuvres dramatiques nées viables et acclamées sur la scène dont il aurait par malveillance ou inintelligence étouffé le succès. Est-ce *Hernani* ou *Ruy Blas?* Est-ce le *Passant*, *Francillon* ou *Madame Sans-Gêne?* La *Griselidis*, de Silvestre et Morand, ou le *Cyrano*, de Rostand? Est-ce *Amants*, de Donnay, ou *Blanchette*, de Brieux?.. Si j'ai bonne mémoire, à la reprise ou à la première de toutes ces pièces et de bien d'autres, Sarcey s'est efforcé d'en faire comprendre les beautés, d'en expliquer la réussite, et de mêler ses applaudissements à ceux du public. Nul plus que lui n'était heureux de découvrir un jeune auteur ou un comédien de talent et de les recommander aux directeurs. Il agissait ainsi, non seulement dans son feuilleton du dimanche, mais aussi dans ses conférences et ses chroniques littéraires. Ce qu'il faisait pour les hommes de théâtre, il le faisait aussi pour les romanciers débutants, et il laissait rarement passer inaperçue une œuvre ayant une réelle valeur ou donnant de sérieuses promesses.

C'est lui qui, le premier, a parlé avec éloge des livres des Rosny, de Paul Margueritte, d'Hervieu et de tant d'autres nouveaux venus. N'est-ce donc pas au moins hasardeux de déclarer qu'il fut l'ennemi de la nouveauté et de la jeunesse?

On lui reproche avec la même injustice de manquer de style ; il est ce qu'il devait être, net, ferme, d'un mouvement alerte, familier, avec des pointes d'humour qui le relèvent et l'assaisonnent de sel gaulois. Il rappelle la manière des écrivains du dix-huitième siècle, avec plus de rondeur et de malice.

Il est bien adéquat à la personnalité de Sarcey. Il est sain, naturel, vivant et honnête comme l'homme lui-même. Car ce critique épris de théâtre et de bonnes lettres, était avant tout un brave homme et un loyal écrivain. Il aimait sa profession, et pour faire son métier avec une complète liberté, il avait dédaigné les honneurs qui enchaînent, et les satisfactions mondaines qui gênent l'expression de la vérité toute nue. Il n'avait voulu être ni académicien, ni légionnaire, ni membre d'une Société littéraire quelconque. Son seul plaisir était le spectacle; son seul souci, l'accomplissement de la besogne littéraire de chaque semaine.

On le remplacera difficilement. Avec lui peut-être, va disparaître le type du critique passionnément amoureux de son métier, curieux de tout ce qui touche à l'art dramatique, indépendant jusqu'à la sauvagerie. Les rares ennemis qu'il s'est faits dans les lettres, et qui piétinent, aujourd'hui, avec des cris de colère, autour de sa tombe, s'en apercevront le jour où ils tenteront d'aborder la scène et où, malgré tout leur talent, ils manqueront d'un critique assez autorisé pour les imposer au public. Alors, ils regretteront Sarcey, et ce sera leur châtiment.

ANDRÉ THEURIET.

19 mai 1899.

PÈLERINAGE

Le grand cabinet de travail est silencieux. Celui qui l'animait de la voix et du regard n'est plus là, mais son âme y est présente. Les objets familiers dont il s'entourait sont à leur place. La table est encombrée de brochures, de volumes fraîchement coupés, de journaux déployés et des dernières lettres reçues. Le porte-plume en merisier, robuste outil dans sa main robuste, gît immobile auprès de l'encrier de cuivre et, pour la première fois, — depuis soixante années, — se repose. Sur le petit buvard de maroquin, dont le grain est comme fatigué et usé par la « copie », quelques feuilles blanches sont éparses. Mon maître peut venir. Son fauteuil l'attend; les livres qu'il aimait, du fond de leurs vitrines, lui sourient. Mais il ne vient pas... Une morne tristesse plane sur cette maison, hier si joyeuse. Je lève les yeux vers les murs, où m'apparaît son image, lointaine et récente, dans un vieux crayon d'Amaury Duval et dans l'admirable pastel de Marcel Baschet. Puis ce sont encore d'autres portraits de parents, de camarades, Charles Garnier, Edmond About, J.-J. Weiss, Jules Claretie, G. Larroumet. Il me semble que ces amis sont en deuil et qu'une plainte muette sort de leurs cadres. Mon cœur se serre. Et les souvenirs affluent en moi, souvenirs de douceur et de gaieté qui, à l'heure présente, me deviennent particulièrement cruels...

Je me revois franchissant ce même seuil, pour la première fois, il y a longtemps. Je débutais dans la presse. Et Sarcey m'avait fait la grâce de citer une de mes chroniques, avec un mot d'éloge, propre à flatter ma jeune vanité. J'avais été tellement ému de cette marque de sympathie que je n'en avais pas dormi, la nuit suivante. Je résolus d'aller l'en remercier. C'était un mardi matin ; je trouvai le critique en nombreuse compagnie, entouré des intimes qui fréquentaient chez lui ordinairement : H. Fouquier, G. Peyrat, G. de Serbonnes, Ch. Reynaud, F. Thomé, Ch. Doge, le docteur Tripier, auxquels se joignaient chaque semaine quelques hôtes de passage, artistes, écrivains et comédiennes. Tout ce monde parlait haut et riait fort. Je m'apprêtais à me retirer, après avoir balbutié mon remerciement ; mais je n'en eus pas le loisir. Un sifflement retentit dans le tuyau acoustique :

— Allons! à table!

Et je fus poussé, malgré ma résistance, vers la salle à manger, où je m'assis entre une ingénue et une duègne de Molière. La conversation prit de suite un tour gaillard qui redoubla ma timidité. Il me sembla que les convives étaient très spirituels. Sarcey leur donnait rondement la réplique et je m'émerveillais de son parfait naturel, et je tremblais aussi qu'il ne me forçât, en m'interpellant, à sortir de mon mutisme. Je rougissais de me sentir insuffisant et gauche. Il vit l'embarras où je languissais ; il m'adressa un sourire un peu railleur et plein de bonté.

— J'ai passé par là, me dit-il. C'est un défaut qui s'en ira avec l'âge...

Cependant les minutes s'envolaient en ces joyeux devis. L'horloge sonna deux heures. L'amphitryon nous congédia :

— Mes enfants, vous êtes bien gentils. Mais il faut faire l'article...

Et sous la bonhomie de cette phrase s'affirmait l'habitude et le culte du travail. Jamais Sarcey n'a sacrifié le devoir au plaisir. Il s'efforçait de les concilier l'un l'autre, de consacrer à chacun la part qui lui revenait. Et ce fut là sa philosophie. Il n'est pas d'exemple d'une vie qui ait été mieux réglée... Souvent il répétait :

— J'ai eu des entraînements, j'ai commis quelques sottises, mais aucune d'elles ne m'a fait oublier l'instant de la copie. Ça, c'est l'arche sainte, c'est sacré !

Il avait du mérite à accomplir ponctuellement sa tâche, car elle était sans cesse interrompue. De huit heures à onze heures, chaque jour les visiteurs le relançaient ; ils le quittaient contents, emportant ou une promesse, ou un avis, ou même une marque plus positive de sa bienveillance. Il les écoutait avec une patience inaltérable, retournant ses bésicles, afin de discerner leur physionomie. (Ses bésicles portaient deux sortes de verres, qu'il appliquait tour à tour sur son œil valide, pour voir de loin ou de près.) Dès les premières paroles, il devinait à qui il avait affaire. Sa franchise était quelquefois assez brusque, mais elle s'humanisait vis-à-vis des femmes, surtout lorsqu'elles avaient une voix et un visage agréables. Il leur témoignait une politesse nuancée de galanterie, dont elles sentaient le prix. Elles y devinaient un désir de plaire et, si j'ose user de ce terme, une coquetterie constamment en éveil. On sera très étonné, quand on lira plus tard les lettres du grand critique, d'y découvrir des qualités de délicatesse, des raffinements de grâce que l'on ne soupçonne point. Un Sarcey nouveau s'y révélera, féminin, tendre et sensible, inaperçu de la foule et que ses meilleurs amis n'ont pas toujours pénétré. Ainsi chacun de nous a-t-il sa tour d'ivoire, son jardin secret clos aux profanes...

Dans une page humoristique, Abraham Dreyfus s'amusa naguère à tracer le tableau d'une de ces audiences matinales. La réalité dépassait ce qu'avait imaginé la fantaisie du chroniqueur. Le cabinet de Sarcey était un microcosme où défilaient tous les types de l'humanité, les excellents et les pires, les plus ordinaires et les plus exceptionnels. Il n'est pas un homme de talent, un intrigant ou un fou qui ne soit venu lui confier ses espérances, ses projets ou ses chimères. Romanciers et poètes en quête d'un éloge, dames du monde ruinées et aspirant à la fortune de Sarah Bernhardt, inventeurs de génie, acteurs à la recherche d'un engagement, entrepreneurs de tournées, comiques sans emploi, tragédiens inconnus ou méconnus, docteurs ès lettres porteurs de leurs thèses, apprentis dramaturges, traducteurs d'Horace, compilateurs et commentateurs : ils arrivaient à la file, s'installaient au coin du feu et exposaient longuement leur cas. Sarcey prêtait l'oreille à ces discours. Il s'y montrait bénévole, accueillant avec une égale mansuétude l'orgueilleux sociétaire et l'obscur élève du Conservatoire. Il n'était rebelle qu'aux manuscrits. Encore ne parvenait-il pas toujours à se défendre contre eux. Parfois il se laissait arracher la promesse d'une lecture. Il la subissait, pestant tout bas contre sa faiblesse. Il s'enfonçait sur sa chaise, fermait à demi les yeux et se résignait au supplice. C'était un tableau charmant et digne de tenter un peintre.

L'été dernier, sous les marronniers de Nanterre, j'assistai à une scène de ce genre. L'auteur, pâle et chevelu, psalmodiait des alexandrins où la doctrine de Çakya Mouni était très noblement formulée... Soudain il s'arrêta... Un soupir harmonieux et rythmé s'exhalait des lèvres de son juge, et ce soupir avait toute l'apparence d'un ronflement. Çakya Mouni cessa de parler et je vis passer sur son front un nuage mélancolique. Vingt secondes — longues comme un siècle — s'écoulèrent. Puis Sarcey se ranima.

— Alors, vous disiez, mon cher enfant?...

Je pensai que cette défaillance pouvait cacher un grain de malice. Il est des conjonctures où le sommeil est une opinion.

Au reste, le critique ne réussissait pas à décourager les importuns; jusqu'à ce qu'ils eussent obtenu ce qu'ils désiraient, ils lui livraient assaut; et toujours leur persévérance fut récompensée. Sarcey possédait une vertu qui n'est pas commune chez les gens de lettres. Il oubliait non seulement les blessures qu'il avait portées, mais celles qu'on lui avait infligées. La rancune ne l'empoisonnait pas. Il n'était, dans aucune mesure, vindicatif, et ne trouvait pas mauvais que l'on abusât de son excessive bénignité. Un jour je fus étonné de rencontrer dans son logis un esthète qui s'était, en mille occasions, déchaîné contre lui et l'avait couvert d'injures. Il lui apportait un volume récemment éclos et le priait de le recommander au public. Un tel cynisme me confondit et je ne pus me tenir de marquer, en termes discrets, ce qu'avait d'inattendu cette humilité succédant à tant d'irrévérence.

— Il paraît, dit Sarcey en riant, que vous m'avez traîné dans la boue? Ma foi, je n'y songeais plus. Vous ne refuserez pas de déjeuner avec moi?

Le poëte accepta l'invitation. Il eut son article. A la mort de Sarcey, il s'est montré très sévère... La conscience, n'est-ce pas? a ses lois imprescriptibles, auxquelles un honnête homme doit obéir!..

Qu'il entrât un peu d'orgueil dans cette condescendance, je ne le conteste pas. Chaque service qu'on lui demandait était un hommage rendu à la générosité de son caractère et à l'autorité de son talent. Et puis, l'amour qu'il avait du théâtre lui faisait découvrir des raisons d'amusements dans les mille comédies qui se nouaient autour de son influence. Il feignait de n'y pas prendre garde; il n'en était jamais dupe. La vie théâtrale contemporaine aboutissait à son cabinet; on en suivait les phases en notant les noms de ceux et de celles qui s'y faisaient annoncer. Un frou-frou de soie retentissait dans l'escalier, la porte s'ouvrait, Mlle X... accourait, empressée, affectueuse :

— Mon Dieu! cher maître, comme il y a longtemps qu'on ne s'était vu! Je suis montée en courant.

Sarcey, bonhomme, lui tendait la main ou bien l'embrassait sur les deux joues :

— Alors, mon enfant, tu es de la prochaine pièce?

Et la jolie comédienne de rire, voyant son innocente ruse dévoilée.

Quelques-unes avaient l'effronterie de revenir entre la première et le feuilleton, dans le vague espoir d'influencer ou de pressentir le jugement de l'Oncle. Elles perdaient leur peine. Il était impénétrable. Il leur faisait sentir doucement leur manque de tact. L'auteur, s'il accompagnait son interprète, prenait sa part de ce muet reproche. Mais le compte rendu n'en gardait aucune trace. Sarcey était immuablement sincère, incapable de dissimuler son impression véritable. Tout au plus en atténuait-il, par bonté d'âme, la vivacité. Et encore ces très légères concessions lui infligeaient-elles comme une gêne comme un malaise, qui se laissaient deviner entre les lignes.

Le samedi matin, à sept heures, il s'attelait au terrible feuilleton. Il ne souffrait pas d'être troublé dans ce labeur qui durait jusqu'à trois heures de l'après-midi. Bien loin d'en être accablé, ainsi que Gautier et Saint-Victor, il y goûtait un réel délice. Il avait coutume de répéter à sa vaillante compagne, Mme Sarcey :

— Si je ne fais pas mon feuilleton, c'est que je serai mort. Et je crois bien que je ressusciterai pour l'écrire!

Étendu sur son lit de douleur, il voulait à toutes forces se lever pour accomplir sa chère besogne. Quand nous lui eûmes fait comprendre qu'il y devait renoncer, il tomba dans un sombre accablement. On eût dit que le plus fort des liens qui l'attachaient à l'existence se brisait. Pour comprendre cette passion singulière, il faut avoir vécu en communion d'esprit avec Sarcey. Quelques-uns la proclameront puérile. Elle était touchante et très estimable, car elle avait sa source dans une prodigieuse activité et dans le respect du devoir professionnel. Je peux dire que les préoccupations du critique, sans en excepter une seule, convergeaient vers les sept cents lignes de son « lundi ». De quelle matière les emplir? Comment les rendre intéressantes! Chaque matin il se posait ce petit problème et, chaque soir, pour le résoudre, il se rendait dans une salle de spectacle. Quand il n'y avait pas de pièce nouvelle, il allait revoir les vieilles pièces ; il inventait, il découvrait d'étranges théâtres aux quatre coins de Paris et dans les faubourgs les plus lointains ; il ne résistait pas à la séduction d'un début à Belleville. Grenelle et Montmartre l'attiraient. On ne donnait pas une solennité aux Gobelins qu'il n'y fût convié. Et que le drame fût absurde et pathétique, le vaudeville plat ou divertissant, il s'y récréait ; la vue d'une rampe illuminée, le bruit des flons-flons de l'orchestre, suffisaient à captiver sa curiosité ; cette atmosphère lui était délectable, comme celle des bois et des champs aux paysagistes, comme celle des ruelles d'Amsterdam aux vieux peintres hollandais. Il s'en imprégnait tous les jours de la semaine ; et le dimanche, s'étant nourri des sucs et des odeurs du théâtre, il en composait son miel...

En quelque lieu qu'il se transportât, ces soucis le suivaient. Quand, voyageant ensemble, nous passions par une ville, il se faisait acheter les journaux locaux et s'en allait tout droit à la colonne, où il présumait que les spectacles devaient être annoncés. Si grande que fût sa fatigue, il la surmontait pour voir massacrer la *Dame aux Camélias* ou écorcher la *Dame de chez Maxim's*.

— Ça me fera toujours trente lignes pour le feuilleton!

Et, une fois assis dans son fauteuil, les éléments de la nature conjurés ne l'en eussent pas chassé avant que le rideau fût tombé sur la dernière réplique de la dernière scène du dernier acte! C'était son point d'honneur, sa fierté, étant venu devant que les chandelles fussent allumées, de ne partir qu'après qu'elles étaient éteintes.

Je le comparais, tout à l'heure, à ces peintres flamands qui s'enfermaient dans leur œuvre et ne vivaient que pour elle. Et c'est bien un des aspects sous lesquels j'aperçois mon maître. Il y avait deux hommes en lui : l'homme extérieur, remuant, jovial, agissant, en contact avec la foule, et l'homme d'étude et de méditation, penché sur sa table et ne s'arrêtant d'écrire que pour dévorer des livres, qu'il lisait attentivement, la plume à la main, avec un soin méticuleux. Celui-ci, le vulgaire qui ne s'attache qu'à la surface des gens et des choses, l'ignorait. Il ne se communiquait qu'aux êtres qui étaient près de son cœur; il leur réservait ce qu'il avait de plus rare. Et lorsqu'il les voyait inquiets ou meurtris, il leur versait le secours de sa ferme raison, de son solide équilibre et de sa santé morale. Ils sortaient de son entretien réconfortés et rassérénés...

Cette influence salutaire s'exerça d'abord sur ses frères d'armes, sur les deux ou trois compagnons qui étaient entrés avec lui dans la carrière où l'y avaient précédé. Edmond About dut beaucoup à ses conseils; il se fût épargné de pénibles épreuves, s'il les eût mieux écoutés. Je possède quelques-unes des lettres qu'ils échangèrent vers 1859 et 1860. Leurs deux caractères s'y dessinent, dans un contraste saisissant. Ils sont également ardents, impétueux, impatients de gloire. Edmond About a sur Sarcey l'ascendant d'une situation déjà acquise. Il est son guide, son tuteur, il le pilote à travers les écueils de l'Océan parisien. Tandis qu'il se repose à la Schlittenbach, dans la maison de sa mère, il envoie ses instructions à Sarcey ; il le fait courir dans les bureaux de rédaction, il discute ses articles ; tantôt il le morigène, tantôt il le loue. Quelquefois il le traite d'oncle — déjà ! — « Oncle, je te félicite et je t'embrasse. Voici le fin de ma copie. Tâche de m'envoyer beaucoup d'argent... *Tuus*, Edmond ABOUT. »

Dans une autre : « Tu as bien fait de quitter le *Suttières*, puisque tu es trop paresseux pour te mettre en règle avec le Conseil d'État et acquérir officiellement un nom qui t'appartient légitimement. Peut-être la manière dont tu as signé n'était-elle pas très adroite. Il eût été préférable de signer Sarcey tout court et d'ajouter Francisque à la prochaine fois. Mais cela importe peu. Tu signeras lundi prochain Francisque Sarcey ; et tout sera dit. » Ailleurs encore : « J'attends demain ton feuilleton de théâtre. Comme tu vas ! Tu montes comme un ballon que tu es, grosse bête ! »

Cependant la presse satirique lance une volée de flèches contre le critique normalien. Edmond About l'exhorte à la patience : « Pourquoi lis-tu les petits journaux qui t'outragent ? Fais-toi donc une Schilittenbach à Paris. Il ne faut jeter les yeux sur ces feuilles que lorsque nous y sommes exaltés grossièrement et platement. Cela fait toujours plaisir. » Sarcey, qui devait se battre en duel quelques mois plus tard, entre dans les idées de son ami : « Il n'y a qu'une réponse à opposer à cela : Monsieur, je ne suis pas officier de cavalerie, mais critique sérieux et myope. Ni mes études, ni mes goûts, ni mes moyens physiques ne me destinent à la carrière des armes. Si vous n'êtes pas de mon avis, vous êtes libre de me contredire ; si vous êtes amoureux de Mlle une Telle, tâchez qu'elle quitte le théâtre ou qu'elle joue mieux. Mon métier est de dire la vérité dans l'intérêt des artistes et du public, et non de rompre des lances. N'essayez pas de me forcer par quelque moyen brutal à me mesurer avec vous. Je vous ferais un bon procès et vous auriez six mois de prison. Les voies de fait ne sont excusables qu'avec le critique insolent ou bravache. Un homme de sens qui a fait cette réponse acquiert son indépendance et tous ses lecteurs sont avec lui. »

Dire honnêtement ce qu'on croit être la vérité et laisser crier les sots. C'est bien là le programme de mépris indifférent et d'indulgente rudesse auquel Sarcey conforma sa vie...

... Le crépuscule descend... Les hautes fenêtres s'obscurcissent. Le cabinet s'emplit d'ombre. Je m'approche du bureau où de si vastes labeurs furent consommés. Et j'y découvre un feuillet à demi couvert d'une écriture nette et menue. Ce sont des notes sur La Bruyère, recueillies en vue d'une conférence ou d'une leçon. A la lueur affaiblie du jour, j'y déchiffre avec émotion ces phrases :

« Il devrait y avoir des sources inépuisables de douleur pour de certaines pertes. »

Et au-dessous :

« Tirer de soi tout ce que la nature y a mis, faire le plus large emploi de ses facultés, de ses énergies pour son propre bonheur et pour celui des autres, c'est la fin de la destinée humaine. »

Mon maître fut un sage. La meilleure façon de le pleurer est d'imiter son exemple...

Travaillons!...

ADOLPHE BRISSON.

25 mai 1899.

LA CRITIQUE

ET

LES CRITIQUES

LES DROITS ET LES DEVOIRS DU CRITIQUE (1).

Lorsque, il y a huit mois, l'*Opinion Nationale* se fonda et que le Directeur m'y offrit le courrier du lundi, j'avoue que je ne l'acceptai point sans quelque hésitation. Je ne savais parfaitement de la littérature dramatique que ce qu'on en peut apprendre dans les livres. J'avais plus étudié Sophocle, Aristophane, Plaute, Shakespeare et les grands écrivains des deux derniers siècles, que MM. d'Ennery et Bayard. J'ignorais, ou peu s'en faut, le théâtre contemporain.

Je ne connaissais assez bien que le répertoire de la Comédie-Française, car le nombre de pièces dont il s'accroît chaque année est fort restreint, et je les avais vues presque toutes par échappées, en passant. Cela suffisait-il ? J'exprimai mes inquiétudes à mon rédacteur en chef. Il me rassura contre mes défiances, il me dit qu'il y aurait peut-être pour le public quelque plaisir à savoir l'avis d'un homme qui ne fût pas du métier et qui donnât son impression

(1) Dans ce feuilleton, Francisque Sarcey expose, pour la première fois, la théorie des droits et des devoirs de sa profession. Il y exprime un certain nombre d'idées auxquelles il devait demeurer fidèle toute sa vie. Aussi avons-nous cru devoir isoler ce morceau et le placer, comme une sorte de préface, en tête du présent recueil.

naïve. Cela serait tout au moins une nouveauté qui ne pouvait déplaire dans un journal nouveau. « Ne craignez rien, ajouta-t-il ; vous ne perdrez que trop tôt votre ignorance. Dites-nous toujours franchement tout ce que vous pensez, et ne vous mettez pas en peine des suites. »

Je me laissai persuader et pris la plume. Rien ne me parut plus facile, au premier abord, que la besogne dont j'étais chargé. Passer ses soirées au théâtre et dire, le lundi, au bas d'un journal : « Cette pièce m'a plu, allez-y voir. Cette autre m'a ennuyé ; gardez-vous-en bien ». Qu'y a-t-il de plus simple en apparence ? c'est ce que tout le monde à Paris fait un peu, sans être payé pour cela. Je m'aperçus bientôt que la chose était infiniment plus malaisée que je ne l'avais soupçonné au début, et qu'avec le plus vif désir d'être partout sincère et de dire toujours vrai, on n'y arrivait que rarement, à force de réflexion et de travail.

La difficulté n'est pas, comme le croit généralement le public et surtout le public provincial, de se soustraire aux influences dont on est pressé de toutes parts. Je n'y ai jamais eu, pour ma part, aucune peine. Je serais très honteux de moi-même s'il m'était jamais arrivé d'écrire un seul mot contre une œuvre par animosité contre l'auteur ; je ne le serais guère moins si je cédais à une recommandation ou à un sentiment de camaraderie. Cette sorte d'impartialité ne me coûte rien ; je la trouve toute naturelle et n'imagine pas qu'il y ait lieu d'en être bien fier.

Un couvreur grimpe sur un toit en pente raide, à trente mètres du sol ; il y place tranquillement ses tuiles, sans songer qu'il risque, cent fois le jour, de se casser le cou. Il ne voit point là de bravoure ; c'est son métier d'exposer sa vie, il l'expose et n'en tire pas vanité. Le métier de critique a aussi ses inconvénients : on risque, en disant vrai, de se faire à peu près autant d'ennemis que de personnes dont on parle ; mais c'est notre métier ; on nous paye pour le faire, et nous croyons n'accomplir, en le faisant, qu'un simple devoir d'honnêteté.

Je sais que j'aurai fort à faire pour convaincre les bons bourgeois que nous ne sommes pas de plats coquins. Personne en France ne veut être dupe : les gens de Carpentras et de Landerneau surtout sont terribles pour cela ; ils ne peuvent pas lire l'éloge d'une actrice sans hocher la tête avec un sourire d'une malice très significative.

Ce n'est pas eux qu'on attrape. En revanche, je me suis entendu vingt fois adresser cette question sur le boulevard : « Qu'est-ce que vous a donc fait un tel ? Vous avez bien maltraité sa pièce. » Il serait bien temps d'en finir avec ces préjugés ridicules ; je le répète encore et ne saurais trop le répéter : s'il est malaisé aux critiques de dire exactement ce qu'ils pensent, les raisons de camaraderie et d'intérêt n'y sont pour rien, ou du moins n'y sont que pour fort peu de chose ; cet embarras tient à des raisons dont l'analyse est plus compliquée, et plus délicate.

J'ai un de mes amis, grand amateur de musique, et qui est fanatique de Beethoven et de Mozart ; c'est à peine s'il admet Rossini. Je vais quelquefois avec lui dans les théâtres lyriques et il me dit naïvement ses impressions, à mesure qu'un morceau passe. Mais bien que j'aie la plus grande confiance en son goût, je ne tire pas grand avantage de sa sincérité, car je pourrais d'avance lui formuler son avis ; il va généralement du mauvais à l'exécrable et ne descend au médiocre que par occasion. Je ne dis pas qu'il ait tort à son point de vue ; il est clair que s'il compare un pont-neuf d'Adam à une mélodie de Mozart, le pont-neuf fera pauvre figure. Mais pourquoi prendre si haut les points de comparaison ?

J'imagine qu'au salon de l'année prochaine, nos artistes paraîtront de bien petits garçons si l'on va rapprocher leurs tableaux de l'œuvre des grands peintres du temps passé. Mais serait-il juste d'accabler une seule année du poids de cinq siècles? Faudra-t-il ne voir les toiles exposées en 1861 qu'à travers les souvenirs de Raphaël et de Rembrandt? Rendra-t-on un grand service au public en lui apprenant que M. Baudry n'est pas le fils mais simplement le neveu, et un petit neveu du Corrège, que M. Winterhalter n'a qu'une parenté lointaine avec Lawrence, que M. Théodore Rousseau ne rappelle qu'imparfaitement Le Poussin, et qu'enfin M. Couture ne serait peut-être pas admis sans examen à gratter la palette de Rubens? Ces *truism*, comme disent nos voisins, sont décourageants pour les artistes, sans faire l'éducation de la foule.

Il est bon de rappeler les grands noms, mais sans jeter leur ombre sur les œuvres modernes. Je ne trouverai même pas mauvais que M. Théophile Gautier, qui avait dit que Rembrandt était un admirable coloriste, se serve encore de la même épithète pour caractériser le talent de M. Riesener. Il est évident que, ni dans son esprit ni dans le nôtre, l'épithète n'aura la même signification ni la même force. L'échelle de proportion a changé.

Il faut que le critique de théâtre ait, lui aussi, son échelle de proportion dont il convienne avec le public. Mais quelle sera-t-elle? Grave question, et plus difficile à résoudre qu'on n'imagine. Abîmer M. d'Ennery sous le nom de Corneille, mesurer MM. Marc-Michel et Labiche à Beaumarchais, c'est absurde folie, c'est injustice même. Mais devons-nous, d'autre part, jeter dans un coin tous les souvenirs, toutes les conditions de l'art antique, comme on a fait de l'aune et des vieilles mesures?

Vous voyez qu'il ne s'agit pas simplement pour le critique de se laisser aller à son impression ; il faut la régler, il faut avoir un point précis où on la rapporte. « Il y a deux heures que nous sommes ici, dit quelqu'un à ma droite. — Non, reprend l'autre à ma gauche, il y a quatre heures au moins. » Je tire ma montre et je dis au premier : « Le temps ne vous dure guère » ; et au second : « Il paraît que vous vous ennuyez terriblement avec nous. Il n'y a que trois heures que nous sommes ensemble. » Je suis sûr de mon affaire ; j'ai une montre. Le premier embarras du critique, c'est de monter sa montre, de la mettre à l'heure ; mais où trouver l'heure juste ? L'art dramatique a-t-il un canon comme le Palais-Royal ?

Autre difficulté, non moins sérieuse. Vous voilà, vous critique juré, assermenté, critique honnête s'il en fut, bien résolu à ne jamais donner au public que votre impression personnelle ; vous voilà, dis-je assis dans votre stalle et la lorgnette en main. Vous vous amusez, ce soir-là, où vous bâillez à périr. Croyez-vous qu'il ne s'agisse plus que d'écrire en sortant de là : La pièce est fort gaie ou elle est détestable ? Mais pour combien, s'il vous plaît, a-t-elle été dans votre plaisir ou dans votre ennui ? là est le point. Quelques circonstances extérieures n'ont-elles pas influé sur votre jugement ? Aviez-vous bien ou mal dîné ? Aviez-vous les pieds chauds ? Ne vous était-il pas tombé, dans la journée, une mauvaise nouvelle qui avait troublé vos humeurs, aigri votre bile ?

Si l'on fouille le moindre des sentiments humains, on trouve au fond mille ressorts invisibles qui le font mouvoir. Commencez par analyser ces ressorts. N'attribuez à la pièce que la part d'action qui lui revient. J'irai sans doute, moi, public, voir le même drame dans d'autres conditions que vous ; retranchez de votre critique toutes les causes qui sont venues du dehors peser sur votre impression, qui l'ont accrue, modifiée, et même complètement pervertie. J'ai affaire de votre jugement et non de votre personne.

Croyez-vous même être en règle avec votre conscience quand vous avez fait la part du drame et rendu à César ce qui appartient à César? Ne faut-il pas encore chercher pourquoi certaines beautés ou certains défauts ont agi sur vous plus fortement peut-être qu'en bonne justice ils n'auraient dû? Vous êtes homme, mon cher critique, c'est-à-dire faible, et ni les acteurs, ni les auteurs que vous jugez, ni le public qui lit vos jugements ne doivent souffrir de vos faiblesses.

N'avez-vous pas cédé à un goût trop vif pour des sentiments qui vous sont chers, ou pour des idées qui conviennent au tour particulier de votre esprit? N'en avez-vous pas trop cru des répugnances, qu'il vous serait tout aussi difficile de justifier, que la répulsion que j'ai pour certains mets, fort bons d'ailleurs et très appréciés des gourmets? Ne vous êtes-vous pas même laissé surprendre par l'entraînement général; la salle était pleine des amis de l'auteur c'est un homme que vous aimez; il y avait ce soir-là du parterre aux loges un courant électrique d'admiration; vous avez subi l'influence; en retrouvera-t-on la trace dans votre feuilleton du lendemain?

Ce n'est pas tout: si vous vous trouvez en désaccord avec le public, ce qui n'arrive que trop souvent, ferez-vous bon marché de son opinion pour ne donner que la vôtre? Remarquez, ô critique, que les directeurs ni les auteurs ne travaillent pas précisément pour vous, mais pour les gens qui paient. Il est pourtant assez juste que ceux qui donnent leur argent aient aussi voix au chapitre.

Le prendrez-vous de très haut avec eux, ou battrez-vous tout de suite en retraite? De quelque façon que vous agissiez, vous aurez pour vous et contre vous les proverbes, qui sont la sagesse des nations. « La voix du peuple est la voix de Dieu », répond M. Léon Laya aux critiques. « Les sots depuis Adam sont en majorité », disent à leur tour les critiques à M. Léon Laya. Où est la vérité? Ferez-vous un compromis entre ces deux contraires? Quel tempérament choisirez-vous? Vous voilà obligé de passer entre deux abîmes sur une lame de rasoir. Gare la culbute! J'arrive à un point qui est bien plus délicat encore. Je suppose que vous ayez votre opinion faite sur une œuvre, et que cette opinion soit parfaitement équitable. Il s'agit de l'écrire, et ce n'est pas, croyez-moi, une mince difficulté. Les mots sont faits pour traduire la pensée; avez-vous compté combien de fois ils la trahissent? On croit qu'il est aisé de dire juste ce qu'on veut; hélas! il faut avoir passé par là pour savoir ce qu'il en coûte à trouver des expressions qui aillent à la pensée comme un vêtement bien fait. Il y a des centaines de tailleurs à Paris, car il y a des milliers d'Allemands, mais on ne connaît qu'un Alfred. N'est pas qui veut l'Alfred du feuilleton; que de fois on reste en deçà de ce qu'on prétendait dire! mais combien plus souvent encore on est emporté au delà, bien loin de sa pensée.

Ceux-là seuls qui ont l'habitude d'écrire sentiront la vérité de ce que je dis. On s'assied à son bureau, la plume à la main, de sang-froid, comme un juge sur son siège. On commence en mesurant tous ses mots, aussi tranquille que le garçon épicier qui pèse son poivre dans une balance irréprochable. Peu à peu la plume s'anime comme d'elle-même, le sang circule plus vite et fouette la main, et les expressions montent et s'accumulent, l'une traînant l'autre à sa suite et la seconde enchérissant sur la première.

On est emporté par la fougue de l'article, comme par un cheval lancé au galop. On se laisse bientôt aller soi-même à la rapidité de la course; on s'excite, on s'éperonne; hop!

hop! on saute tous les obstacles : c'est une course au clocher. On était parti bien paisiblement, avec la ferme intention d'aller au bois de Boulogne faire le tour de la cascade ; on est vingt lieues plus loin... on ne sait plus où l'on est.

Qui n'a éprouvé cela mille fois dans les ardeurs du journalisme quotidien ? Puis le lendemain arrive ; on est de sens rassis ; on se relit avec étonnement. Eh quoi ! l'on a été si sévère, si tranchant ; on a tout renversé, foulé aux pieds ; on ne voulait qu'égratigner, on a emporté la pièce ; on a passé les bornes de la justice en allant plus loin que sa pensée...

... Eh ! mon Dieu ! je n'ignore pas qu'il y a des chefs-d'œuvre dont les beautés sont de tous les temps. Qu'on nous en serve un seul, on verra bien si nous savons le reconnaitre et le louer dignement. Mais enfin les chefs-d'œuvre sont encore plus rare que les très belles femmes. Combien en compte-t-on dans les trois plus beaux siècles de notre littérature ? Une douzaine tout au plus ; or nous avons cinquante-deux articles à faire par chacun an. Nous avons donc un grand nombre d'œuvres médiocres. Montrer qu'elles sont médiocres, qu'elles ne passeront pas l'année qui les a vu éclore, est philosophique, sans doute, mais absolument inutile. C'est une vérité reconnue d'avance, admise par tout le monde, qui ne doit trouver aucun contradicteur.

Il y a mieux à faire. Chaque génération a ses sortes de beautés qui lui plaisent davantage, sans qu'elle sache pourquoi ; il peut se faire que ce soient des défauts, mais ils vont au tour particulier de son esprit. Elle admire, tant qu'on voudra, la *Vénus de Milo* et une tragédie de Corneille ; mais toutes deux la laissent froide. Une physionomie piquante et un vaudeville de MM. Marc-Michel et Labiche lui seront plus agréables. Au lieu de fulminer contre elle, au lieu de lui remettre devant les yeux des principes et des règles dont on l'a cent fois ennuyée, ne vaut-il pas mieux entrer dans ses caprices d'enthousiasme et lui en découvrir, s'il se peut, les raisons ?

Rien n'est plus aisé que de démolir pièce à pièce le *Duc Job?* Il est plus difficile, et peut-être aussi est-il plus vraiment profitable, de chercher dans cette comédie ce qui a pu flatter les goûts passagers du public. Ainsi, nous aimons aujourd'hui les scènes intimes, où les détails les plus familiers soient rendus avec une vérité scrupuleuse ; nous avons même inventé pour ce nouveau goût un mot nouveau.

On notera ce qu'il y a de *réaliste* dans la pièce de M. Léon Laya. La mode est à présent aux discussions d'intérêt, aux détails de bourse et aux tirades vertueuses contre l'argent. Tout cela se trouve dans le *Duc Job*. Il faudra poursuivre ainsi cette analyse jusqu'au bout. Il n'est pas impossible qu'on se trompe sur quelque point. Mais qu'importe ? on aura fait ainsi son métier de critique et de journaliste. Un journaliste ne doit pas lutter contre le torrent du jour, il faut qu'il s'y abandonne, en le dirigeant du mieux qu'il peut. Les écrivains de l'étage supérieur ne sont-ils pas forcés, eux aussi, de compter avec les passions du moment, avec les accidents que chaque jour apporte et jette dans le courant de la politique ? Ils suivent les événements, et ne gardent des principes absolus, que ce qui est applicable à l'instant présent. Voilà Garibaldi prêt à s'embarquer pour Naples ; un philosophe pourra lui faire une belle dissertation sur la légitimité des révoltes ; un journaliste qui sait son métier, criera aux gens de Palerme de le suivre. Il court toujours au plus pressé ; il va où va la foule, en tâchant de la maintenir.

Il en est de même pour nous qui habitons le rez-de-chaussée du journal. Le public a des caprices et des engouements dont quelques-uns ne nous semblent pas fort justes ; ils ont pourtant leur raison d'être, c'est à nous de la trouver et de l'expliquer. Nous n'avons point à lutter contre ces entraînements au nom des règles éternelles du beau ; laissons ce rôle à ceux qui écrivent dans les revues et qui font des livres. Ils sont lus à tête reposée par un petit nombre d'hommes sages ; ils peuvent avec eux le prendre d'aussi haut qu'ils voudront.

On nous lit en prenant sa tasse de café, en pensant quelquefois à tout autre chose. La philosophie serait bien mal venue alors ; on veut retrouver chez nous l'impression toute brûlante des événements de la veille. Nous sommes la voix de la foule, et son premier cri ; nous sortons d'une première représentation tout échauffé de l'enthousiasme ou de la colère du public. Il faut que dans notre jugement il reste la trace des émotions que nous avons partagées nous-même. Nous sentons, et la parole suit. Nous sommes les moutons de Panurge de la critique ; le public saute et nous sautons ; nous n'avons d'avantage sur lui que de savoir pourquoi il saute et de le lui dire.

C'est ce que j'ai toujours essayé de faire. Le succès est la règle de ma critique. Ce n'est pas du tout qu'il prouve pour moi le mérite absolu de la pièce ; mais il montre évidemment qu'entre l'œuvre représentée et le goût actuel du public il y a de certains rapports secrets qu'il est curieux de découvrir. Je les cherche. Je dis la vérité du jour, car j'écris dans un journal. La mode change tous les dix ans en France, pour les ouvrages de l'esprit comme pour tout le reste. Il est clair que, dans dix années, et plus tôt peut-être, mon jugement sera faux ; mais les raisons sur lesquelles je l'ai appuyé sont encore justes. Il est vrai que personne alors ne s'en souciera : pièces et feuilletons seront tombés dans le plus profond oubli.

Je parlais dans mon dernier article d'une échelle de proportion dont le critique devait convenir avec ses lecteurs ; la voilà trouvée, ce me semble. Quand je dis qu'une chose est bonne, excellente, admirable, ne traduisez pas, s'il vous plaît :« c'est une œuvre que tous les siècles admireront » ; elle entrera dans ce glorieux cortège des chefs-d'œuvre qui sont l'honneur de l'esprit humain. J'entends dire seulement qu'elle est admirable pour le public du jour.

Les qualités que l'on y trouve sont de celles qui sont le mieux faites pour lui plaire ; les défauts, au contraire, sont de ceux qui ne touchent pas pour le moment. Le mérite n'est déjà pas mince, pour un auteur dramatique, de connaître parfaitement le goût de son public et de passionner les hommes de son temps ; peu de gens y réussissent, et c'est bien le moins qu'on leur sache gré du plaisir qu'ils nous donnent. Ils n'ont cherché qu'un succès d'un jour ; c'est au journal à l'enregistrer.

Nous ne devons donc pas marchander les éloges ; mais c'est à nos lecteurs de savoir au juste quelle en est la valeur et la portée.

16 et 23 juillet 1860.

Si abandonnée que soit la forme de ces feuilletons, j'y suis toujours et de parti pris très sérieux. J'y reste ce que j'ai toujours été, bon universitaire.

L'Université, au reste, ne s'y est pas trompée. Elle m'a depuis longtemps fait l'honneur de marquer quelque estime pour ces critiques, improvisées de style, mais où les idées sont le fruit d'une longue méditation.

Je compte parmi les joies de ma vie que tel de mes feuilletons sur l'ancien répertoire ait été lu en pleine classe par un professeur de rhétorique et livré à la discussion des élèves, comme une page de La Harpe et de Villemain. C'est le dernier terme d'ambition où j'aurais jamais osé aspirer.

Hier encore, il m'arrive une de ces éditions savantes où se complaisent nos professeurs d'aujourd'hui, avec introduction, commentaire philologique, historique, littéraire, où le texte est si parfaitement élucidé, tourné et retourné, sondé, approfondi, que toutes les questions qu'il soulève sont épuisées et qu'épuisée aussi est l'attention du lecteur.

Je me mets à lire la notice historique et littéraire par où s'ouvre le volume, et j'y trouve un portrait du Menteur, ou plutôt une explication de ce caractère, empruntée à l'un de mes feuilletons. J'étais cité en bonne compagnie avec les maîtres de la critique, par un des maîtres de la jeune Université.

Je n'en fais pas le fier; cela m'a causé un sensible plaisir. Comme il me semble que j'ai, en mon temps, apporté, et dans la théorie de l'art dramatique, et dans la critique des vieux chefs-d'œuvre, quelques idées neuves, quelques façons de voir et de juger personnelles, je sens quelque joie à constater qu'elles ont fait leur chemin et que la justesse en a été reconnue par ceux dont j'ai toujours cherché l'approbation et tâché de mériter l'estime, par les membres du corps universitaire.

C'est à eux surtout que je m'adresse; c'est pour eux que je travaille. Que de fois, depuis vingt-cinq ans et plus, dans ces mois d'été, où je sais tout Paris aux bains de mer, où les sujets manquent, où je sais bien qu'un chef-d'œuvre ne tirerait pas de leur doux *farniente* des lecteurs prenant le frais et rêvassant au bord de la mer et sous les arbres, que de fois me suis-je dit (car on a des heures de lassitude) :

— Bah! si j'expédiais aujourd'hui le feuilleton par-dessous jambe.

Et je songeais alors au professeur de rhétorique de Lesneveu, qui a pris l'habitude de me lire, avec qui je suis en communication constante, bien que nous ne nous soyons jamais vus; il attend son lundi, le professeur de Lesneven, il a passé un contrat avec moi; il s'est engagé à me lire avec sérieux et sympathie; je dois, de mon côté, tenir ma parole et donner à chaque fois le meilleur de mon esprit; ce n'est pas ma faute si ce meilleur n'est pas toujours très bon.

Et voilà comme le professeur de Lesneven me maintient dans le devoir. Quand, par hasard, j'entre, à la cinquantième représentation d'une pièce, dans une salle de théâtre, les acteurs qui m'ont déniché dans mon coin jouent pour moi; j'écris pour le professeur de Lesneven.

5 juillet 1886.

QUELQUES CRITIQUES

I

FIORENTINO

C'était il y a une douzaine d'années ; je venais de quitter l'École normale et de partir pour la province avec un brevet de professeur. Je ne m'imaginais guère alors que je passerais journaliste un jour et chroniqueur dramatique. Mais j'étais déjà fou du théâtre, où je n'entendais rien, n'y étant presque jamais allé dans mon enfance. J'achetais toutes les pièces qui faisaient quelque bruit, je me nourrissais de cette littérature qui devait par la suite devenir mon pain quotidien, et je dévorais tous les feuilletons du lundi, sans me douter que, plus tard, j'en augmenterais le nombre.

J'avais bien vite remarqué et pris en goût celui de Fiorentino. Ce n'est pas qu'il n'y eût beaucoup d'esprit dans les autres et des qualités peut-être plus séduisantes ; mais je trouvais précisément chez lui ce que je cherchais dans un feuilleton dramatique, moi, homme de province, qui n'avais pu voir les ouvrages dont le chroniqueur rendait compte.

Il me donnait juste les renseignements dont j'avais

besoin; il ne s'écartait point de son sujet par des digressions brillantes, mais inutiles. Il me parlait de la chose même, et il en parlait avec un bon sens exquis et une grande apparence de raison.

C'est par ces qualités solides qu'il me prit tout d'abord. Quand on voit plusieurs écrivains traiter le même sujet, on se sent toujours porté vers l'un d'eux par une préférence plus particulière.

— Voilà comme je ferais, se dit-on tout bas; voilà du moins comme je voudrais faire, si le hasard me mettait jamais une plume à la main.

Ce hasard vint pour moi. Je fus, par une suite bizarre de circonstances, jeté dans la vie littéraire, où je n'aspirais point, et mis en possession d'un feuilleton, sans avoir jamais essayé si je serais capable de le tenir.

C'est alors que je commençais à étudier de plus près celui de Fiorentino, et que j'en sentis mieux l'extrême mérite. Je m'aperçus bien vite que cette exactitude d'esprit et ce jugement droit, par où il m'avait séduit en province, étaient encore ses moindres qualités. Il savait faire un feuilleton, chose plus rare qu'on ne pense. Il possédait l'art, si difficile, si peu connu, de ne prendre d'une idée générale que juste ce qui devait emplir les douze colonnes de son article. Un peu plus, il eût débordé dans le style de revue; un peu moins, il se fût évanoui dans le petit journal.

Chacun de ses feuilletons était un tout solidement construit, qui se tenait d'un bout à l'autre, et qu'on embrassait d'un coup d'œil. Point de trous, point de raccordements; c'était une masse homogène, d'une ordonnance parfaitement exacte et qui satisfaisait pleinement l'esprit. La solidité de la construction n'excluait pas l'élégance. Qui eut jamais plus de légèreté de main que Fiorentino!

Il critiquait souvent et d'une façon bien cruelle. Mais c'était avec tant de finesse et de grâce, que la victime même eût été mal venue à s'en plaindre. Il me conta lui-même plus tard, comment il s'était fait une loi de cette discrétion :

— J'écrivais alors dans le *Corsaire,* me dit-il, et il m'arriva d'être traduit en police correctionnelle pour une nouvelle à la main, que je trouvais fort inoffensive. Mais quand je l'entendis lire à l'avocat de ma partie adverse, chacun des mots dont je m'étais servi prit une importance extraordinaire. Je commençai à me regarder comme un grand misérable. Le ministère public refit la même lecture, et de quelle voix ! avec quels gestes ! en l'accompagnant de quels commentaires ! Il me sembla alors que j'avais commis une action monstrueuse, et je fus épouvanté de ma propre audace. Je me suis juré depuis lors que je n'écrirais jamais une ligne, sans me demander l'effet qu'elle ferait, si elle était lue devant un tribunal, et je me suis tenu parole.

Il est vrai qu'il a trouvé moins de difficultés que bien d'autres. Il avait l'esprit naturellement souple, fin, délié. Il était d'une incomparable adresse à glisser, comme un chat, sans rien casser, à travers des situations bien délicates et bien fragiles. Il lui arrivait, comme à tout le monde, d'être forcé de donner quelques-uns de ces éloges qui sont de pure complaisance. Il le faisait avec une malice bien ingénieuse. Pour qui savait lire entre les lignes, il circulait, derrière toutes ces louanges, une veine cachée d'ironie qui ne perçait que de loin en loin, par un seul mot ambigu, un tour de phrase équivoque, un je ne sais quoi d'insaisissable, comme un regard où perce l'éclair d'un sourire, comme un coin de lèvre qui se plisse imperceptiblement.

Toutes ces précautions n'ôtaient rien à ses articles de leur animation et de leur verve. Il était prudent, circonspect même dans le détail, et cependant il y avait dans l'allure générale quelque chose de vif et d'impétueux. On se sentait emporté par lui dans un grand courant. Les délicats pouvaient s'arrêter à chaque phrase; la foule lisait d'un trait; tous étaient émerveillés.

Quelques-uns de ses feuilletons sont restés célèbres par ce soin extrême du détail qui n'ôtait rien à la vivacité de l'ensemble. On se rappelle encore celui qu'il fit sur deux danseuses, deux étoiles, qu'on avait réunies et opposées dans le même ballet. A qui donner la pomme? C'était là une question, assez peu importante pour 38 millions 500,000 Français; mais il n'y en avait pas de plus grave pour les trois mille autres. On attendait avec impatience le feuilleton de Fiorentino.

Il eut l'art de tenir ses lecteurs en suspens durant six colonnes; entremêlant sans cesse l'éloge de l'une et de l'autre, opposant paragraphe à paragraphe, faisant à chacune même mesure d'épithètes louangeuses, corrigeant une critique, qui semblait faire pencher la balance, par une autre, qui la redressait, et se dérobant avec une incroyable dextérité au moment de conclure. Rien de plus apprêté que ce feuilleton; chaque mot en était pesé; mais rien aussi de plus libre comme allure; l'écrivain s'était mis des entraves aux pieds et aux mains; personne ne l'eût soupçonné à l'aisance de sa démarche.

Il aimait peu la fantaisie et ne la pratiquait guère. Il en avait pourtant, mais qui n'était qu'une grâce nouvelle donnée au bon sens. On se rappelle encore un article où il rendit compte à la fois de deux drames qui se jouaient le même jour à l'Ambigu et à la Porte-Saint-Martin. Il allait de l'un à l'autre théâtre, voyant un acte d'une pièce, un acte de l'autre, et toutes deux se ressemblaient si bien, qu'il croyait voir la même.

Ce feuilleton fit grand bruit, mais ce qu'il avait de remarquable, c'était moins la charmante fantaisie de l'idée première que le spirituel bon sens avec lequel elle était exécutée. C'est qu'en effet, il n'y avait pas de critique plus saine et plus juste des deux drames, et du drame en général, que cette façon d'embrouiller deux pièces l'une dans l'autre, et de s'y retrouver toujours, tant les procédés sont les mêmes pour toutes ! Le choix même des temps d'arrêt était habilement calculé pour mettre en relief la vanité de certains coups de théâtre. Il y avait là de la fantaisie, mais la fantaisie d'un esprit né pour la critique.

C'étaient les qualités vraiment critiques qui faisaient, avant tout et par-dessus tout, la supériorité de Fiorentino. Non qu'il manquât d'imagination ; il a écrit la première moitié de *Monte-Cristo*, le *Corricolo*, et probablement d'autres ouvrages de même nature, que je ne connais pas ; mais en s'occupant de chronique théâtrale, il avait réduit cette imagination à être l'humble servante du bon sens. Elle n'avait d'autre emploi chez lui que de donner à la critique plus d'animation et de grâce piquante.

Je sentais depuis longtemps, avec le public, tout le prix de ces excellents feuilletons, et je n'en connaissais pas encore l'auteur. On s'imagine aisément, dans le public, que les critiques du lundi forment une sorte de redoutable corporation et s'entendent pour accabler tel écrivain ou telle artiste qui leur a manqué. La vérité est que nous avons fort peu de relations les uns avec les autres et qu'il est tel de mes confrères à qui je n'ai de ma vie adressé la parole.

C'est l'année dernière que je fus présenté pour la première fois à Fiorentino. Dans cette rude guerre que le petit journalisme m'a faite durant quatre ans, et au moment où j'étais le plus embarrassé de tant de scandales, il eut pour moi, qui ne lui étais de rien, quelques bons procédés, dont je fus extrêmement touché. Un ami commun nous mit en présence ; la première entrevue fut très cordiale de sa part, un peu tendue de la mienne ; j'ai toujours eu une certaine défiance du monde parisien et des nouveaux visages.

Je me laissai bientôt apprivoiser et séduire au charme qu'il exerçait sur ceux qui l'avaient une fois approché. Il avait l'amitié aussi chaude que la haine vivace : une fois adopté par lui, on était sûr d'être défendu en toute occasion, et il se fût mis en quatre pour vous rendre le moindre service.

Je lui en dois plus d'un. C'est lui qui me mettait au courant des choses parisiennes, qu'il savait si bien, et me montrait certains dessous de cartes dont s'émerveillait mon extrême ingénuité. Que de renseignements ne m'a-t-il pas donnés sur les théâtres et ceux qui les protègent, m'indiquant lui-même dans quelle mesure j'en pouvais user et quels risques je courais à les publier dans le journal.

J'avoue qu'un éloge de sa bouche me faisait un vif plaisir. Les siens n'avaient rien de banal ; il ne les donnait pas à tort et à travers, comme eau bénite de cour. Il les mêlait parfois de conseils que j'écoutais de tout mon cœur ; car ils partaient d'un homme qui avait bien de l'expérience, bien de l'esprit, et qui me portait un intérêt véritable.

Si le lecteur a trouvé quelque adoucissement à ma manière de juger les choses, je le dois un peu à ces conversations répétées, où il m'enseignait les secrets d'un art qu'il connaissait à fond.

Il était heureux de lire un excellent feuilleton qu'il n'avait pas fait. « Ne croyez pas, me disait-il, que la concurrence nous puisse jamais être nuisible. J'ai toujours remarqué, au contraire, que c'était un bonheur d'avoir pour émules, dans sa partie, des gens de grand talent. On se laisserait facilement aller à l'insouciance si l'on était seul; mais, à chaque fois qu'on prend la plume, on songe aux confrères qui vont écrire sur le même sujet, au public qui établira nécessairement quelque comparaison et donnera des rangs; on s'excite, on s'échauffe, c'est une sorte d'entraînement. On trouve en soi plus de ressources, on fait mieux.

« Chaque journal, continuait-il, a sa clientèle de lecteurs : si l'écrivain chargé du théâtre ne sait pas les y intéresser, ils prennent l'habitude de ne point lire les feuilletons dramatiques. Si, au contraire, il fouette leur curiosité, un seul feuilleton ne leur suffit plus; ils tiennent à comparer, à juger par eux-mêmes. J'ai envoyé bien des lecteurs à Paul de Saint-Victor, qui m'en a sans doute renvoyé beaucoup d'autres. La critique du lundi est comme une institution, la seule qui, dans le journalisme, soit aussi complètement, aussi fortement organisée; tout homme de talent qui veut bien y entrer la fortifie par cela même et la consacre. »

Il est certain qu'elle a beaucoup perdu en le perdant. Je plains son successeur, quel qu'il soit. Il n'aura pas là un héritage commode à porter. Nous ne pensions pas qu'il le laisserait sitôt, et il le croyait encore moins que nous, bien qu'il se sentît fatigué et qu'il eût reçu l'année dernière un premier avertissement.

Il nous parlait souvent de sa lassitude.

« Vous ne savez pas encore, me disait-il, ce que c'est que d'écrire à jour fixe, durant vingt ans, deux feuilletons par semaine. Vous ne faites que d'entrer dans la carrière; vous en jugez encore comme la foule, qui trouve tout naturel qu'un homme ait de l'esprit, à l'heure dite, tous les huit jours. Mais je vous attends dans quelques années. Vous verrez quelle lourde chaîne c'est à traîner, à mesure qu'elle s'allonge, qu'un feuilleton hebdomadaire. »

Le sien lui coûtait beaucoup de temps et de peine. Son grand malheur était de penser en italien. Je ne l'eusse pas cru, s'il ne me l'avait assuré lui-même. Il pensait dans sa langue maternelle; et, par une opération rapide de l'esprit, il transportait en quelque sorte son idée dans notre idiome. Ce n'était pas, j'imagine, une traduction faite sur les mots; c'était plutôt comme une sorte de transposition du même air sur une autre clé.

Il devait peut-être l'incroyable pureté de son style à l'effort même qu'il était obligé de faire, au soin qu'il donnait nécessairement à chaque phrase. Ce n'est pas la première fois qu'un étranger parle un aussi excellent français. Hamilton avait le premier donné l'exemple, en composant ces agréables Mémoires qui ont fait les délices du dix-huitième siècle. Fiorentino n'a pas écrit notre langue avec moins de propreté et moins de délicatesse.

Le seul endroit où l'on pourrait sentir en lui l'étranger serait cet excès même d'élégance. Stendhal conte quelque part qu'un Italien fut reconnu pour n'être pas Français parce qu'il s'était servi, dans une phrase très correctement dite, du mot *gourmander*. C'était là une expression trop choisie, où l'on sentait l'homme qui avait trop bien appris dans les bons auteurs un idiome étranger.

Il y avait quelque chose de cela dans Fiorentino.

Il connaissait profondément les tours de notre langue, et il les plaçait à propos : mais il en mettait trop à la fois dans le même paragraphe, serrés les uns contre les autres.

Hamilton écrit peut-être un français plus riche en tours de toute espèce que celui de Le Sage; mais c'est cette prodigalité même qui le décèle. Elle n'est pas exempte de quelque affectation.

Il est aisé de s'expliquer ainsi comment il se faisait que pour un homme, si rompu au métier de feuilletoniste, un feuilleton à faire était une préoccupation constante et parfois même un lourd boulet.

Peut-être aussi avait-il beaucoup vécu de cette vie parisienne, qui use si vite les tempéraments les plus robustes.

Il avait eu de bien durs moments à passer.

Il aimait à nous conter ses débuts, alors qu'il arriva dans la grande ville, sachant à peine quelques mots de français, avec des bottes éculées et 150 francs dans sa poche pour toute fortune. Il prit un fiacre, disant au cocher de le mener à un hôtel. Le cocher, qui n'y entendait peut-être pas malice, le conduisit à l'hôtel des Princes. Notre jeune Italien s'y installa, tout en haut; et quelques jours après, il eut l'idée de demander sa note.

Les 150 francs étaient radicalement finis, dévorés de fond en comble. Il prit sa montre, une grosse montre de famille, et l'offrit au Mont-de-Piété. On lui en donna 100 francs. Il divisa la somme en deux moitiés, mit l'une dans son gousset et porta l'autre... où? Je vous le donne en mille; à la Caisse d'Épargne. Ce jeune homme, sans un sou vaillant, perdu dans un monde dont il ne savait rien, pas même la langue qu'il lui fait parler, s'était juré de faire fortune : Il la commençait dès ce jour.

Ce trait peint l'homme.

Jamais écrivain n'eut une vie plus ordonnée : il me demandait quelquefois où j'en étais de mes affaires, et comment j'avais arrangé mon existence : « Les hommes de lettres, me disait-il, ont la détestable habitude de croire qu'ils ne mangent que leur revenu, en dépensant ce qu'ils gagnent. Point du tout; ils dévorent leur capital, ils dévorent jour à jour leur intelligence, leur esprit, leur force, qui est leur seul vrai capital. Le revenu d'un artiste, c'est l'intérêt de ce qu'il a gagné et mis de côté. Le reste, il n'y doit pas plus toucher qu'un propriétaire ne doit vendre son champ ou sa maison pour prendre du bon temps.

Ce sont là de bien sages conseils. Plût à Dieu que nous en fissions tous notre profit !

6 juin 1864.

II

JULES JANIN

Je viens de passer toute une semaine en compagnie des ouvrages de Jules Janin, et je voudrais bien parler un peu de lui, pour en dire autre chose que les banalités oratoires que l'on jette uniformément, comme des couronnes d'immortelles, sur la tombe fraîche de tous les hommes célèbres. Aussi bien me sera-ce une occasion de causer avec nos lecteurs de la profession que j'exerce, et où il s'était lui-même, de sa grâce, mais avec l'assentiment du public tout entier, sacré roi. Peut-être quelques personnes trouveront-elles les réflexions où je vais m'engager un peu plus sévères que ne le comportent les habitudes en pareille circonstance. Mais, outre qu'il m'est impossible de cacher ce que je pense, j'ai pour excuse de n'avoir point connu personnellement Jules Janin, de n'avoir jamais senti le charme qu'il répandait autour de lui. Je ne l'ai vu qu'une fois en ma vie pour affaire de service. Il se montra bon et gai, comme à son ordinaire. Mais l'entrevue ne dura pas plus d'un quart d'heure. Je n'ai aperçu qu'au bout d'une lorgnette ce visage sympathique, ce grand et clair regard, si plein de franchise et de bienveillance, qui est resté beau, dit-on, jusqu'au dernier jour de sa vie. Je n'ai jamais entendu ce rire étincelant et sonore, dont nous ont entretenu tous ceux qui étaient les familiers de son chalet de Passy. Je n'ai jamais goûté cette conversation, dont la bonhomie, la finesse et la grâce souriante enchantèrent même ceux qui ne l'aimaient point. Il n'a pas eu seulement toutes les qualités de l'honnête homme : il a été l'un des hommes les plus aimables de son temps. Je ne l'ai appris que par ouï-dire, de seconde main. Je ne sais de lui que ses livres.

Et encore ne les ai-je pas tous lus; mais qui peut se flatter d'avoir lu tout ce qu'a écrit Jules Janin de sa plume rapide? l'a-t-il bien lu lui-même? Vous vous rappelez la réponse de Chamfort à l'archevêque de Paris.

— Avez-vous lu mon dernier mandement? lui demandait M. de Beaumont.

— Non, Monseigneur, et vous?

Le mot revient en mémoire quand on songe à Jules Janin. Il dictait à bride abattue, à tort et à travers, sur tous les sujets, et il est bien probable qu'il ne se relisait pas toujours. Il s'échappait de lui, incessamment et à propos de tout, un intarissable flux de prose. Sur quoi n'a-t-il pas discouru et que n'a-t-il pas touché? Tout genre lui était bon : histoire, roman, critique, philosophie, morale, traductions, préfaces, et jusqu'à des prospectus pour maison de commerce...

Mais il est certain que le meilleur de sa gloire se compose des articles de critique hebdomadaire qu'il a écrits durant quarante années au rez-de-chaussée des *Débats*. Je vais en causer tout à mon aise avec vous.

Quand j'arrivai à Paris, en 1859, le hasard me mit presque tout de suite aux mains un feuilleton dramatique. Il faut bien avouer que j'étais fort ignorant du théâtre, et surtout du théâtre contemporain. Je n'étais pas allé au spectacle dix fois dans ma vie, pour des raisons que comprendront aisément les jeunes gens, qui ne dînent pas tous les soirs : me voilà donc forcé de refaire, ou plutôt de faire au galop mon éducation. Vous pensez avec quelle ardeur je me mis à lire et à étudier les lundistes, dont j'allais devenir le confrère. En province, où j'avais longtemps vécu, je n'en avais suivi qu'un seul : c'était Fiorentino, dont la plume nette, le goût sûr et l'esprit vif me plaisaient. A Paris, le premier dont je cherchai, dont je dévorai les articles, ce fut Jules Janin.

En ce temps-là, Janin jouissait encore d'une réputation immense et d'une autorité incontestée. Il était le prince des critiques. Ce mot avait passé en axiome, et personne n'eût songé à émettre un doute. Je renonce à vous peindre mes impressions à cette lecture hebdomadaire. Ce n'était pas de l'étonnement, ce n'était pas de la stupéfaction. Tous ces mots sont trop pâles ; c'était quelque chose de pareil à la sensation d'un homme qui tombe d'un quatrième étage, ne se tue pas sur le coup, et tâte ses membres en les ramassant.

— Ainsi, c'est là ce que les Parisiens admiraient ! C'était là ce qu'il fallait pour leur plaire ! Jamais je ne viendrai à bout d'attraper ce genre...

Et puis, j'en eusse été capable, tous mes instincts, toute mon éducation se révoltaient là contre. Il m'arrivait parfois de lire six colonnes de ce feuilleton sans en comprendre un traître mot, et je me prenais la tête à deux mains avec désespoir :

— Les autres comprennent donc ! Ils ont donc, entre eux, ces maudits Parisiens, des façons d'avoir de l'esprit où je n'entre point, où je sens bien que je n'entrerai jamais !

Dame! je ressemblais un peu, en ces temps éloignés, au

Huron de Voltaire, tombé tout à coup au milieu d'une civilisation qui lui est étrangère. Tout l'étonne et l'ahurit. J'avais été tiré brusquement du professorat provincial, où je vivais derrière le rempart de mes livres, enfoncé dans les études classiques, et je m'étais trouvé, sans transition, jeté sur le pavé de Paris, au milieu du brouhaha des lettres : j'en étais tout effarouché. Je tâchais de ravoir mes esprits sans y parvenir. La blague parisienne surtout (hélas! elle s'exerçait beaucoup sur moi qui avais très vite passé tête de Turc dans le journalisme), cette affreuse blague me déconcertait singulièrement. J'allais à travers la vie, effaré, éperdu, comme un chien qui traîne une casserole à sa queue, ne sachant où donner de la tête, me cognant contre tous les angles et interrogeant, d'un regard incertain, tous les horizons.

Je finis par me rasseoir peu à peu et par entendre le langage des gens du pays où les circonstances m'avaient amené. Je me mis au fait de la conversation parisienne, de ses réticences, de ses malices, de ses clignements d'yeux, et je m'aperçus alors, non sans quelque sentiment de surprise, que tous ceux qui pensaient, pensaient à peu près comme moi sur les feuilletons de Jules Janin. On ne les lisait plus; mais c'était une complicité universelle d'admiration apparente, qui ne trompait que l'auteur et les badauds.

Et, cependant, je me faisais cette réflexion bien simple :

— Voilà un écrivain qui vit sur sa réputation : *Stat magni nominis umbra*. Mais, ce nom, il a bien fallu qu'il le méritât et le conquît autrefois. On n'arrive pas à une si haute position, à une influence si considérable sans un talent hors ligne. C'est une plaisanterie que de parler de hasard heureux et de bonne veine. Il n'y a pas d'effet sans cause. Toutes les fois qu'un homme s'est imposé à une génération, il faut admettre qu'il avait en lui assez de force pour obtenir ce résultat.

Et j'interrogeais ceux qui avaient connu Janin en son beau temps. Oh! là-dessus, ils étaient unanimes. Rien, dans les mœurs d'aujourd'hui, ne peut donner une idée du succès de Janin, à l'époque de ses débuts, et durant les vingt années qui suivirent. Nous avons vu quelque chose d'approchant lorsque, vers 1849 ou 1850, Sainte-Beuve commença, dans le *Constitutionnel*, cette série de « Causeries du Lundi » qui devait, en s'accumulant, former plus de trente volumes. Mais ce ne fut, pour Sainte-Beuve, que l'admiration éclairée et sympathique des lettrés ; Jules Janin excita, de prime abord, un engouement universel.

Chacun de ses feuilletons était un événement. On le lisait partout, même dans les départements les plus hyperboréens, même dans les plus minces bourgades, même chez les plus indifférents au théâtre et aux lettres. Je me souviens fort bien qu'en mon enfance, mon père, dans sa toute petite ville, attendait le feuilleton de Janin, qu'il recevait, à son tour, selon l'usage provincial, lui, treizième ou quatorzième. Tout le monde en raffolait, et c'était comme un éblouissement. La grave Université elle-même s'était laissée prendre. Et je tiens de quelques contemporains que nombre de professeurs, le lundi, ne manquaient guère de lire à leurs élèves des passages choisis du feuilleton en vogue.

C'était le temps où le faubourg Saint-Germain boudait les *Débats*, qui avaient patronné la monarchie de Juillet. Mais le faubourg Saint-Germain n'avait pu résister aux séductions de ce favori de la mode. On s'y arrachait l'article de Jules Janin, tout comme dans la bourgeoisie lettrée, et le feuilleton, chose presque incroyable, descendait jusqu'à l'atelier, où les deux célèbres initiales J. J. avaient fait leur trou.

La puissance qu'exerçait le feuilleton est inimaginable, à cette heure, où les plus autorisés d'entre nous ont si peu de crédit. Jules Janin lui-même en a conté, en se moquant, une preuve bien curieuse, et le passage est trop joli pour que je ne le cite pas : C'est dans l'*Histoire de la littérature dramatique*, au premier volume. Jules Janin commence par soutenir ce paradoxe, que, lorsqu'il n'y a pas de grand artiste, il en faut inventer un :

Une de mes fêtes, ajoute-t-il, c'est d'en avoir inventé au moins un; avec ce grand comédien de mon invention, j'ai vécu six semaines et j'ai eu le plaisir de voir mon paradoxe accepté sans conteste. Ah! la bonne folie! et comme elle étonna le fin fond du boulevard où se cachait mon héros enfariné! Ma trouvaille avait nom Debureau. Son théâtre était un affreux trou, sans issue, où tout était repoussant, l'air empesté, les violons criards, la société en blouse et en marmotte, un monde à part, qui s'amusait à voir son héros donnant et recevant des coups de pied au bon endroit. C'était une peste, à vrai dire, et je vous laisse à penser si le public de ce grand *Journal des Débats,* un public sérieux, positif, dans l'âge qui est un peu au delà des passions, fut intrigué, quand un beau matin, en ouvrant son grave journal, il vit imprimée en toutes lettres (honneur qui n'avait encore été accordé à aucun artiste vivant), la biographie de Debureau.

Et à peine Jules Janin eut-il jeté, dans le monde stupéfait, le nom glorieux du funambule, que soudain, grâce à la toute-puissance du feuilleton, le parterre fut envahi par des enthousiastes pour tout de bon qui ne juraient plus que par Debureau. Et non seulement le public de toutes les curiosités parisiennes, mais les esprits les plus délicats, les plus beaux messieurs et les plus belles dames du faubourg Saint-Germain, pêle-mêle avec les fils du faubourg Saint-Antoine; et, ici, je passe encore la plume à Jules Janin :

C'était, je l'ai vu, une confusion de dentelles et de loques sans nom, de velours et de blouses immondes; l'ambre mêlé à l'âcre odeur de l'ail, le bouquet de camélias coudoyant le cornet rempli de pommes de terre frites, le sabot et le soulier de soie ; ici les trous et les taches, et là, le gant blanc dans toute sa pureté ; des mains calleuses et des mains de duchesse. Au même instant, vous eussiez entendu le murmure de ces voix moqueuses et le cri rauque des voix avinées. C'était rare et curieux le feu de ces regards disciplinés et de ces prunelles ardentes qui tutoient tout le monde. Le Pierrot des Funambules a fait, ce soir-là, en quelques gambades, ce que Napoléon, avec toute sa gloire et ses quinze ans de toute-puissance, avait à peine osé rêver : une fusion entre les deux faubourgs.

Telle était l'influence du feuilleton en ce temps-là, ou, plutôt, telle était l'influence de Janin sur le public. Il pouvait tout ce qu'il voulait, et c'est en ce sens que le mot de *prince des critiques* est vrai. Il l'a été de nom toute sa vie, et, de fait, durant quinze bonnes années.

Et songez un peu ce que c'est que de faire, durant quinze ans, le feuilleton que l'on attend, un feuilleton événement, un feuilleton dont tout le monde dise :

— Il est encore plus joli que le premier.

Cette responsabilité redoutable inquiète et énerve les plus énergiques. Nous avons vu le pauvre Rigaut succomber à cette tâche. Ses premières chroniques aux *Débats*, avaient réussi avec beaucoup d'éclat, et il est vrai qu'elles méritaient leur succès, car elles sont charmantes, pleines de sens et de sel. Mais les fées qui l'avaient doué au berceau lui avaient refusé deux dons sans lesquels un journaliste ne va pas loin : la confiance en soi et la fécondité. Il fut bientôt travaillé de cette crainte horrible :

— Serai-je, aujourd'hui, à la hauteur de mon dernier feuilleton ? Ne trouvera-t-on pas que je décline ?

Et il s'en allait, cherchant des sujets, quêtant des mots, recueillant des bouts de phrases, notant des traits, rassemblant avec une horrible anxiété, tous les éléments du chef-d'œuvre futur, l'écrivant avec un grand battement de cœur, en revoyant les épreuves avec cette angoisse de l'artiste nerveux, qui n'est pas sûr de lui-même. Et, le lendemain, il interrogeait ses amis, il s'étudiait à lire dans leurs yeux la vérité qu'on lui cachait sans doute, la cruelle vérité... Toutes les semaines, il débutait, le malheureux ! et il souffrait les transes mortelles du comédien qui joue sa réputation et sa vie sur le hasard d'une première représentation. Il mourut, à ce métier; il mourut de cette maladie-là, non d'une autre. C'est celle des journalistes, et il faut un fier tempérament pour y résister.

Jules Janin l'a portée, avec une admirable aisance, durant un quart de siècle et au milieu de difficultés bien autres que celles qui ont pu être imposées aux inspirateurs de notre temps. Il s'agissait, à chaque fois, de contenter la clientèle, alors fort nombreuse, des délicats et des lettrés, et d'empaumer la foule du même coup. C'était un chef-d'œuvre que l'on réclamait, et un chef-d'œuvre à jour fixe, qu'il y eût un sujet, ou que la semaine n'en eût point fourni. Il fallait être prêt et dispos, et Jules Janin l'était toujours !...

Parmi les contemporains de ces succès et même encore aujourd'hui, on en trouve beaucoup à Paris, je n'en ai pas rencontré un seul qui ne me les contât avec un souvenir ému, avec des transports d'admiration rétrospective; et ces récits m'étonnaient, moi, fils d'une génération plus nouvelle; et ils sembleront plus inexplicables encore aux jeunes gens nés après nous dans une autre atmosphère.

Il n'en fallait pas moins répéter avec le poète, se frappant le front :

— Et, cependant, il y avait quelque chose là.

Oui, sans doute, il y avait quelque chose, et ce quelque chose, c'était une nouvelle manière.

Vous ne sentez peut-être pas toute la force et en même

temps, toute l'infirmité de ces deux mots : une nouvelle manière. Pour les bien comprendre, il est bon de se rendre compte de ce qu'on appelle *une manière*.

Quand on parle ou qu'on écrit, c'est apparemment, n'est-ce pas? pour exprimer une idée, quelle qu'elle soit. L'expression n'est donc, pour les vrais orateurs et les vrais écrivains, qu'un vêtement bien fait qui colle à la pensée. La coupe en peut être plus ou moins originale; cette coupe, c'est le style. Bossuet, Fénelon, Corneille, Racine, Voltaire et tant d'autres ont un style. C'est-à-dire qu'ils habillent la pensée à leur mode, suivant leur tempérament ou leur goût. Mais c'est avant tout, de leur idée qu'ils ont souci. — La forme dont ils la revêtent ne vient qu'en seconde ligne dans leurs préoccupations, ou pour mieux dire, elle n'est pas pour eux une préoccupation particulière. L'idée emporte son expression avec elle; les deux ne font qu'un.

Quelques écrivains donnent une attention plus particulière à la forme, au tour; et ils n'en sont pas moins de grands écrivains si le regard accordé à l'extérieur n'est pas trop exclusif, s'il ne les détourne pas du fond qui est l'essentiel. Ainsi Montesquieu et La Bruyère. Certes, ces deux hommes ont pris un soin particulier de la forme; ils l'ont brillantée de leur mieux; on en est fatigué quelque fois. On ne peut pourtant pas dire d'eux qu'ils aient une manière. Ils ont un style parce qu'après tout, l'idée, si elle n'a pas été leur unique souci, a été au moins le premier de tous; parce que tous les agréments dont ils ont chargé à dessein leur expression, ne vont qu'à rendre leur pensée plus lumineuse et plus vive.

La manière commence où le style finit.

Elle se compose des formes, tours, façons de parler, métaphores, et pour tout dire d'un mot, des procédés de langage au moyen desquels on déguise l'absence de l'idée première, à moins qu'ils ne servent simplement à relever l'insuffisance d'un lieu commun. C'est une anomalie étrange, mais bien souvent constatée : le public rechigne souvent à des idées nouvelles. Une manière nouvelle le séduit toujours.

En général, ce charme ne dure pas bien longtemps, et la postérité en fait toujours justice. Mais tant qu'il dure, il a pour la génération qui l'a vu naître, l'attrait irrésistible de la mode. Il n'y faut point contredire ; il prévient les esprits les plus exempts de préjugés, il met des coquilles sur les yeux les mieux ouverts et les plus perçants.

J'en sais pour ma part, dans la littérature française, deux exemples qui sont inouïs par l'universalité et la durée du préjugé. Le premier est, précisément, celui de Janin, que nous allons analyser tout à l'heure ; le second est celui de Voiture.

Qui lit aujourd'hui Voiture, même parmi les lettrés les plus convaincus ? Qui peut même en soutenir les quelques pages, que donnent les *Recueils choisis*, pour servir d'exemples ? Personne, assurément. Eh bien ! Voiture a mis dedans (pardon de l'expression, mais elle est si vraie !) tout son siècle, c'est-à-dire deux ou trois générations. Les plus beaux esprits du temps et les plus belles dames de la cour se sont arraché ses lettres avec la même avidité qu'on se disputait les feuilletons de Janin.

Je contais, tout à l'heure, que ces articles avaient tourné la tête même aux sévères professeurs de la grave Université. Boileau, l'intraitable Boileau, après que déjà avaient commencé à disparaître les contemporains des succès de Voiture, comparait encore Voiture à Horace dans un vers demeuré célèbre. Il nous serait impossible de nous figurer l'engouement prodigieux qu'excita ce faux esprit démodé aujourd'hui, si nous n'avions pas l'exemple de Janin, dont la séduction fut aussi générale, aussi longue, aussi irrésistible...

En 1688, il y avait encore des gens qui couraient après l'imitation de Voiture, et La Bruyère louait le naturel de Voiture.

Qu'avait donc fait Voiture ? Il avait apporté une manière nouvelle ; et ne vous y trompez pas : dans toute manière nouvelle, il y a invention, et, pour inventer n'importe quoi, il faut être, sinon un homme de génie, au moins un esprit supérieur. Inventer, ne fût-ce que dans le tour et dans la forme, c'est déjà quelque chose, et, quand l'invention est tout à fait en dehors des règles communes, qu'elle est agréable, spirituelle, séduisante, elle tourne aisément toutes les cervelles.

En voulez-vous un exemple dans ce temps-ci ? Permettez-moi d'en prendre un, qui ne gêne personne, l'écrivain s'étant mis lui-même hors du courant des discussions littéraires. Quand Rochefort fit paraître la *Lanterne*, ce ne fut pas seulement l'audace de l'attaque qui lui valut son prodigieux succès ; ce fut l'originalité de la manière.

Il portait, dans la politique, la langue et la plaisanterie particulières au vaudeville, celle de Duvert et Lauzanne, et il le faisait avec un étonnant sang-froid de pince-sans-rire, avec un pittoresque de métaphores heurtées, qui, par son inconscience même, était prodigieusement drôle. Sa manière n'était pas fort variée ; elle se composait d'un très petit nombre de procédés ; elle avait le défaut de n'être point littéraire, d'être plus bizarre encore qu'originale.

Mais, enfin, c'était une manière nouvelle, et elle conquit, de prime abord, la vogue que vous savez.

Weiss me disait un jour, me parlant d'un de nos confrères que je ne veux pas nommer ici, mais qui a dû de brillants succès dans le journalisme à une manière toute personnelle :

— Il vient à vous, il vous frappe sur l'épaule en vous

disant : « Écoutez-moi ; je vais vous dire quelque chose de très curieux. » A ce coup de poing on tressaille, on écoute et l'on se dit après : « Ce n'est que cela ? » Dix fois, vingt fois, cent fois de suite, il vous prend au même piège. Mais à la cent-unième, on gare son épaule : « Oh ! non ! c'est fini. Adressez-vous à d'autres ! »

C'est l'histoire inévitable de tous les gens qui ont une manière. Cette manière ne tarde pas à dégénérer en procédé : on la tourne comme un joueur d'orgue sa manivelle, et l'on en tire toujours le même air ; les notes essentielles finissent par s'user, elles manquent enfin tout à fait, et c'est ce qui était arrivé à Janin en ces dernières années. Mais le gros du public, habitué à son air, ne s'en apercevait pas. Il n'entendait plus, au lieu de son, que quelques couacs, par-ci par là, et il ne s'en pâmait pas moins d'aise, sa mémoire lui rappelant les mélodies qu'il avait goûtées jadis.

C'est que, de toutes les manières connues, c'est-à-dire de toutes les façons de ne point exprimer d'idées, la plus variée, la plus charmante, la plus pittoresque, la plus aimable, fut celle de Janin, qui ne le cède en cela qu'à Voiture.

En quoi consistait-elle donc ?

29 juin 1874.

Le fond de cette manière, ce qui en est l'essence, c'est de ne jamais parler du sujet que l'on est censé traiter, de se tenir en dehors en croyant soi-même et en faisant croire que l'on est au-dessus.

Ce n'est pas Jules Janin qui est l'inventeur de ce procédé, de ce truc, comme nous dirions aujourd'hui. J'ai rappelé l'autre jour, à son propos, l'exemple de Voiture. Voiture ne procédait pas autrement. Lisez les correspondances célèbres : celles de Mme de Sévigné, de Voltaire, de Mme du Deffant, et de tant d'autres; car notre littérature est fort riche à cet égard. Par où vous plaisent-elles? C'est que tous ces gens-là ont quelque chose à dire et qu'ils le disent : Mme de Sévigné avec une incomparable vivacité d'imagination, Voltaire avec une merveilleuse légèreté de style, et Mme du Deffant avec un tour de phrase net et délicat tout ensemble. Chacun y apporte des qualités différentes d'esprit; tous se ressemblent en un point : c'est qu'ils s'intéressent aux détails dont ils entretiennent leurs amis; que ces détails soient considérables ou minces, là n'est pas la question. Ce qui fait l'importance des choses, c'est la passion que vous y mettez, passion communicative, qui passe à votre correspondant, et, de là, si vous en valez la peine, à la postérité. Il est vrai que ces grands écrivains, eux aussi, ont laissé parfois, en ce genre, tomber de leur plume de simples lettres de politesse, des bagatelles qui ne tiraient leur prix que de l'agrément de la plaisanterie et de la finesse de l'expression. Mais ces badinages ne se rencontrent chez eux que par exception.

L'exception est la règle chez Voiture. Toutes ses lettres pourraient se résumer ainsi :

— Madame, je n'ai rien du tout à vous dire, ou ce que j'ai à vous dire vaut si peu la peine d'être dit, et doit être si indifférent à des personnes d'esprit comme vous et moi, que j'aurais quelque honte à le dire, si je ne devais le dire si bien que vous en serez ravie.

Ce que vous cherchez dans une lettre de Voiture, c'est Voiture lui-même, l'esprit de Voiture, le style de Voiture, et la grâce avec laquelle il badine autour d'un sujet qui n'existe pas.

C'est la doctrine de Janin. Il l'a exposée dix fois dans ces six volumes qui sont le résumé de sa longue collaboration aux *Débats*:

Il faut bien se persuader (dit-il en propres termes au premier volume, page 353), que les gens qui vous lisent n'ouvrent pas un journal dans le but de savoir si le comédien a été sublime, et si la comédienne adorée a disparu hier sous les fleurs que lui jettent ses parents et ses domestiques. Je vous le répète car je vous l'ai déjà dit (*Oh! oui, il l'aurait déjà dit!*), vous tous qui exercez l'art de la critique : IL FAUT D'ABORD SONGER A VOUS; APRÈS QUOI, vous songerez au poète, au musicien, au décorateur, au machiniste ; il faut avant tout que le lecteur vous honore et vous estime; qu'il s'inquiète avant tout de vous-même; après quoi, il s'inquiétera, s'il a le temps, de toutes ces choses futiles, éphémères, inertes, qui ne sont que le prétexte de vos discours...

Quelle singulière théorie ! Ainsi, il ne faut écrire que pour apprendre au public que l'on a de l'esprit ! Mais qu'est-ce que cela peut faire à moi, public, qu'un critique ait de l'esprit ou n'en ait pas ? S'il en a, tant mieux pour lui, c'est son affaire ! J'ai les miennes, qui me touchent davantage. Vous commencez par me dire, vous, Janin, que le théâtre est une futilité qui ne mérite pas qu'on en parle. Eh bien ! n'en parlez pas, alors ! Est-il si difficile de ne pas écrire un feuilleton de six cents lignes ?

Quoi ! six cents lignes tous les lundis, sur un genre de littérature que vous déclarez vous-même tout à fait inférieur et indigne d'occuper l'attention d'un homme instruit ! C'est une gageure, alors ! Il viendra un moment, soyez-en sûr, où vous la perdrez. Je sais bien que vous vous promettez de parler d'autre chose, de parler, comme on dit, de tout à propos de rien.

Parler de tout ne mène pas bien loin. C'est une illusion de jeune homme de croire qu'on ne saurait s'épuiser jamais à effleurer toutes sortes de sujets. Comme on les connaît peu et qu'on ne s'y intéresse point, c'est de soi-même qu'il faut tirer tout ce qu'on en dit, et si riches que soient les ressources dont on dispose, on ne tarde pas à en voir la fin. Il faut bien alors que l'on se répète, que l'on repasse par les mêmes chemins ; la satiété vient au lecteur et à l'écrivain lui-même.

Voulez-vous, jeunes gens, n'être jamais à court ? Voulez-vous n'avoir point à trembler devant ce point d'interrogation qui se pose au haut de la page de votre papier blanc :
— Qu'est-ce que je vais leur dire ?

Enfermez-vous dans le sujet que vous avez choisi, sachez-le bien et aimez-le beaucoup. Plus vous étudierez une branche des connaissances humaines, plus vous y ferez de découvertes. Les rapports qu'elle soutient avec les autres genres vous apparaîtront plus nombreux et plus variés ; les exemples jailliront de toutes parts à votre mémoire avec une abondance intarissable. J'en parle par expérience : moi aussi, lors de mes débuts, je cherchais, dans les événements de la semaine, étrangers à l'art dramatique, quelque supplément à ma prose qui manquait d'haleine. C'est que j'ignorais le théâtre et que la pièce du jour me laissait aisément à sec. C'était pure indigence, et non goût de fantaisie, si je battais les buissons. Du moindre vaudeville sort aujourd'hui pour moi une foule de considérations et de rapprochements qui empliraient un volume. Il n'y a pas grand mérite à cela : j'ai appris mon métier.

Je ne me sens point au-dessus de lui ; je ne l'ai point méprisé. Il faut aimer ce qu'on fait, jeunes gens ! On n'inspire bien aux autres que les passions que l'on sent. Vous êtes perdus si, entrant dans notre profession, vous ne prenez pas au sérieux toutes les manifestations de l'art dramatique, même les moindres. Vous pourrez être de spirituels et brillants stylistes ; ce sera feu de paille.

Quand vous parlez théâtre, parlez théâtre, et ne parlez que de cela. Il y aura des semaines cruelles, des semaines où deux ou trois pièces médiocres, jouées à la fois, vous condamneront à écrire un article qui paraîtra terne. Soyez résolument terne, si vous ne pouvez avoir de l'esprit qu'en vous échappant vers quelques fantaisies *extra-muros*. Il faut, d'abord, traiter son sujet ; vous y perdrez, sans doute, une petite satisfaction de vanité, et ce léger bruit de conversations flatteuses qui s'élève autour d'un feuilleton brillant. Vous y gagnerez quelque chose de bien supérieur à ce plaisir passager d'amour propre.

— Eh! quoi donc?

L'autorité sur le public.

Le public n'est pas si bête qu'on l'imagine. Il se laisse, un instant, séduire à des feux follets d'imagination ou à des fusées d'esprit. Il n'accorde sa confiance qu'aux gens qu'il a reconnus sérieux. Ce feuilleton, où vous avez eu tant de peine à vous résoudre, vous savez, ce feuilleton qui était si terne, ne le regrettez pas ; ce feuilleton, qui l'a probablement ennuyé, qu'il n'a peut-être pas lu jusqu'au bout, a, sans qu'il s'en doutât lui-même, enfoncé un peu plus avant dans son âme la foi qu'il portait à votre conscience et à votre sincérité. C'est chez vous qu'il viendra, plus tard, chercher une opinion dans les occasions importantes, vous ayant trouvé fidèle même dans les petites. Cette autorité que vous aurez ainsi conquise ira s'accroissant toujours : comme avec le temps l'esprit faiblit et s'use, l'admiration qu'il excite finit par décroître ; l'âge, au contraire, qui rend le jugement plus net, le bon sens plus solide et le caractère plus ferme, augmente la confiance qui s'attache à ces qualités.

Je n'entends point dire qu'il faille tenir peu de compte de l'esprit et du style. Ayez-en, si vous pouvez, et beaucoup, mais jamais hors de votre sujet. Les Voiture et les Janin, avec leur agrément de langage, avec leur ingéniosité de paradoxes, avec toutes leurs grâces et leurs afféteries, sont les plus dangereux corrupteurs du goût qu'il y ait au monde. Car l'exemple de leurs succès exerce, sur les jeunes gens, une séduction irrésistible; l'influence de Janin a été très fâcheuse, et se fait encore sentir aujourd'hui, même après tant d'années qu'il avait passé de mode.

Ce parti pris de détachement superbe à l'endroit des choses du théâtre n'était que la forme générale de ce que j'ai appelé *la manière* de Jules Janin. Elle s'exprimait par une foule de procédés secondaires, dont il est bon de passer quelques-uns en revue, ne fût-ce que pour mettre les jeunes en garde contre ce faux esprit.

J'ai déjà, à propos d'autre chose, touché un point bien délicat. Vous souvenez-vous de la désinvolture de ce feuilleton que j'ai cité où Jules Janin se vante d'avoir attrapé le public *en inventant* Deburau? Jules Janin raconte toute cette histoire comme une excellente farce. Eh bien! jeunes gens, ne vous en permettez jamais une semblable, alors même que vous auriez la possibilité de la commettre. Respectez votre plume! Si Janin a fait ce qu'il dit, et il l'a fait, c'est qu'il méprisait son art; s'il s'en est vanté trente ans plus tard, c'est qu'il n'était point revenu sur ce mépris.

C'était un gros enfant gâté, qui avait toutes les pétulances, tous les engouements et toutes les colères de l'enfant gâté. Un jour, on voyait avec stupéfaction douze colonnes de dithyrambes consacrés à un vaudeville des Folies-Marigny; un autre jour, il saccageait une grande pièce, avec la fureur d'un gamin grondé qui piétine dans les plates-bandes d'un jardin. L'auteur du vaudeville l'était allé voir, à l'heure de la digestion; l'autre était resté chez soi, avec la dignité d'un bon écrivain. Et Janin partait en guerre. Il ne voyait pas grand mal à ces admirations sans motif ni à ces exécutions sans justice. Il avait un tel dédain pour tout cela, qu'éloges et blâmes, il mettait tout dans le même panier.

Jeunes gens ! jeunes gens ! ne dussiez-vous être lus que de vous-mêmes, gardez-vous d'un mot injuste comme d'une mauvaise action. Ne croyez pas qu'il soit permis même de donner une louange indifférente : il n'y a rien d'indifférent dans la critique. Car un éloge mal placé blesse ceux qui y auraient droit ; il empêche de croire à la sincérité de vos compliments, quand ils leur sont adressés.

Il est impossible que vous n'ayez pas des préventions d'engouement et de haine : car vous êtes hommes. Ne craignez pas de les avouer franchement, quand vous les aurez reconnues. On vous dira que le critique doit être infaillible. Ceux qui vous diront cette sottise, sont précisément les hommes qui ne tiennent pas à leur jugement et ne font aucun cas de celui des autres. Jamais le public ne vous en voudra de vous être trompé, si cette erreur est loyale, si vous en avez donné les raisons sérieuses, si vous exposez les causes de votre changement d'opinion. Que dis-je ? le public ! Les auteurs eux-mêmes, les auteurs bousculés par vous, vous sauront moins mauvais gré d'une critique, quand ils seront pénétrés de cette idée que vous avez cédé, malgré vous, à une nécessité inexorable. Le premier moment de mauvaise humeur passé, ils reviendront vous tendre la main.

Les indifférents et les fantaisistes se condamnent à tout louer de parti pris ; car on sait que le jour où ils ne louent pas, c'est qu'ils sont poussés d'un sentiment d'animosité personnelle. On les hait davantage, les sachant ennemis. A quoi bon s'emporter contre un critique, passionné de son art et de la vérité, qui, après vous avoir accablé la veille, vous relèvera le lendemain si votre œuvre lui plaît ? Le plus simple est de se remettre à la besogne et de gagner la revanche, qu'il est toujours prêt à vous octroyer.

C'est, dans notre métier, une question souvent débattue

de savoir s'il faut conter les pièces et comment il faut les conter. Janin se moque bien souvent (dans ces six volumes), des esprits terre à terre qui suivent un mélodramaturge à la piste et marient, derrière lui, à la fin du feuilleton Horace et Caroline.

Il a conté quelquefois, lui aussi, mais vous imaginez bien comment : par manière de raillerie, et il est vrai qu'il a écrit des chefs-d'œuvre en ce genre facile :

Jenny aime M. Alfred; M. Alfred aime Jenny. Quand M. Alfred a dit à Jenny :
— Je t'aime, Jenny !
Jenny a répondu à M. Alfred :
— Vous êtes fiancé à Mlle Louise, Alfred !
A quoi Alfred a répondu :
— Cela ne fait rien, Jenny !
Mais Jenny a dit à Alfred :
— Cela fait beaucoup, Alfred !
Alors, survient la mère d'Alfred, qui dit :
— Cela fait beaucoup, Alfred !
Puis, Alfred dit :
— Adieu, Jenny !
Puis Jenny va retrouver Alfred, chez le père d'Alfred, pour l'engager à l'oublier, elle, Jenny. Mais, dans l'intervalle, Alfred revient chez Jenny et lui dit :
— Je veux t'enlever, Jenny !
Elle répond :
— Puisque tu le veux, enlève-moi, Alfred !
Et Alfred allait enlever Jenny, quand sont rentrés le père de Jenny, qui a dit :
— Ne m'enlevez pas ma fille, Alfred !
Et la mère de Jenny, qui a crié :
— Ne nous quitte pas pour Alfred, Jenny !
Au second acte, le père...

Mais je m'arrête; durant douze colonnes, le feuilletoniste, avec une habileté prodigieuse de jongleur indien envoie sans cesse en l'air ces deux noms d'Alfred et de Jenny qu'il reçoit en souriant et en faisant des grâces, tantôt sur le bout du petit doigt, tantôt sur le nez, et qu'il relance, les croisant, les faisant tourbillonner, jusqu'à ce que le lecteur ébloui, aveuglé, éclate et batte des mains.

C'est un procédé, et, comme il est amusant, Janin s'en est plus d'une fois servi. L'avantage de ces procédés, c'est qu'ils sont très brillants et font grand effet la première fois qu'on s'en sert; leur inconvénient, c'est qu'une fois inventés, ils sont à la portée de tout le monde et, par cela même, très vite usés. Qui ne ferait un récit comme celui-là?

Fiorentino a inventé un de ces procédés de narration. J'étais à Paris, en ce temps-là; j'en ai bien vu le succès. La Gaîté et l'Ambigu (qui étaient voisins à cette époque) donnèrent tous les deux, le même soir, un gros mélodrame. Fiorentino feignit que, d'acte en acte, il allait de l'un à l'autre, si bien que, dans son récit, il confondait les deux actions; mais, comme elles avaient des points de ressemblance, puisque tous les drames modernes sont jetés dans le même moule, on ne s'apercevait pas trop que l'on passait de la Gaîté à l'Ambigu, et réciproquement. Le lendemain, tout Paris s'arrachait ce feuilleton.

Le procédé était joli, d'autant plus joli, qu'il reposait sur une idée juste : la déplorable conformité des mélodrames, qui mettent toujours en scène la même jeune fille persécutée, le même traître et la même mère cherchant son enfant. Mais, ce n'était qu'un procédé, et il n'y a rien dont on s'empare plus aisément. Les circonstances étant données, n'importe qui fera, à cette heure, un article de ce genre, qui ne le cédera guère à celui de l'inventeur, que pour le mérite de l'invention.

Quand un fantaisiste a inventé deux ou trois procédés de ce genre, il est au bout de son rouleau. Je vais vous indiquer, moi, une forme de récit, qui sera toujours nouvelle, parce qu'elle est tirée des entrailles des choses, parce qu'elle n'est que l'expression du bon sens.

Il y a toujours, dans toute pièce, une situation capitale où se résume l'idée; ou, si cette situation n'existe pas, la comédie étant mauvaise, une scène remarquable; ou encore un caractère bien venu; ou moins que cela, un trait d'observation, que sais-je? Enfin, il y a quelque chose qui a fait de l'effet et qui mérite qu'on s'y arrête.

Eh bien! c'est ce quelque chose-là qu'il faut choisir, dégager et mettre en lumière. Le reste ne compte pas pour le feuilletoniste. Racontez avec soin tous les détails qui ouvrent un jour sur cette scène, cette situation ou ce caractère; tournez-les de façon à produire l'impression que vous désirez qu'on en reçoive, et ne vous souciez pas du demeurant.

Et ne croyez pas que le choix de ce point lumineux soit facile à faire. Il y faut beaucoup d'habileté, d'habitude et de réflexion. Voulez-vous un aveu? c'est la seule chose qui me préoccupe et m'embarrasse dans un article à écrire. Et c'est pour cette raison que j'ai horreur de parler d'une pièce au pied levé, deux heures après qu'elle a été représentée pour la première fois. Il se fait chez moi, dans les deux ou trois jours qui suivent une première représentation, un travail secret et curieux, dont je sens les effets sans en comprendre le mécanisme.

Tout ce qui doit être passé sous silence s'enfuit de ma mémoire sans y même laisser de trace. Par une singularité qui m'est inexplicable à moi-même, je ne me rappelle plus ni les scènes, ni les détails, ni même les noms des personnages dont il est inutile que je parle. En revanche, les points saillants, ceux qui doivent accrocher l'œil, prennent, d'heure en heure, une extraordinaire intensité de couleurs, et tous les détails qui sont propres à les faire valoir se rangent en ma mémoire dans le meilleur ordre et avec une fidélité qui me confond moi-même. C'est une sorte d'instinct.

Rien de plus faillible que l'instinct. Le mien a, plus d'une fois, donné à gauche, sans parler des jours où l'on manque son affaire uniquement parce qu'on a la migraine et que le journal n'attend pas. Oui, il m'est arrivé souvent, en ces quinze années, de revoir une pièce huit jours après, et, relisant mon feuilleton, de me dire :

— Tiens ! j'ai laissé ce point dans l'ombre ; j'ai trahi l'auteur qui l'avait jeté en pleine lumière. J'ai eu tort ! Comment ai-je pu me tromper de la sorte ?

Eh ! mon Dieu ! parce que tout le monde se trompe. Je voudrais bien vous y voir, vous qui me lisez, à une première représentation, quand rien ne vous a avertis du dessein de l'auteur, et que tous les détails de l'exposition vous paraissent avoir la même importance et que vous les écoutez avec la même attention. Il suffit qu'un seul, pris de travers, la tire violemment en un sens pour que vous enfiliez une fausse piste, et qu'au milieu du troisième acte, vous vous trouviez en plein mécompte et en pleine erreur. Ces erreurs, vous ne les connaissez pas ; mais c'est grâce à nous, critiques, qui éveillons d'avance la curiosité de votre esprit sur les points qui sont dignes de votre attention ; c'est nous qui simplifions votre travail ; c'est nous qui vous aidons à trouver nos feuilletons détestables.

Voyez-vous, jeunes gens, comme cette façon de conter une pièce est plus féconde que celle dont la grâce consiste uniquement dans le tour plus ou moins spirituel donné à la narration. Elle est moins brillante, je l'avoue ; elle ne met pas en émoi les boulevardiers, et ne fait pas que les lettrés se récrient sur l'ingéniosité, sur la finesse et la grâce de celui qui l'a trouvée. Mais elle est, comme disent les marchands, solide et d'un bon user. Elle s'applique sans distinction à toutes les pièces, sauf à celles où il n'y a rien du tout, et dont il est, par conséquent, inutile de rien dire. A quoi bon grêler sur le persil ? Elle est un enseignement continu et vivant. Elle dispenserait presque de la critique, qui la suit d'ordinaire et l'explique ; car elle est, à elle seule, une suffisante critique. Une pièce bien contée est une pièce jugée.

Tenez ! notre pauvre ami Villemot excellait dans les récits de drames ou de vaudevilles, qu'il faisait, sans prétention aucune, à la grande critique, avec la bonhomie parfaite de son caractère et de son talent. Il aimait le théâtre, et il s'y connaissait, l'ayant pratiqué toute sa vie.

Jamais dans une œuvre dramatique, il ne voyait que la scène capitale ou le trait distinctif. Il le mettait en relief; en dix lignes, c'était fait et bien fait. Comme il était simplement un causeur et ne se piquait point d'enseignement, il n'allait pas plus loin. Il ne cherchait pas les raisons de son goût et se moquait volontiers des théories au moyen desquelles je le lui expliquais à lui-même. Mais son bon sens naturel lui avait indiqué la véritable voie.

Elle est si naturelle que vous la suivez tous sans y prendre garde. Quand vous rentrez du théâtre, et que l'on vous demande :

— Qu'est-ce que tu as vu, ce soir ?

Est-ce que vous cherchez midi à quatorze heures pour briller et pour faire de l'esprit ?

Non ! vous vous écriez aussitôt :

— Ah ! il y a une scène !... mais une scène !... Tout le monde pleurait.

Eh bien ! c'est précisément cette scène-là que le critique doit jeter en avant dans son compte rendu, et comme, à chaque pièce, elle est différente, il a toujours un compte rendu intéressant à faire.

Ces préceptes paraîtront, sans doute, bien plats, bien bourgeois, bien terre à terre aux imaginations de vingt ans. Attendez, mes amis, attendez d'en avoir quarante, et vous verrez que ces préceptes de sens commun sont fort peu connus, ou tout au moins, fort rarement mis en pratique.

Vous verrez qu'ils n'en sont pas moins nouveaux pour avoir été mille fois, sous d'autres formes, exprimés par l'antiquité tout entière. Et s'il en est quelques-uns, parmi vous, qui les lisent avec intérêt et qui en comprennent la vérité, qu'ils comptent bien qu'il leur faudra, pour les appliquer, un peu plus que du bon vouloir. Il n'est pas si facile d'être, non pas le prince des critiques, mais un critique.

6 juillet 1874.

III

THÉOPHILE GAUTIER

Théophile Gautier me semble être, — je vais bien étonner quelques personnes qui m'ont écrit pour me reprocher les éloges donnés par moi à l'*Art dramatique* de Gautier, éloges qui leur ont paru être de complaisance banale, — mais non, mais non, je le dis très sérieusement, après avoir lu, relu, étudié ces six volumes, dont je fais un fréquent usage : Théophile Gautier a été un critique de premier ordre.

Je me souviendrai toujours du plaisir que je lui fis un jour que je causais avec lui de cet ouvrage, qui n'avait eu aucun succès. Il ne s'en est pas vendu cinq cents exemplaires. Je venais de le lire, j'en étais tout plein et comme exubérant. Je le rencontrai, et me voilà lui parlant de son livre avec l'ardeur d'un néophyte qui vient de découvrir Baruch. Il accueillit mes premiers compliments avec la sérénité bienveillante qui lui était habituelle; mais, comme je vins à lui dire, non sans une nuance d'étonnement naïf :

— Ce qui m'a le plus frappé, c'est que tous ces jugements partent d'une même façon d'envisager l'art dramatique; c'est qu'il n'y a pas ombre de fantaisie dans cette critique, qui passe pour fantaisiste; elle est au contraire d'un philosophe.

Son regard s'allume, comme s'il en jaillissait un : ah! enfin !

Ce ne fut qu'un éclair; il reprit sa mine indifférente :

— Oui, me dit-il, de ce ton de bonhomie majestueuse et narquoise, qui lui était familière, on ne s'en doute pas, mais j'ai mon esthétique, tout comme vous. Moi aussi, je reconnais des lois. Vous appelez cela des lois, n'est-ce pas?

Et alors pour me récompenser sans doute de mon admiration qui l'avait flatté par la sincérité même de l'accent — nous remontions les Champs-Élysées et nous avions devant nous le vaste espace d'une longue promenade — il se mit à me parler de Shakespeare avec une éloquence dont peuvent seuls se faire une idée ceux qui ont entendu causer ce grand homme en ses jours d'heureuse veine.

Le point de départ de sa thèse, c'est qu'il ne faut pas admirer surtout Shakespeare pour les qualités que tout le monde lui reconnaît : le développement des caractères, la science des passions, la beauté du style, mérites secondaires après tout (c'est Gautier qui parle) : non, c'est que jamais aucun poëte dramatique n'avait comme lui tenu compte du milieu où se développaient les passions qu'il avait à peindre, des circonstances extérieures à travers lesquelles se mouvait son drame.

— A chaque instant, me disait-il, Shakespeare change

le lieu de la scène. Eh bien! supposez que le décor ne le montre pas aux yeux, je me fais fort de retrouver toujours dans le dialogue et l'indication précise de l'endroit, et son charme particulier, et le temps qu'il faisait, et l'heure qu'il était, et une foule de détails tirés aussi de la nature des choses, dont nos poètes français ont l'habitude de faire abstraction, mais qui donnent leur couleur aux événements et aux passions, et sans lesquels il n'y a pas de théâtre.

Et avec sa mémoire prodigieuse, il me citait une foule de passages empruntés plutôt aux comédies de Shakespeare qu'à ses drames; il essayait de me prouver par ces exemples quelle force l'aspect extérieur des choses et l'intervention de la nature ajoutaient à la peinture des caractères et à l'action. Pour lui, tout ce qui n'était pas sensible, tout ce qui ne pouvait se percevoir par les yeux n'était que d'un médiocre intérêt au théâtre.

C'est un point de vue de l'art après tout, un point de vue d'où il est très permis de tirer une théorie de l'art dramatique. Cette théorie, à mon avis au moins, sera très étroite, et elle laissera de côté les points les plus essentiels; mais encore sera-t-elle une théorie, c'est-à-dire une règle de jugement.

Gautier en avait une. Ce qui a trompé là-dessus toute notre génération, c'est la superbe indifférence qu'il affectait, surtout dans les dernières années, pour les œuvres de théâtre. Il les regardait de très haut, et de même qu'un voyageur, arrivé au sommet du mont Blanc, n'aperçoit plus les inégalités de terrain dans la plaine immense qui se déploie à ses pieds, de même à ce degré d'élévation où il se plaçait pour juger les œuvres contemporaines, il ne remarquait pas une sensible différence entre un vaudeville de Tartempion et une bluette de Labiche ou de Meilhac. Il fourrait tout cela dans le même panier.

Il faut bien reconnaître cependant que, pour l'homme qui a accepté le métier de faire la critique au jour le jour, il n'est pas raisonnable de placer son idéal trop haut. Un critique qui écrit un livre, ou même celui qui est attaché à une *revue* peut, dans une certaine mesure, négliger le train quotidien de l'art, et ne s'attacher qu'aux grandes œuvres. Mais pour nous autres, il me semble que notre métier est de mesurer ces infiniment petits de la vie journalière, de distinguer ce qui est destiné à devenir plus grand, et de le signaler au public. Que penseriez-vous d'un critique de beaux-arts qui, sous prétexte qu'il n'y a rien au Salon de l'année qui soit comparable aux tableaux de Raphaël ou de Rubens, envelopperait dans le même mépris toutes les œuvres qu'il a à juger. Il y aurait là-dedans bien du parti pris, et partant, bien de l'injustice. Choisissez un autre métier, si celui que vous faites vous semble au-dessous de votre mérite et vous répugne.

Ce large dédain de l'aigle planant à des hauteurs incommensurables était un peu le défaut de Gautier, surtout à cet âge où les désenchantements de la vie ont appris à l'homme l'inanité de ses efforts vers le grand et le beau. Mais on a eu le tort de confondre cette impartialité du mépris avec l'indifférence sceptique de certains beaux esprits, à qui tout était parfaitement égal, parce qu'ils ne croyaient à rien : Nestor Roqueplan, par exemple, un homme fort spirituel et de beaucoup de goût, mais sans ombre de conviction, et dont la devise était de se rire de tout.

Un artiste fort connu me contait de lui, ces jours derniers, une anecdote bien caractéristique, et que je rapporte, d'après lui, en gardant la forme personnelle du *je* qui me dispensera de le nommer.

« Je débutais à la Comédie-Française, et je devais jouer le rôle de Dorante des *Jeux de l'amour et du hasard*. Je m'en allai chez Roqueplan, pour le prévenir et le prier d'assister à la représentation.

» — Très bien! me dit-il ; tu vas jouer...(il me tutoyait, je n'ai jamais su pourquoi, ni lui non plus d'ailleurs), tu vas jouer Dorante. Tu n'as pas songé sérieusement que j'irais voir ça, n'est-ce pas ? du Marivaux! merci bien! il n'y a rien de plus ennuyeux au monde. Ce que tu veux c'est un article...

» — Cependant, je serais très flatté...

» — Oui, ça c'est la politesse. Il faut être poli. Au fond, tu t'en moques, et moi donc! C'est un article que tu veux, tu l'auras, et pour l'avoir à ton goût, fais-le toi-même. Le soir, en sortant du théâtre, envoie-moi deux cents lignes; elles paraîtront telles quelles.

» — Mais, parler ainsi de soi... je n'oserai jamais.

» — Enfant! paie-t'en donc une tranche! une forte tranche! puisque je te le permets, tu n'auras pas souvent de ces occasions-là... Vas-y... gaiement!

» Je me retirai très perplexe. Le soir de la représentation vint; j'y eus quelque succès et rentrant chez moi, je me dis : « Au fait, je serais bien bête de ne pas user de la permission qui m'est donnée. Il est capable, si je ne lui envoie rien, de m'éreinter, pour emplir vingt lignes. Et puis, je pourrai faire plaisir aux amis!... » Et je me mis à la besogne.

« Je commençai par un éloge de Mme Arnoult-Plessy. Oh! mais un éloge! Vous lui en avez soigné quelques-uns ; rien de pareil à celui-là. Après elle, chacun eut son tour jusques aux moindres ; Tronchet était élégant, Masquillier délicieux ; pendant que j'y étais, j'aurais décerné des éloges au souffleur et au pompier.

» Quand ce vint au débutant et qu'il fallut me nommer, la mauvaise honte me prit à la gorge. Il me semblait que tout le monde eût les yeux fixés sur moi et devinât mon secret. Les adjectifs se dérobaient sous ma plume, ou s'il s'en présentait un, je me prenais à le chicaner et cherchais une atténuation. J'ai des défauts, je les connais bien. Il me parut impossible de ne les pas signaler, et je m'indiquai à moi-même les moyens de les corriger, sans marquer un espoir trop assuré d'y parvenir. Ah! ces dix lignes-là m'ont coûté bien du mal à écrire, et plus encore peut-être à envoyer!

» Le lundi matin, je courus aux feuilletons; il n'y en avait qu'un, un seul entre tous, qui fût désobligeant pour moi : c'était le mien.

» Le plus drôle de l'aventure, c'est que le soir Mme Plessy me prit à part :

» — Mon ami, me dit-elle, avez-vous lu le feuilleton de Nestor Roqueplan?

» — En courant...

» — Vous avez eu tort; étudiez-le. Ce Roqueplan ne s'occupe pas beaucoup de théâtre; mais il a du goût. Il a mis le doigt sur vos vrais défauts; il vous engage à les surveiller; il vous en donne les moyens. Il a bien raison; écoutez-le.

» Huit jours après, j'allai remercier Roqueplan qui me goguenarda et me traita de niais. Il avait bien raison. »

Théophile Gautier n'a pas toujours eu cette hautaine et railleuse indifférence où nous l'avons vu s'enfermer en ses dernières années de critique. Lorsqu'il débuta à la *Presse*, en 1837, c'était un homme de parti qui était animé de toutes les ardeurs de la lutte. Le romantisme n'avait point encore triomphé à cette époque, bien qu'il eût déjà fait une large trouée. Le public, surtout au théâtre, avait bien plutôt subi ses œuvres qu'il ne les avait acceptées.

En même temps que les drames, nés de ce grand mouvement, étonnaient la foule sans l'emporter le plus souvent, il y avait une autre école, celle de l'art bourgeois, qui croissait parallèlement et qui faisait les délices de la population : Scribe en était, dans la comédie, le plus illustre représentant ; Bouchardy tenait le sceptre du drame.

Pour Théophile Gautier, Scribe n'existait pas. Je lui en ai plus d'une fois entendu parler. Même aux derniers jours, il n'avait pour cet art secondaire que des expressions de mépris et de fureur. Tandis que nous, qui aimons le théâtre pour lui-même, nous nous plaisons à rendre justice aux grandes, aux merveilleuses qualités de Scribe, il ne se contentait pas de les méconnaître, il les foulait aux pieds avec colère, avec rage.

Il a fait contre cette littérature une campagne qui a duré au moins vingt ans, avec une fécondité de ressources, et une verve de langage qui est vraiment incroyable. Il ne s'agit pas de savoir si au fond il avait raison. On a toujours raison quand on défend son idée. Le tout est d'en avoir une. Il n'y a en art, comme dans tout le reste, ni vrai ni faux absolu. Il y a des points de vue différents, et chaque critique, suivant son caractère, son goût, ses études, donne celui qu'il préfère comme le seul d'où l'on puisse apercevoir et juger l'art tout entier.

On comprend combien le théâtre, fils de Scribe, devait déplaire à un homme qui écrivait en 1839 :

« Il y a quatre ou cinq ans, nous avons écrit quelques pages sur le théâtre tel que nous l'entendions. Cela nous paraissait tout simple alors. Il est vrai que nous n'étions pas feuilletoniste, et que nous avions pour bréviaire un volume contenant : *Comme il vous plaira*, le *Songe d'une nuit d'été*, la *Tempête* et le *Conte d'hiver*, d'un certain drôle nommé Shakespeare qui serait refusé aujourd'hui par tous les directeurs comme n'ayant pas la *science des planches*, stupide prévention qui assimile un poète à un menuisier.

» Voici donc quelles étaient nos idées en 1835. Nous avouons à la honte de notre raison qu'aujourd'hui, par cette matinée de brouillard qui prête peu aux illusions poétiques, nous sommes encore du même avis.

» Le théâtre que nous rêvons est un singulier théâtre. Des vers luisants y tiennent lieu de quinquets; un scarabée, battant la mesure avec ses antennes, est placé au pupitre; le grillon y fait sa partie, le rossignol est première flûte; de petits sylphes, sortis de la fleur des pois, tiennent des basses d'écorces de citron entre leurs jolies jambes plus blanches que l'ivoire... »

Cette description (elle est d'un rendu merveilleux, comme tout ce qu'écrivait Gautier) se poursuit durant cent cinquante lignes. L'auteur arrive aux personnages :

« Les personnages ne sont d'aucun temps ni d'aucun pays; ils vont et viennent sans que l'on sache ni pourquoi ni comment; ils ne mangent ni ne boivent; ils ne demeurent nulle part et n'ont aucun métier; ils ne possèdent ni terres, ni rentes, ni maisons; en marchant, ils ne font pas tomber une seule goutte de pluie de la pointe des fleurs et ne soulèvent pas un seul grain de la poussière des chemins.

» Leurs habits sont les plus extravagants et les plus fantastiques du monde. Des chapeaux pointus comme des clochers, avec des bords aussi larges qu'un parasol chinois et des plumes démesurées arrachées à la queue de l'oiseau de paradis et du phénix; des capes rayés de couleurs éclatantes, des pourpoints de velours et de brocart laissant voir leur doublure de satin ou de toile d'argent par leurs crevés galonnés d'or; des hauts-de-chausses bouffants et gonflés comme des ballons; des bas écarlates à coins brodés; des souliers à talons hauts et à larges rosettes; de petites épées fluettes, la pointe en l'air, la poignée en bas, toutes pleines de ganses et de rubans. Voilà pour les hommes. »

Suit le costume des femmes, aussi riche, aussi bizarre et fantaisiste et le poète continue :

« Des acteurs ainsi habillés peuvent dire tout ce qu'ils veulent sans choquer la vraisemblance. La fantaisie peut courir de tous les côtés, le style dérouler à son aise ses anneaux diaprés comme une couleuvre qui se chauffe au soleil, les concettis les plus exotiques épanouir sans crainte leurs calices singuliers et répandre autour d'eux leur parfum d'ambre et musc.

» Comme ce qu'ils débitent est amusant et charmant ! au moins ils n'ont pas l'air d'ouvriers à la tâche, de bœufs attelés à l'action et pressés d'en finir ; ils ne sont pas plâtrés de craie et de rouge d'un demi-pied d'épaisseur, etc... »

Et Gautier passe au drame lui-même :

« Tout se dénoue avec une insouciance admirable ; les effets n'ont point de cause et les causes n'ont point d'effets ; le personnage le plus spirituel est celui qui dit le plus de sottises ; le plus sot dit les choses les plus spirituelles ; les jeunes filles tiennent des discours qui feraient rougir des courtisanes, et les courtisanes débitent des maximes de morale ; les aventures les plus inouïes se succèdent coup sur coup sans qu'elles soient expliquées, etc., etc., etc... »

Et le critique (ou plutôt le poète) conclut :

« Ce pêle-mêle et ce désordre apparent se trouvent, au bout du compte, rendre plus exactement la vie réelle sous des allures fantastiques que le drame de mœurs le plus minutieusement étudié. Tout homme renferme en lui l'humanité entière ; et, écrivant ce qui lui vient à la tête, il réussit mieux qu'en copiant à la loupe des objets placés en dehors de lui.

» Oh ! la belle famille ! jeunes amoureux romanesques, demoiselles vagabondes, serviables suivants, bouffons caustiques, valets et paysans naïfs, rois débonnaires dont le nom est ignoré de l'historien, et le royaume du géographe ; graciosos bariolés, clowns aux reparties aiguës et aux miraculeuses cabrioles ; ô vous qui laissez parler le libre caprice par vos bouches souriantes, je vous aime, et je vous adore entre tous et sur tous.

» Perdita, Rosalinde, Célie, Pandarus, Sylvio, Parolles, Léandre et les autres ; tous ces types charmants, si faux et si vrais, qui sur les ailes bigarrées de la folie, s'élèvent au-dessus de la grossière réalité et dans qui le poète personnifie sa joie, sa mélancolie, son amour et son rêve le plus intime, sous les apparences les plus frivoles et les plus dégagées. »

Ai-je besoin de mettre le lecteur en garde contre le tour paradoxal de la forme ? Écartez toutes ces gracieuses images qui voltigent autour de l'idée première et qui la voilent en l'embellissant, vous avez une théorie très nette, très sérieuse, de l'art dramatique. Elle est fort étroite à mon avis; elle écarte à plaisir les éléments essentiels au théâtre; mais il n'importe! C'est une façon très particulière d'envisager l'art; une façon curieuse, que, pour ma part, je néglige presque toujours n'y ayant aucun goût, mais qui ne laisse pas d'avoir une certaine importance.

En eût-elle moins encore que je ne lui en accorde, il est très bon qu'un critique (surtout quand ce critique est un esprit supérieur et un écrivain hors ligne) la mette dans tout son jour et qu'il fasse toucher au doigt les rapports qui peuvent y attacher les œuvres qu'il juge, ou les points de dissemblance par où elles s'en éloignent.

Les six volumes de Gautier sont le commentaire de ces dix pages. Un commentaire très poétique souvent, mais souvent aussi très moqueur. Gautier a poursuivi, en sa jeunesse, d'une raillerie impitoyable, tous les ouvrages que patronnait le goût bourgeois, honni de son temps, et qui, grâce à d'autres critiques, a retrouvé ses antiques lettres de naturalisation.

31 août 1874.

IV

PAUL DE SAINT-VICTOR

Je viens de recevoir un livre nouveau de notre confrère en critique théâtrale, M. Paul de Saint-Victor, le feuilletoniste du journal la *Presse*. Il s'appelle *Hommes et Dieux*, et la plupart des morceaux en sont tirés de ses feuilletons du lundi.

Rien ne marque la grande place que s'est faite la critique

théâtrale dans le journalisme contemporain, comme le nombre des excellents livres qui en sont sortis. Nos anciens, de même que nos confrères d'aujourd'hui, n'ont eu souvent qu'à réunir ces feuilletons, écrits à la hâte, sur une pièce, qui ne méritait pas même toujours l'honneur d'être discutée, pour en former des ouvrages de haute critique, où abondent les aperçus neufs, les discussions savantes et spirituelles.

On sait que l'éminent écrivain Paul de Saint-Victor, s'enferme assez rarement dans la matière qu'il traite; si une comédie met en scène quelque divinité de l'Olympe ou quelque grand homme, il se détourne de la pièce, par un prompt à gauche, et donne au public une étude complète du héros ou du dieu.

Oserais-je dire pourtant qu'on fait tort à notre confrère en ne voulant voir en lui que le styliste de ces feuilletons à côté. C'est aussi, quand il le veut bien, un critique de théâtre, et un critique de premier ordre. Je disais tout à l'heure qu'il n'y a guère chaque année, que trois ou quatre œuvres qui méritent d'être analysées et discutées. Prenez les quatre feuilletons de M. Paul de Saint-Victor : ce sont de purs chefs-d'œuvre.

Des chefs-d'œuvre de bon sens et de goût. Il voit juste les défauts, et il les met en saillie, d'un style vif, tranchant, aigu. Il en découvre les beautés, qu'il inonde de lumières. Personne ne fait tenir plus d'idées que lui dans le raccourci d'un feuilleton de douze colonnes. Où nous discutons, où nous développons, il ramasse la vérité dans une métaphore courte et lumineuse, dont la justesse satisfait l'esprit le plus exact, en même temps que son éclat réjouit les yeux.

Il a des partis pris; qui ne les a pas? Mais il semble, en dépit de ses préventions, guidé d'un instinct infaillible.

Tout ce qu'il démolit d'une pièce ne méritait guère de rester debout; il lui arrive de passer exprès, sans les voir, près des qualités fortes, mais il n'y touche jamais pour les ébranler. Si, dans cinquante ans, on s'occupe encore de savoir ce qu'aura pensé de telle pièce restée au répertoire la critique du lundi, c'est la *Presse* qu'il faudra consulter.

Il est vrai que, hors de ces quatre ou cinq feuilletons, notre confrère ne s'occupe guère plus du théâtre que s'il n'existait pas; et s'il le fait c'est avec un ennui et un mépris évidents. Il ne porte même pas, dans son dédain, la bonne humeur railleuse du Gautier d'autrefois, où la superbe nonchalance du Gautier d'aujourd'hui. C'est un je ne sais quoi de hautain et de sec qui frise même par instants l'impertinence.

Il prend sa revanche en s'exerçant de temps à autre sur des études que lui offre le hasard des noms choisis par le drame. Il a réuni un assez grand nombre de ces études dans le volume dont je parle; pas toutes; car je me rappelle, notamment deux feuilletons sur Granville, dont l'extrême mérite m'avait frappé, et que je n'ai pas retrouvés dans son livre.

Il faut le lire comme il a été écrit, à bâtons rompus. M. Paul de Saint-Victor a une manière si brillante, si phosphorescente, que l'œil n'en peut soutenir la vue. Il vous arrive, à en poursuivre longtemps la lecture, de sentir la même lassitude qu'à demeurer deux heures de suite dans une exposition de tableaux neufs. Les couleurs en sont si violentes et si criardes, que les yeux se fatiguent, et l'on se retire accablé d'un sourd mal de tête.

Ainsi de ces morceaux de style. Le premier cause une sensation de plaisir. Ces métaphores si justes et si vives, ces alliances de mots si inattendues et si pittoresques; cet art de rapprocher à l'improviste des noms et des idées qui semblaient devoir être séparés à jamais, et qu'on s'étonne de voir ensemble aussi à l'aise, ces traits si rapides où se ramasse et s'aiguise en pointe une longue suite de déductions absentes, tout cela charme au premier abord.

Mais l'effort est trop violent, trop continu. On se prend à désirer une lumière plus douce et plus égale. Il semble qu'on lise à la lueur de jets de gaz, qui s'échappent à coups pressés et troublent la vue plus encore qu'ils ne l'éclairent. On finit par n'emporter du volume terminé en quelques heures qu'une extraordinaire sensation de fatigue. On ferme involontairement les yeux pour se soustraire à ces mille points brillants qui les éblouissent et les importunent.

Achetez le volume; il vaut la peine d'être connu. Mais ne le lisez qu'à petites doses, par gorgées. Vous serez ravi du nombre d'idées neuves, exprimées d'un style chaud et coloré, que vous trouverez à tous les coins du livre. On ne peut le comprendre et le goûter qu'en s'y appliquant avec réflexion, et encore faut-il, pour entendre bien des pages, posséder soi-même une assez forte instruction.

27 janvier 1867.

RAPPORTS DE LA CRITIQUE AVEC LES DIRECTEURS DE THÉATRE

Nous sommes de loisir aujourd'hui, nous pouvons causer tout à notre aise d'une question dont j'ai déjà touché quelques mots dans un de mes derniers feuilletons : celle des rapports de la critique dramatique et du théâtre.

J'avais résumé mon opinion sous cette forme humoristique : Il faut que les directeurs nous flanquent tous à la porte ; il faut que, supprimant répétitions générales et premières, ils s'adressent, par-dessus nos têtes, directement au grand public, au public qui paye.

J'y reviens, car ce n'est pas chez moi une boutade, comme l'ont cru quelques-uns de mes confrères, trompés par le ton de l'article : c'est une opinion très réfléchie ; voilà deux ou trois ans que je rumine le cas dans ma tête, que je m'en explique sans cesse avec quelques-uns des intéressés, recueillant leurs observations et leurs objections, dont je tiens grand compte, comme ils le peuvent penser. Si je n'avais pas encore porté la question devant nos lecteurs, ce n'est pas du tout par prudence ; la prudence n'est pas mon défaut dominant ; c'est qu'en général il ne faut lancer l'idée d'une réforme qui doit bouleverser des habitudes très respectables que lorsque la nécessité en a été rendue évidente par l'excès du mal, lorsque les esprits y sont préparés et commencent à s'ébranler d'eux-mêmes. Je pense que nous en sommes là aujourd'hui ; et comme je suis convaincu que le malaise dont souffre l'art dramatique tient en partie (vous ferez cette partie aussi petite qu'il vous plaira) aux rapports qui se sont établis entre la critique et les théâtres, j'ai cru que le moment était venu de mettre le doigt sur la plaie, au risque de faire un peu crier.

Ai-je besoin de dire que dans cette campagne je me garderai soigneusement de tout ce qui pourrait désobliger mes confrères ? On a déjà dit que mon intention était d'égorger, d'étouffer la critique afin de demeurer seul et triomphant sur ses ruines. Je n'ai pas des intentions si noires ; je dois à la critique théâtrale le peu que je vaux : à Dieu ne plaise que je fasse jamais rien qui porte préjudice à ses véritables intérêts ! Le premier de tous, c'est qu'elle soit représentée dans le journalisme par un grand nombre d'écrivains de talent, qui en maintiennent le goût chez le public, qui la fassent en quelque sorte reluire de l'éclatant reflet de leur renommée.

Je me souviendrai toujours du mot que m'a dit, il y a une trentaine d'années et plus, un des plus illustres critiques de ce temps-là, qui, sur le petit bruit de mes premiers feuilletons, avait témoigné le désir que je lui fusse présenté.

— Je suis toujours heureux, me dit-il, de voir un jeune homme se faire une place parmi nous ; un genre ne vit que s'il est renouvelé sans cesse par un afflux incessant d'écrivains de mérite. Si j'étais resté seul à faire de la critique théâtrale, il y a longtemps qu'on ne me lirait plus.

Je passe les compliments dont il assaisonna l'idée qu'il exprimait et les louanges que je lui renvoyai. Louanges et compliments vont de soi en pareille circonstance.

Mais je fus extrêmement frappé de la justesse de son observation. C'est une sottise de s'imaginer qu'en accaparant un genre (si l'on pouvait y réussir), on lui garderait le public longtemps fidèle. Si la critique dramatique a conservé depuis tant d'années une clientèle énorme, qui est allée s'agrandissant toujours, c'est précisément qu'elle a groupé autour d'elle une foule de talents très divers, qui ont sans cesse piqué et ravivé l'attention de la foule.

C'est précisément cette diversité de talents qui renouvelait incessamment le genre et qui tenait le public en haleine. Dès mes débuts, j'ai été pénétré de cette vérité; je l'ai toujours eue devant les yeux durant toute ma carrière. J'ai vu tomber les uns après les autres les glorieux vétérans dont j'avais été le conscrit, j'ai passé vétéran à mon tour et j'irai bientôt sans doute leur porter aux champs élyséens des nouvelles de l'art qu'ils ont aimé passionnément comme moi. Mais je n'ai jamais, autant par intérêt personnel que par amour du théâtre, cessé de veiller au bon recrutement de la critique dans les journaux.

Quand Jules Lemaître n'était encore connu que d'un très petit nombre de délicats, c'est moi qui suis allé le supplier de prendre au *XIX° Siècle* le feuilleton théâtral qu'il n'a pas accepté; j'ai fait ce que j'ai pu pour retenir Faguet parmi nous; Pessard, Bernard-Derosne, Claveau, Brisson et bien d'autres peuvent dire si je ne me suis pas toujours intéressé à leurs succès, si parfois je ne les ai pas aidés des conseils que me suggérait ma vieille expérience.

Si je le faisais, c'était sans doute par bonne confraternité littéraire, par sympathie personnelle; mais c'était surtout parce que je suis tout dévoué à cet art de la critique théâtrale, d'où j'ai tiré le meilleur de ma réputation; parce que je suis convaincu que, lorsqu'on est tout seul à parler d'une chose, en parlât-on le mieux du monde, on n'est écouté de personne.

C'est donc une forte plaisanterie, ou, si vous aimez mieux, c'est donc une singulière erreur de me représenter comme acharné à détruire mes confrères pour m'emparer de la critique et trôner seul, comme le postillon de Longjumeau dont le poète a dit sur un air que vous connaissez :

> La reine d'une île déserte,
> De ses sujets l'a nommé roi.

Le roi d'une île déserte est un triste sire et je n'envie pas son sort. Rassurez-vous, si tant est que vous ayez eu la moindre inquiétude, ce dont je doute : il ne s'agit pas le moins du monde de supprimer la critique, qui ne se laisserait pas faire et qui a la vie dure ; il n'est question que de changer les rapports qui se sont établis jour à jour et sans qu'on en prévît les conséquences entre elle et le théâtre.

Le nombre des journaux a décuplé depuis vingt ans, et chaque jour en voit naître un de plus. Autrefois, chaque journal n'avait qu'un critique attitré, que l'on appelait familièrement : le lundiste ; aujourd'hui chaque journal en a au moins trois : le critique, le soiriste et l'échotier. Quelques-uns en ont bien davantage, car ils ont, selon l'occasion, deux ou trois soiristes et l'échotier en chef (je me sers de ce mot faute d'un autre ; il va sans dire que je n'y attache aucune idée de dédain) a sous ses ordres des reporters interviewers qui vont lui chercher des nouvelles et qui, par cela même, relèvent de notre profession.

Au temps où je suis entré dans la critique, nous n'étions au plus qu'une douzaine du métier à un soir de première, qui étions mêlés et fondus dans le public, un public trié sur le volet, mais presque tout entier payant. Ajoutez que c'était l'habitude à cette époque, pour la critique, de ne s'occuper guère que des théâtres importants et des pièces de valeur.

Fiorentino me contait qu'un jour il était allé chez Mouriez, qui dirigeait alors les Folies-Dramatiques. Ce fut un événement ; on lui ouvrit une loge et Mouriez vint l'y voir dans la soirée :

— Vous nous faites, lui dit-il en nous rendant visite, beaucoup d'honneur, et toutes les fois qu'il vous plaira de voir nos pièces, vous serez le bienvenu. Mais, si j'ai une prière à vous adresser, c'est de ne jamais vous occuper de moi. J'ai mon public ; je crains que la presse ne me le dérange. Il est ravi de ce que je lui donne. Si vous alliez lui persuader qu'il a tort de s'y plaire !

Janin n'allait au théâtre que les jours de grande cérémonie, Gautier et Paul de Saint-Victor se piquaient de n'accorder aucune attention au menu fretin des pièces ; Fiorentino était plus exact ; mais, lui aussi, il témoignait d'une indifférence superbe pour le courant du répertoire des petits théâtres. Vous pouvez feuilleter ce que le livre nous a conservé de leurs articles ; vous n'y verrez cités, en fait d'acteurs, que les plus célèbres : les Frédérick Lemaître, les Dorval, les Samson ; il semblait que le reste n'existât pas pour eux.

Je ne loue ni ne blâme, je constate, voilà tout. D'autres mœurs se sont introduites. A mesure que le nombre de ceux qui circulaient autour de la critique, devenait plus considérable, on s'attachait davantage aux infiniment petits de la vie théâtrale. Le moindre vaudeville, le plus insignifiant à-propos étaient passés au crible, par une infinité de journalistes, qui disaient les toilettes des actrices, les incidents de la représentation, et qui même, quelquefois, s'occupaient du mérite de l'œuvre.

Tout ce monde, naturellement, tint à voir la pièce nouvelle, puisqu'à un degré quelconque il en rendait compte. Les directeurs n'y virent d'abord aucun inconvénient ; quelques-uns, peut-être, sentirent je ne sais quelle mauvaise humeur secrète à voir cet accroissement rapide de la critique et cet envahissement progressif de leur salle ; mais, outre qu'en un sens ils y trouvaient leur intérêt propre, vous savez bien qu'on ne songe guère à arrêter tout de suite un abus qui fait lentement tache d'huile. Peut-être même n'y eût-on pas encore pris garde, si une autre révolution dans les mœurs théâtrales n'avait précipité la crise.

L'article du lendemain s'était, dans la plupart des journaux, substitué au traditionnel lundi des vieux critiques, mes contemporains. Cette nouvelle méthode vaut-elle mieux que l'ancienne? C'est une question que je n'ai point à examiner ici. Tout ce que je pourrais dire ou rien là-dessus, ce serait la même chose. Le journalisme presque tout entier rend compte d'une première le lendemain même : c'est un fait ; il faut donc l'accepter ; car il est absurde de raisonner contre un fait.

Comme une première ne finit généralement qu'à minuit et demi, comme les journaux doivent rouler à deux heures du matin, on s'aperçut bien vite qu'il serait impossible aux critiques d'improviser, entre une heure du matin et deux heures, un feuilleton qui fût quelque peu étudié ; l'habitude s'introduisit d'admettre les journalistes chargés du compte rendu aux répétitions générales.

C'était là un pas délicat à franchir. Car il est assez scabreux de dire aux gens que l'on invite à un dîner :

— Venez donc deux heures auparavant ; je vous mènerai à la cuisine. Vous goûterez les sauces et vous ferez vos observations à mon cordon bleu.

J'imagine que les directeurs ne cédaient pas sans appréhension, car il y avait cent à parier contre un que le monde des premières se presserait tout entier aux répétitions générales, un monde qui ne payait pas et qui verrait deux fois la même pièce à vingt-quatre heures d'intervalle.

L'inconvénient était déjà sensible; il n'était encore que matériel; c'étaient deux salles données, et voilà tout; deux recettes sacrifiées, on n'en meurt pas, et les directeurs en auraient pris allègrement leur parti. Les effets moraux furent autrement désastreux.

Je ne crois pas contrister mes confrères en faisant remarquer que pour nous, qui vivons en quelque sorte au théâtre, voir une pièce est un métier, et que l'on fait rarement avec plaisir les choses de son métier. Les meilleurs se rendent à leur besogne avec conscience; ils écoutent de leur mieux; ils jugent en toute sincérité; mais enfin (sauf de très rares exceptions) ils pourraient dire comme le personnage de comédie : « Nous ne sommes pas ici pour nous amuser. » Or je veux bien que le théâtre ne soit pas qu'un simple amusement. Encore faut-il qu'on s'y amuse, et, l'amusement, s'il n'en est pas le but premier, en est au moins un des éléments essentiels. Eh bien, mes confrères se peuvent rendre cette justice qu'ils s'amusent malaisément au théâtre, parce que le théâtre est pour presque tous un métier, pour quelques-uns une corvée, et que, lorsqu'on les convie à une représentation, ils s'écrient à part eux ou même tout haut :

— Quelle scie! on serait si bien à fumer un cigare en causant avec des camarades! Que le diable les emporte!

Ils rechignent, et vous ne sauriez leur en vouloir, si l'on considère que tous les jours pendant l'hiver, et souvent même deux fois par jour, l'après-midi et le soir, nous sommes chambrés dans un théâtre à écouter des pièces qui ne sont pas toutes des chefs-d'œuvre.

Ce n'est pas tout : à force de se retrouver toujours les

mêmes, on tourne sans s'en apercevoir et même malgré soi à la coterie. On ne sent plus comme le vrai, comme le grand public. On devient cénacle. On s'extasie dans un ouvrage, ennuyeux d'ailleurs, sur un petit coin original, sur une trouvaille inattendue, sur un détail de mœurs pris au vif de la réalité, sur une jolie phrase, dont le public s'apercevra à peine. En revanche, on ne prend pas garde à ce qui touchera, ou réjouira le grand public, l'intérêt de l'action, la force de l'intrigue, la netteté des caractères. Ces bonshommes-là, on les a déjà tant vus ; ces histoires-là, on les a déjà écoutées si souvent ! On en a les oreilles rebattues ! c'est crevant !

Nous sommes, cela va sans dire, très sincères en parlant ainsi. Mais soit que nous nous emballions pour la pièce, soit que nous sortions furieux ou écœurés du théâtre, il y a grand'chance pour que nous ayons pris juste le contrepied de ce que pensera le bon, le vrai public, le public qui paye.

Vous savez bien, mes amis, ce qui arrive... On sort de la répétition générale :

— Ah! quelle ordure! ça n'ira pas jusqu'au bout ! c'est une ignominie!

Le bruit de l'échec se répand dans les cercles et sur le boulevard. Le lendemain, quand le rideau se lève pour la première représentation, la moitié de l'orchestre est vide, et aussi la moitié des balcons ; c'est une salle morne ; on serait tenté de demander où est le corps. Rien d'étonnant à ce que tant de places restent inoccupées. Le public de la première représentation est exactement le même public d'invités qui a figuré à la répétition générale. Il ne se presse pas de venir ; il achève paisiblement de dîner. Il arrive tout chaud, tout bouillant vers le commencement du second acte ; il se penche nonchalamment à l'oreille de son voisin :

— Eh bien, comment ça va-t-il, la pièce? Croyant, n'est-ce pas? Vous allez voir ça; ce que nous nous sommes ennuyés hier!

Comment voulez-vous qu'on résiste à ces insinuations? Un froid mortel se répand dans la salle. La plupart s'en vont avant le dernier acte, pour revoir et parfois pour retoucher, sur les indications nouvelles de la première représentation, leur article qui est composé de la veille. Voilà derechef la salle à moitié vide. Plus d'élan, plus d'électricité; il faut qu'une œuvre soit bien robuste pour résister à un assaut pareil...

Le public a une peine infinie à se ressaisir après que tous ces feuilletons lui sont tombés sur la tête comme une pluie de cheminées. Car, c'est là un point très curieux et digne de remarque : le public, qui ne croit plus à la presse quand elle lui vante une œuvre théâtrale, est, au contraire, fort ébranlé quand elle lui assure que cette œuvre ne vaut rien. Nous ne pouvons plus faire le succès d'une pièce qui déplaît au public; nous pouvons à peine prolonger son existence de quelques jours, il nous est loisible de la bousculer, et c'est le diable à un théâtre, quand nous avons déterminé un courant contraire, de le remonter.

A ces considérations s'en joignent d'autres dans lesquelles je n'entre pas pour aujourd'hui, mais qui font qu'entre le goût sincère ou simulé du public des répétitions générales et des premières et celui du public payant, il y a un abîme qui se creuse tous les jours plus profond. Ce sont des questions d'école que pour le moment je mets à part, bien qu'elles aient leur importance.

J'en ai dit assez pour montrer qu'un des éléments de la crise actuelle qui sévit sur les théâtres, c'est la formation lente et progressive d'un public spécial, qui n'a ni les façons de voir, ni les goûts du vrai public, et qui cependant en est venu par la force des choses, à accaparer les deux premières salles, à la répétition générale d'abord, à la première représentation ensuite, sans compter deux ou trois représentations subséquentes où s'étale encore la queue du même public.

Je suis convaincu, profondément convaincu que les directeurs auraient tout bénéfice à se passer de lui. S'il ne s'agissait en cette affaire que de l'intérêt des directeurs, je ne me donnerais pas tant de mal et n'irais pas de gaieté de cœur au-devant des coups que je ne manquerai pas de recevoir. Que les directeurs fassent fortune ou faillite, c'est leur affaire et je m'en moque. Mais la question d'art est engagée dans ce débat. Les directeurs placés entre ces deux publics, dont l'un ne paie pas, mais est bruyant et redoutable, dont l'autre apporte ou refuse son argent en silence, ont perdu la tête et ne savent plus à quel saint se vouer. Ils n'osent plus rien, craignant les moqueries du premier, s'ils songent au second, et l'abstention du second, s'ils cèdent aux instances du premier.

Eh bien, il n'y a qu'un remède, et j'y reviens, et ce sera mon *delenda Carthago*. Il faut nous mettre à la porte ; il faut ne pas plus s'occuper de nous que si nous n'existions pas. Il faut, le jour de la première, livrer sa salle tout entière, et cela rigoureusement, sans exception, pas plus pour moi que pour les autres, au public payant.

Si mon métier est de renseigner le public, je saurai bien trouver sept francs pour payer ma place.

Mes confrères feront de même ; nous ne serons pas plus libres ; car aucun de nous ne sent son indépendance atteinte à recevoir ce qui s'appelle dans notre langue les coupons de service et à en profiter. Le directeur croit avoir besoin de notre publicité ; il nous invite. C'est un échange que nous faisons.

Il serait aisé de prouver, aux directeurs et aux auteurs, aux auteurs surtout, que notre publicité leur est (en ce moment du moins) plus préjudiciable qu'utile. S'ils se laissent persuader, si l'un d'eux essaye de secouer le joug de la routine et de donner l'exemple de la rébellion, nous n'en continuerons pas moins de renseigner le public, parce que le public veut être renseigné. Les directeurs de nos journaux prendront avec les théâtres d'autres arrangements que ceux qui sont aujourd'hui en usage pour l'annonce et la réclame. Nous n'aurons rien à y voir. Nous avons toujours fait loyalement notre besogne, nous la ferons encore sans nous préoccuper de ces contrats qui se passeront par-dessus nos têtes...

3 juillet 1891.

LES

LOIS DU THÉATRE

ESSAI D'UNE ESTHÉTIQUE DE THÉATRE

I

DÉFINITIONS.

Je m'en vais proposer à vos réflexions les idées, qui, selon moi, devraient former le premier chapitre d'une esthétique de théâtre.

Mais quelques mots de préface sont nécessaires.

La plupart des lecteurs, quand on leur parle d'une esthétique de théâtre, ou pour m'exprimer plus simplement, comme faisaient nos pères, quand on leur parle des règles de l'art dramatique, croient qu'il s'agit en effet d'un code de préceptes, à l'aide desquels, on est assuré, si l'on écrit, de composer une pièce sans défauts, si l'on juge de mettre précisément le doigt sur les défauts d'une pièce.

Je reçois sans cesse des lettres de jeunes gens qui m'écrivent : « Monsieur, c'est en m'inspirant des principes que vous développez avec tant d'autorité que j'ai tenté d'aborder le théâtre... Je lis assidûment les feuilletons dans lesquels vous exposez la pratique du théâtre ; vous verrez, si vous voulez bien jeter les yeux sur mon manuscrit, que j'ai tâché de me conformer aux règles que vous avez édictées, qui sont celles du bon sens »... ou quelque autre compliment de ce genre.

Je sais bien la part qu'il faut faire, en ces banalités de commande, aux devoirs de la politesse. Une idée surnage, c'est qu'il y a des règles et qu'en observant ces règles, on fait de bonnes pièces ; qu'on en fait de mauvaises en les violant.

Au fond, c'est un préjugé tout français.

Il ne date pas d'hier. Vous vous rappelez bien ce brave abbé d'Aubignac qui, après avoir promulgué un code de littérature dramatique, fit une tragédie selon la formule donnée par lui-même et la fit prodigieusement ennuyeuse. Cette mésaventure n'a jamais guéri le public de croire à l'efficacité des règles.

On les a opposées à Corneille, quand il donna *le Cid*, à Molière, quand il fit jouer *l'École des femmes*. Ce pauvre Corneille se débat du mieux qu'il peut dans ses examens contre ces lois, dont on prétendait l'enserrer.

Molière nous a, dans la critique de *l'École des femmes*, conservé le souvenir des tracasseries qui lui furent suscitées par les pédants de son époque, et c'est là qu'il a dit ce grand mot qu'il n'y a d'autre règle au théâtre que de plaire au public.

On a ri de cette boutade ; on ne l'a point prise au sérieux, et nos pères ont vu, il n'y a pas soixante ans, avec quelle peine ceux qu'on appelait alors les romantiques se sont affranchis des vieilles entraves dont les avait garrottés le code de la tragédie, édicté par les Bossuet, mis en vers par les Boileau, commenté et imposé par tous les critiques du dix-huitième siècle, Voltaire en tête, et derrière lui les La Harpe et les Marmontel.

Ce préjugé national a sa racine dans notre éducation philosophique. On nous a, dès l'enfance, persuadé qu'il y a un beau idéal, qui existe par lui-même, qui est comme une émanation de la divinité, que chaque homme en porte au dedans de lui-même une conception plus ou moins nette, une image plus ou moins affaiblie ; et que les œuvres de l'art doivent être déclarées plus ou moins bonnes selon qu'elles se rapprochent ou s'éloignent de ce type de perfection.

De même que les prêtres commandent au nom du Dieu qu'ils expliquent, de même, les critiques jurés et assermentés, ou soit disant tels, se sont autorisés de cet idéal de perfection pour édicter des lois et juger les écrivains. Comment le connaissaient-ils, où l'avaient-ils vu ? Eh ! mon Dieu ! Vous bien savez ce qu'on a dit : Si les nègres s'avisent jamais de peindre le bon Dieu, ils le feront tout noir à leur ressemblance. Ces Messieurs ont fabriqué leur idéal à l'image de leur éducation, de leur pensée, du milieu d'idées et de préventions dans lequel ils vivaient plongés pour l'heure. Tout ce qu'ils aimaient eux-mêmes, tout ce qui était conforme à l'état de civilisation où l'on était parvenu de leur temps, ils l'ont attribué à leur type de perfection ; et après avoir ainsi établi de leur grâce, un idéal d'une ressemblance très confortable, ils s'en sont servis comme d'un étalon pour mesurer toutes les œuvres présentes, passées et à venir.

Ils étaient bien sûrs de leur affaire. Ne s'appuyaient-ils pas sur quelque chose d'éternel et d'immuable, sur une des faces de Dieu ?

Aussi faut-il voir de quel ton d'assurance ils rendaient leurs oracles. Ils y mettaient la raideur des grammairiens qui promulguent d'une voix tranchante : *ne dites pas... dites...* Personne ne s'est jamais avisé de demander à MM. Noël et Chapsal, ni à M. Poitevin en vertu de quelle autorité, ils mettaient Bossuet, Fénelon et Voltaire en pénitence. On a le droit de trancher lorsqu'on parle au nom de l'éternel, de l'immuable bon goût, dont les droits sont, comme on disait en 48, antérieurs et supérieurs.

Je ne me mêlerai point d'affirmer qu'il n'y a point de beau idéal ni d'archétype de perfection absolue. J'avoue tout simplement que je ne sais pas ce qu'on entend par là, que ce sont des questions hors de ma portée, auxquelles je ne comprends rien. Il peut se faire que dans les espaces sublunaires, il existe une forme suprême et merveilleusement accomplie du drame, et que nos chefs-d'œuvre n'en soient que de pâles contrefaçons ; je laisse à ceux qui ont eu le bonheur de la contempler et qui s'en disent tout éblouis, le soin et le plaisir d'en parler avec compétence.

Ce sont les théologiens de la critique. Ils partent d'une idée *a priori* et par voie de déduction, ils arrivent à tracer les règles immuables du beau. Sur ce terrain, ils sont inattaquables. Comment leur prouverai-je que leur beau n'est pas le vrai beau ? On n'a aucun moyen, je ne dis pas de les convaincre, mais même de les atteindre.

Je me contente de faire, comme je puis, œuvre de science, car l'esthétique est une science véritable, et, comme toute science, elle ne repose que sur des faits bien observés.

Les règles ne servent pas de grand'chose pour bien juger, pas plus qu'elles ne sont utiles pour composer d'excellentes pièces. C'est tout au plus, si elles peuvent être employées comme indications ou point de repère. Au fond, ceux qui n'ont pas l'oreille juste n'aimeront jamais la musique et battront toujours la mesure à contre-temps, lorsqu'on en jouera devant eux. Le goût naturel, soutenu, épuré par l'éducation, la réflexion et l'habitude peut seul vous aider à jouir des œuvres d'art. La première condition pour avoir du plaisir c'est d'aimer, et l'on n'aime point par règle.

Une esthétique, telle que je l'entends, n'a donc, ni pour les écrivains ni pour les auditeurs, aucun but d'utilité pratique.

Mais n'est-ce pas l'honneur de la science de n'avoir, dans les études qu'elle poursuit, que des vues entièrement désintéressées, et n'est-ce pas justement pour cela qu'on l'appelle la science pure ?

Quelle utilité pratique y a-t-il à savoir tant de choses auxquelles des hommes dévoués passent leur vie? Un jardinier met un oignon en terre, et l'oignon pousse. Son art à lui, c'est de choisir un terrain convenable et de l'arroser quand il fait sec. L'oignon donne sa fleur, il n'en veut ni n'en sait davantage.

Le savant arrive, il montre par de longues et patientes analyses quels éléments la plante a empruntés au sol, quels à l'air et quels à l'eau ; par quel travail elle se les est appropriés et elle en a accru sa substance propre. Il distingue les parties dont elle se compose, les organes dont elle est douée, cherche les fonctions de ces organes... A quoi tout cela sert-il? Au fond, il ne s'agit que d'avoir la fleur et de réjouir ses yeux ; de se délecter en la respirant, si elle a du parfum. C'est là le but pratique et le reste n'est rien.

Et cependant c'est ce reste qui attire invinciblement la curiosité des hommes. Ils veulent savoir, pour le plaisir de savoir, ils ont la passion de la vérité pour elle-même ; ils mettent d'autant plus d'ardeur à poursuivre ces spéculations qu'elles sont plus inutiles. Le soleil en continuerait-il moins d'envoyer ses rayons à la terre, parce que nous ne saurions pas à quelle distance il est de nous, quelle est la quantité de chaleur qu'il distribue sur notre globe, quels rapports il soutient avec les autres astres?

Il en va de même de la science qui nous occupe.

Les grands écrivains ne cesseront jamais de porter des chefs-d'œuvre comme les oignons de fournir des fleurs et le soleil de verser sa lumière. Jamais non plus, l'humanité ne cessera d'admirer ces créations de leur génie et d'en jouir sans demander pour cela, ni les uns ni les autres, conseils aux savants *en ique.*

La tâche de ces savants est autre.

L'esthétique, on ne saurait trop le répéter, car le préjugé est terrible et il a pour lui l'Université tout entière, qui chaque jour le nourrit de ses leçons, l'esthétique n'est pas chargée de faire pousser plus vite ou plus abondamment les chefs-d'œuvre pas plus qu'elle ne saurait les empêcher. Sa mission n'est pas même de les rendre plus agréables, et d'augmenter par là la somme de nos jouissances.

Elle s'enferme purement, uniquement, absolument dans l'étude des faits qu'elle analyse pour en tirer des lois. C'est la chimie appliquant ses procédés d'analyse à ces sortes d'êtres qu'on appelle des pièces de théâtre. Jamais un chimiste ne s'aviserait de dire, après avoir décomposé un corps et avoir noté la disposition des éléments par rapport les uns aux autres : C'est dommage que les choses soient ainsi ; moi, je les aurais arrangées autrement. Elles seraient plus belles de cette façon. Il sortirait de ses attributions. Ce n'est pas là son affaire. Il n'a qu'à constater des faits et à les grouper.

L'esthéticien est un chimiste.

Il ne cherche pas en lui-même ni en Dieu, la cause ou la règle des phénomènes. Après avoir fait la part de cette force première dont le secret lui échappe, le génie, il étudie toutes les conditions du milieu où se sont produits en chefs-d'œuvre les éléments dont il se compose ; il recommence en cent façons ces analyses et s'il trouve des faits qui se reproduisent toujours les mêmes, il les prend pour base de ses recherches ultérieures, il les rattache les uns aux autres, il en marque les relations nécessaires qui deviennent des lois.

Des lois scientifiques et non des règles de bien écrire et de bien juger, ce sont là deux ordres d'idées très différents, qu'au moment d'entamer ces études, je supplie les lecteurs de ne pas confondre.

26 juin 1876.

II

LES CONDITIONS DE L'ART DRAMATIQUE.

On a coutume, quand on cherche une définition de l'art dramatique, de dire que le drame est la représentation de la vie humaine.

Assurément, le drame est la représentation de la vie humaine. Mais quand on a dit cela, on n'a pas dit grand' chose, et l'on n'a rien appris à ceux que l'on a munis de cette formule.

Tous les arts d'imitation sont des représentations de la vie humaine. Tous ont pour but de nous mettre la nature sous les yeux. Est-ce que la peinture a un autre objet que de nous figurer soit des scènes de la vie humaine, soit des lieux où elle s'encadre? Et la sculpture ne s'efforce-t-elle pas de nous rendre des images de créatures vivantes, tantôt isolées et tantôt réunies en groupe.

De tous ces arts, on pourrait dire tout aussi justement qu'ils sont des représentations de la vie humaine, en d'autres termes des copies de la nature.

Mais, nous pouvons remarquer tout aussitôt (car c'est une observation qui n'exige aucune réflexion et saute aux yeux de prime abord) que chacun de ces arts a des moyens d'action différents, que les conditions auxquelles il est obligé de se soumettre pour représenter la vie humaine imposent à chacun d'eux l'emploi de procédés particuliers.

Ainsi, dans la peinture, il s'agit de représenter sur une surface plane des objets qui ont tous leurs côtés, et des scènes de la vie humaine, qui, dans la réalité, ont exigé pour se mouvoir un vaste espace de profondeur.

Il est clair que si l'on veut tenter une esthétique de la peinture, il faudrait tenir un grand compte de cette condition et de toutes les autres, s'il y en a d'autres qui sont essentielles à cet art, sans lesquelles cet art lui-même n'existerait pas.

La première étude à faire c'est donc celle des conditions matérielles ou morales dans lesquelles se meut nécessairement, fatalement l'art dont on parle. Comme il est impossible d'abstraire l'art de ces conditions, comme il ne vit qu'en elles et par elles ; comme ce n'est pas un souffle subtil envoyé du ciel ou émané des profondeurs de l'esprit de l'homme, mais bien quelque chose de concret et de précis qui, comme tous les êtres organisés, ne peut subsister que dans le milieu auquel il s'est adapté, il est tout naturel d'analyser ce milieu aux nécessités duquel il a accommodé sa vie, d'où il est sorti en quelque sorte, par une série de développements successifs, dont il gardera éternellement l'empreinte.

Vous voyez quelle méthode nous allons suivre.

Au lieu qu'on cherche toujours à la façon des théologiens, les lois d'un art dans la contemplation de je ne sais quel beau idéal, qui serait une émanation de la divinité, ou dans l'étude de ce qu'on appelle l'âme humaine, nous nous plaçons sur le terrain des faits sensibles.

Le peintre prend un morceau de bois ou un lambeau de toile, pour y représenter la vie humaine. C'est une surface plane, n'est-ce pas ? Voilà un fait sûr, indéniable. Nous partons de là.

Eh bien, regardons de même pour l'art dramatique, s'il n'y a pas un fait aussi certain que peut l'être celui-là dans la peinture et qui soit également pour lui une condition absolue d'existence et de développement. Si nous le trouvons, nous en pourrons tirer logiquement des conséquences aussi incontestables que le fait lui-même et dont nous trouverons ensuite la preuve dans l'histoire de l'art.

Il y a, quand on parle de théâtre, un fait qui ne saurait manquer de frapper les yeux les moins attentifs : c'est la présence d'un public. Qui dit pièce de théâtre, dit par cela même public venu pour l'écouter. On ne conçoit pas le théâtre sans public. Prenez l'un après l'autre tous les accessoires qui servent à l'exécution des œuvres dramatiques, ils se peuvent supprimer ou remplacer; celui-là non.

Ainsi les théâtres sont d'ordinaire élevés en forme de tréteau; il vous est permis de les supposer de plain-pied, et de fait on joue la comédie dans un salon, sans rien changer à la disposition de l'appartement. Cela n'est pas fort commode, mais enfin cela n'altère en rien l'idée de la comédie.

Une rampe éclaire les comédiens de bas en haut. C'est une invention très utile, puisqu'elle met les visages des acteurs en pleine lumière, puisqu'elle les rajeunit en supprimant les ombres des sourcils et du nez. Mais la rampe est-elle une condition nécessaire? Assurément non. Vous pouvez imaginer tel autre éclairage qu'il vous plaira, sans parler de celui du soleil, le seul lustre qu'aient connu les anciens, qui n'ont pas laissé que d'avoir un théâtre.

Vous pouvez encore faire abstraction du décor et du costume. Corneille et Molière ont été joués dans des granges par des cabotins de rencontre, grotesquement travestis comme leur permettait leur humble défroque. Ce n'en était pas moins le *Cid* ou l'*École des femmes*. Shakespeare, on l'a cent fois dit, ne s'occupait point des décors : un écriteau s'élevant dans l'entre-scène, indiquait par écrit où se passait l'action, et l'imagination du spectateur se figurait le reste comme bon lui semblait. Ce n'en était pas moins *Othello*, *Roméo et Juliette*.

Mais un théâtre sans public est un théâtre qui ne se conçoit pas. Il est possible qu'un roi se soit passé, de temps à autre, la fantaisie de s'asseoir tout seul dans une salle de spectacle et de se faire jouer pour lui personnellement quelque pièce commandée par lui. Il n'y a dans ces excentricités qu'une exception qui confirme la règle. Ce roi figure le public absent; il est la foule à lui tout seul. Et de même le fameux spectateur de l'Odéon des anciens jours, celui auquel Lireux faisait apporter sa chaufferette, il était le représentant de la multitude absente. Ce spectateur légendaire n'était point un spectateur, il était le public. Il ramassait en sa personne les douze cents infidèles qui auraient dû occuper les places vides autour de lui. Ils lui avaient délégué leurs pouvoirs; c'était eux qui applaudissaient par ses mains, qui témoignaient de leur ennui quand il ouvrait la bouche pour bâiller.

C'est une incontestable vérité qu'une œuvre de théâtre, quelle qu'elle soit, est faite pour être écoutée de plusieurs personnes réunies et formant un public, que c'est là son essence même, que c'est une condition nécessaire de son existence. Si haut que vous puissiez remonter dans l'histoire du théâtre, dans tous les pays comme dans tous les temps, les hommes qui se sont avisés de donner une représentation de la vie humaine, sous forme dramatique, ont commencé par attrouper les spectateurs. Thespis, autour de son chariot comme Dumas autour de son *Étrangère*. C'est en vue de ce public qu'ils ont composé et fait débiter leurs œuvres. Il est donc permis de le répéter : sans public, point de théâtre. Le public est la condition nécessaire, fatale, à laquelle, il faut que l'art dramatique accommode ses organes.

J'insiste sur ce point, parce qu'il est en effet le point de départ, parce que de ce simple fait nous allons tirer, sans en excepter une, toutes les lois du théâtre. Les lois, vous m'entendez bien, et non pas les règles. Je me suis déjà expliqué là-dessus dans mon dernier feuilleton. Mais un mot d'explication ne fera pas mal encore.

Tout à l'heure, je vous disais que le peintre est sans cesse obligé de représenter sur la surface plane d'une toile, soit des objets ayant tous leurs côtés, soit de longues perspectives. Comment y arrive-t-il? Par une série de conventions, ou si vous aimez mieux, de tricheries, dont les unes lui sont indiquées, imposées par la conformation et les habitudes de notre œil et ne se peuvent guère changer, dont les autres ne sont que des traditions n'ayant pas de fondement dans la nécessité des choses et sont éminemment variables.

Il en va de même au théâtre.

Il s'agit de représenter la vie humaine devant une foule.

Mais cette foule joue en quelque sorte en art dramatique l'office de la surface plane en peinture. Elle exige l'intervention de tricheries analogues ou, s'il vous plaît davantage, de conventions.

Un exemple ou deux pour mieux faire saisir la chose.

Une foule ne peut guère être réunie plus de quatre heures; mettons-en cinq, six, huit, dix, poussons jusqu'à la journée tout entière, bien que ce soit beaucoup. Il est certain que le lendemain, si cette foule se reforme, elle ne se composera pas des mêmes éléments : ce sera toujours un public, ce ne sera plus le même public.

La représentation de la vie humaine que l'on pourra étaler devant un public ne saurait donc dépasser une moyenne de six heures. Cela, c'est un fait de nécessité absolue, contre lequel tous les raisonnements ne sauraient prévaloir. La lecture d'un livre peut se poursuivre durant deux mois, le lecteur restant toujours le même. La foule, par cela seul qu'elle est foule, exige qu'un drame soit fini en six heures à peu près.

L'action représentée dure évidemment plus de ces six heures. Au cas même où elle s'enfermerait dans cette étroite limite (ce qui peut arriver après tout), elle comporte assurément une foule innombrable de détails qui ne trouveront pas de place dans ce raccourci de temps. Il fallait tout à l'heure des tricheries pour figurer la profondeur sur une surface plane, il va falloir des conventions pour donner la sensation d'un long temps écoulé alors que l'on ne dispose que de six heures.

Prenons un autre exemple, tiré cette fois de l'ordre moral :

Il est avéré qu'une foule pense et sent autrement que ne le ferait chacun des membres qui la composent. Je n'imagine pas avoir, pour le moment, besoin de prouver un fait aussi connu, aussi authentique.

J'y reviendrai d'ailleurs quand il y aura lieu.

C'est donc une conformation de l'œil qui est particulière à cet être collectif qu'on nomme le public. Il a ce privilège singulier de voir les choses sous un autre aspect, éclairées d'un autre jour qu'elles ne sont dans la réalité. Il les change ; où il y a de certaines lignes, il en voit d'autres ; où elles sont colorées d'une certaine façon, il aperçoit d'autres nuances. Je ne fais que toucher à ce point important, d'où nous tirerons des conséquences bien curieuses. Mais ce point est, je crois, hors de doute.

Eh bien, si vous présentiez à cet être collectif, dont l'œil a ce don de transformation bizarre, si vous lui présentiez les événements humains tels qu'ils se sont passés dans la réalité, ils lui feraient l'effet d'être faux; car ils lui apparaîtraient à lui, public, tout autres que ce que les a vus chacune des personnes qui le composent.

Supposez un peintre de décors qui donnerait à ses fonds de toile des tons qu'il a remarqués dans la nature : son tableau, éclairé par les feux de la rampe, paraîtrait grotesque. Ainsi les faits et les sentiments puisés dans la réalité et transportés tels quels sur la scène d'un théâtre. Il faut absolument les accommoder à cette disposition particulière de l'esprit qui résulte chez les hommes de ce qu'ils sont rassemblés en forme de foule, qu'ils composent un public.

Il faut donc absolument des tricheries, des conventions.

Parmi ces conventions, il y en aura d'éternelles ; d'autres seront au contraire temporaires et variables. La raison en est facile à comprendre.

Le public se compose d'hommes.

Chez les hommes, il y a des sentiments, en très petit nombre, il est vrai, qui sont généraux et universels, que l'on retrouve à divers degrés chez tous les peuples civilisés, les seuls qui se soient avisés d'un art dramatique.

Et de même, il y a des préjugés (en plus petit nombre encore) qui se rencontrent dans tous les temps et dans tous les pays. Ces sentiments, ces préjugés, ou d'un seul mot, ces façons de voir subsistant toujours les mêmes, il est naturel que certaines conventions, certaines tricheries conviennent en effet à tous les drames, et qu'elles puissent être érigées en lois.

Il y a d'autres sentiments, au contraire, d'autres préjugés qui sont très variables, qui tombent chaque fois qu'une civilisation est remplacée par une autre et qui sont remplacés par des façons de voir différentes.

L'œil du public s'étant modifié, les conventions imaginées pour lui donner l'illusion de la vérité doivent changer également, et les lois que l'esthétique de chaque époque a promulguées et qu'elle a de bonne foi crues universelles et immuables sont destinées à tomber ; mais elles tiennent bon longtemps et ne croulent que sous l'effort répété des novateurs de génie et de la critique intelligente.

Quelles sont les conventions universelles et qui ont leur racine même dans l'humanité tout entière ?

Quelles sont en revanche les conventions temporaires ? Quelle a été leur influence ? Comment ont-elles grandi et se sont-elles effondrées ?

C'est là ce que nous aurons à examiner.

Il ne faudrait donc pas simplement affirmer que le théâtre est la représentation de la vie humaine. Ce serait une définition plus exacte de dire : que l'art dramatique est l'ensemble des conventions universelles ou locales, éternelles ou temporaires à l'aide desquelles, en représentant la vie humaine sur un théâtre on donne à un public l'illusion de la vérité.

Cette définition vous paraît un peu longue, n'est-ce pas ? Faites-moi l'honneur de croire que je ne tiens aucunement à cette rédaction. Si vous voulez mon avis franc sur ce point, c'est qu'une définition des choses est absolument inutile. Je ne vous donne celle-ci, et ne vous prie de la retenir que comme une formule commode de laquelle sortiront une foule de développements ultérieurs.

On est obligé, quand on entreprend un grand travail, d'avoir des étiquettes que l'on colle sur des tiroirs ou sur des cartons et qui vous servent de points de repère.

Cette définition sera pour nous la clef de toute notre esthétique. Nous partirons de ce fait que le public a des façons de voir particulières; de cet autre qui est comme le corollaire du premier, que pour lui rendre vraisemblable des objets vrais, il faut user d'un système de conventions ou tricheries; que de ces conventions, les unes sont immuables, puisqu'elles s'accommodent à la constitution même de cet œil ; les autres sont changeantes, puisqu'elles ne sont commandées que par des accidents de l'organe.

Vous ne trouverez pas autre chose dans tout le cours des études que nous commençons ensemble ; et j'estime que vous serez surpris du nombre infini de conséquences que l'on peut tirer d'un fait véritable et bien observé.

3 juillet 1876.

III

LES PIÈCES GAIES ET LES PIÈCES TRISTES.

Les hommes, par cela seul qu'ils sont hommes dans tous les pays et dans tous les temps ont eu ce privilège d'exprimer leur joie ou leur douleur par le rire ou par les larmes. Encore y a-t-il d'autres animaux qui pleurent ; mais de tous les êtres de la création, l'homme est le seul qui rit. Pourquoi rit-il ? Et quelles sont les causes du rire ? C'est une question que, pour le moment, il ne nous est pas nécessaire de résoudre. J'y reviendrai, non qu'elle ait, à mon avis, grand intérêt dans une esthétique de théâtre ; mais elle a occupé si longtemps les philosophes, elle a donné lieu à tant de savantes dissertations que le sujet a fini par prendre de l'importance.

L'homme rit, c'est un fait qui n'est pas contestable ; il pleure, cela est évident ; il ne rit pas, il est vrai, ni ne pleure de la même façon, ni des mêmes choses en compagnie que seul, il y aura là sans doute, plus tard, des distinctions essentielles à faire ; mais nous nous contenterons à cette heure d'une observation sommaire, qui est vraie dans sa généralité, c'est qu'un public rit de meilleur cœur et plus bruyamment qu'un individu; c'est que les larmes sont plus faciles et plus abondantes chez une foule que chez un homme.

De cette disposition du public à exprimer les sentiments les plus universels de la nature humaine par la joie et par le chagrin, par le rire et par les larmes, est née la grande division des œuvres de théâtre en pièces gaies et en pièces tristes; en comédies, avec tous leurs sous-genres; en tragédie et en drame, avec toutes leurs variétés.

Remarquez bien, je vous prie, ce détail dont les conséquences iront très loin.

Nous ne disons point : le poëte dramatique a pour mission de transporter la réalité sur la scène; et comme il y a dans cette réalité des événements gais et d'autres tristes, il est nécessaire aussi qu'il y ait des comédies et des drames.

Nous tenons que la réalité, si on la jetait toute vive derrière la rampe, paraîtrait toujours fausse à ce monstre aux mille têtes qu'on appelle le public. Nous avons défini l'art dramatique un ensemble de conventions à l'aide desquelles, en représentant la vie humaine sur un théâtre, on donne à douze cents personnes assemblées l'illusion de la vérité.

Les événements, par eux-mêmes, ne sont jamais ni gais ni tristes. Ils sont indifférents. C'est nous qui les imprégnons de nos sentiments et les colorons à notre gré. Un vieillard tombe; le gamin qui passe se met les poings sur les côtes et ricane. La femme s'écrie de pitié. C'est le même fait : l'un n'a songé qu'au ridicule de la chute, l'autre n'en a vu que le danger. La seconde a pleuré où le premier avait trouvé matière à rire.

Il en est des événements de la vie humaine à cet égard comme des paysages de la nature. On dit souvent d'un site qu'il est affreux et d'un autre qu'il est agréable. Il y a là un abus de termes. C'est nous qui répandons sur les lieux où nous passons les sentiments qui nous agitent, c'est nous dont l'imagination les transforme, c'est nous qui leur donnons une âme, la nôtre. Il est vrai que certains paysages sembleront mieux faits pour s'harmoniser avec les douleurs d'un cœur triste ; mais supposez deux amoureux dans l'endroit le plus sauvage, au milieu des rochers les plus abruptes, et tout autour des bois sinistres sur des eaux croupissantes. Le site s'illuminera pour eux des joies de leur amour, et restera gravé dans leur mémoire en traits délicieux. Cette parfaite indifférence de la nature est même en ces derniers temps devenu un lieu commun de développement poétique. Il n'y en a point qui ait mieux inspiré nos poètes, et tout le monde a présents à la mémoire les deux admirables morceaux que Victor Hugo et Alfred de Musset semblent avoir voulu jouer sur ce thème : *Tristesse d'Olympio* et *Souvenir*.

Il y a mieux, et c'est une observation que l'on a déjà faite bien souvent : de même que le bonheur le plus vif se goûte souvent, par un effet de contraste, au milieu des paysages les plus âpres et les plus mornes, ce sont les faits les plus sombres en apparence qui font très souvent éclater le rire le plus intense.

Rien n'est plus grave et plus poignant que l'idée de la maladie et de la mort ; il n'y en a pas d'où le rire jaillisse avec une plus irrésistible énergie. Ce serait mal choisir ses exemples que de citer Molière et Regnard et tant d'autres poètes comiques qui ont tiré précisément de ces tableaux moroses leurs plus grands efforts d'hilarité. On me répondrait qu'il y a là un artifice de l'écrivain et que son habileté consiste en effet à avoir tordu des situations cruelles pour en exprimer un rire étincelant.

Mais dans la vie, c'est la même chose. Il n'est rien de plus vrai que le mot du bonhomme d'Henri Monnier qui, après avoir conté un enterrement auquel il vient d'assister, conclut son récit par cette phrase devenue célèbre : « Enfin nous n'avons jamais tant ri ».

Il n'est personne qui ne puisse trouver dans son observation personnelle quelques circonstances analogues, où le rire s'est échappé d'une image toute pleine de larmes. Je sais que, pour moi, mes réflexions sur ce point de théorie datent d'une scène de famille, où j'ai vu, de mes yeux vu, quatre personnes pâmer d'un rire inextinguible au lit de mort d'une parente qui leur était bien chère, et qu'elles ont abondamment pleurée.

L'histoire vous paraîtra invraisemblable ; permettez-moi de vous la conter. J'y ai si souvent réfléchi depuis, que les moindres détails m'en sont présents à la mémoire, bien que quinze ans se soient passés depuis lors.

Une de mes tantes, que nous aimions beaucoup, était en grand danger. Comme elle avait été prise d'une fluxion de poitrine, étant de passage à Paris, où elle n'habitait point, ma mère l'avait recueillie, et la soignait dans son très petit appartement.

A la nouvelle de sa maladie, deux nièces étaient accourues, pour aider ma mère et la relayer au besoin. On n'avait point de place pour les loger : on leur avait mis des matelas par terre, dans la chambre à côté ; elles y dormaient tout habillées.

Le soir vers minuit, au sortir du théâtre, je pénétrais doucement dans l'appartement dont j'avais la clef et demandais des nouvelles avant de m'aller coucher. Comme je venais d'entrer dans la chambre, où ces deux dames sommeillaient assises sur un matelas, ma mère sort de chez la malade un vase intime à la main, et sans me voir, car la chambre n'était que faiblement éclairée par une veilleuse.

— Mes enfants, leur dit-elle, vous n'avez rien de ce qu'il faut : je vous apporte ça.

Et comme elle leur montrait l'objet en question, elle m'aperçoit, tombe dans mes bras, en sanglotant et sans quitter son vase.

— Oh ! mon pauvre enfant ! elle est bien mal ! Nous sommes bien malheureux.

Moi, que voulez-vous ? Je sentais ce diable de vase que ma mère m'agitait avec désespoir dans le dos; me voilà pinçant les lèvres et retenant une prodigieuse envie de rire qui m'étouffait. J'en aurais triomphé; mais je vois ces deux jeunes femmes qui, de leur côté, faisaient des efforts inimaginables pour ne pas éclater. Nous partons tous les trois, au grand scandale de ma mère, qui, en ôtant le bras de mon cou, voit la cause de ce rire malséant et part de rire elle-même, après nous, non sans se récrier d'indignation :

— Les petites sottes ! a-t-on jamais vu cela !

Et, tout en riant, elle gesticulait, désolée, son objet à la main. Au beau milieu de cette scène, la porte s'ouvre : c'était le mari d'une de ces dames qui venait, lui aussi, demander des nouvelles. Il voit, en entrant, les éclats de notre joie.

— Elle est sauvée ! s'écria-t-il.

Ce mot rend ma mère au sentiment de la situation et renouvelle sa douleur. Elle repart en sanglots et, brandissant son vase :

— Elle est au plus mal, au contraire; elle ne passera pas la nuit; ce sont ces petites sottes !

— Je t'en prie, ma tante, dit l'autre, qui sentait le rire lui monter à la gorge, si tu veux larmoyer comme ça, mets ton vase par terre.

Dame! nous avons pleuré de tout notre cœur, le lendemain; mais ce soir-là!... Et ce qu'il y a de plus curieux, c'est que le souvenir de cette scène est resté invinciblement lié, dans ma mémoire, à l'image de ma pauvre tante à l'agonie.

Je me la suis rappelée bien souvent en voyant jouer soit le *Malade Imaginaire* soit le *Légataire universel* et d'autres farces du vieux répertoire, où de ces thèmes éminemment sérieux, de la maladie ou de la mort, l'écrivain a fait jaillir tout à coup des gerbes de rire.

Dans cet exemple et dans bien d'autres il est clair que l'événement, à ne le prendre qu'en soi, était fort triste ; il avait fait couler auparavant et il fit couler après beaucoup de larmes; il excita le rire par le contraste ; c'est que, par eux-mêmes, les faits sont incolores ; que ce ne sont pas eux qui recèlent les émotions dont ils nous affectent ; nous les tirons de nous-mêmes, et ils n'en sont que l'occasion, le prétexte.

Que de fois ne peut-on pas observer dans la vie ce que l'on se plaît à signaler dans un exemple connu de l'ancien répertoire : qu'une même situation peut également se traiter par le rire ou par les larmes, se transporter du genre comique dans la tragédie. Mithridate veut savoir de Monime si, en son absence, Xipharès ne lui a pas fait la cour, si elle n'aime point ce jeune homme. Pour lui faire dire la vérité, il feint de se croire trop vieux pour elle, et il offre de la marier à ce fils, qui tiendra mieux sa place près d'elle. Monime laisse échapper l'aveu funeste, et tout le monde frémit au fameux vers :

... Seigneur vous changez de visage.

Harpagon, dans l'*Avare* de Molière, use du même artifice avec Cléante, et le public tout entier rit de la fureur du vieillard quand il donne sa malédiction à son fils, qui ne veut point lui céder Marianne.

Ce n'est donc point des événements, matière inerte et indifférente, qu'il faut s'occuper ; mais du public qui rit et qui pleure, selon qu'on a chez lui touché de certaines cordes, préférablement à d'autres.

Ce point bien établi, nous allons résoudre aisément une question qui a fait verser des torrents d'encre et que l'on a embrouillée à plaisir, faute de remonter aux vrais principes.

Nous sommes convenus tout à l'heure que, par une division fort naturelle, les pièces se sont partagées en comédies et en drames.

Peut-il y avoir, est-il bon qu'il y ait des œuvres théâtrales où le rire se mêle aux larmes, où les scènes comiques succèdent aux situations douloureuses ?

La plupart de ceux qui s'insurgent contre le sérieux continu de la tragédie, qui ont prêché le mélange du tragique et du comique, dans le même drame, sont partis de cette idée que c'est ainsi que les choses se passent dans la réalité, et que l'art dramatique consiste à porter la réalité sur la scène. C'est cette vue fort simple que Victor Hugo, en son admirable préface de *Cromwell*, a développée dans ce style tout plein d'images qui lui est propre. Je préfère citer ce morceau éblouissant :

« Dans le drame, tel qu'on peut sinon l'exécuter, du moins le concevoir, tout s'enchaîne et se déduit ainsi que dans la réalité. Le corps y joue un rôle comme l'âme, et les hommes et les événements mis en jeu par ce double agent passent tour à tour, bouffons et terribles, quelquefois terribles et bouffons tout ensemble.

« Ainsi le juge dira : *A la mort, et allons dîner !* Ainsi le Sénat Romain délibérera sur le turbot de Domitien. Ainsi Socrate buvant la ciguë et conversant de l'âme immortelle et du Dieu unique, s'interrompra pour recommander que l'on sacrifie un coq à Esculape. Ainsi Élisabeth jurera et parlera latin.

« Ainsi Richelieu subira le capucin Joseph, et Louis XI son barbier, maître Olivier le Diable. Ainsi Cromwell dira : *J'ai le parlement dans mon sac et le roi dans ma poche* ou de la main qui signe l'arrêt de mort de Charles Ier, barbouillera d'encre le visage d'un régicide, qui le lui rendra en riant. Ainsi César dans le char de triomphe, aura peur de verser, car les hommes de génie, si grands qu'ils soient, ont toujours en eux leur bête qui parodie leur intelligence. C'est par là qu'ils touchent à l'humanité et c'est par là qu'ils sont dramatiques.

« Du sublime au ridicule, il n'y a qu'un pas, disait Napoléon quand il fut convaincu d'être homme, et cet éclair d'une âme de feu qui s'entr'ouvre illumine à fois l'art et l'histoire, ce cri d'angoisse est le résumé du drame de la vie. »

Voilà de superbe éloquence. Mais les grands poètes ne sont pas toujours des philosophes très exacts. La question est mal posée. Il ne s'agit pas du tout de savoir si dans la vie, le bouffon se mêle au terrible, en d'autres termes, si la trame des événements humains fournit, à ceux qui en sont ou les témoins ou les acteurs, de quoi rire et pleurer tour à tour, c'est là une vérité qui n'est pas contestable et qui n'a jamais été contestée.

Les données du problème sont tout autres.

Douze cents personnes sont réunies dans une même salle et forment un public de théâtre. Ces douze cents personnes sont-elles aptes à passer aisément des larmes au rire et du rire aux larmes ? Est-on maître de transporter ce public d'une impression à l'autre, et ne risque-t-on pas de les affaiblir toutes les deux par ce contraste subit ?

Par exemple, pour se renfermer dans les traits historiques que cite Victor Hugo, il ne s'agit pas du tout de savoir si Cromwell, après avoir signé l'arrêt de mort de Charles Ier, a ou n'a pas barbouillé d'encre le visage d'un de ses collègues ; si cette plaisanterie grossière, a ou n'a pas excité un rire épais dans l'assemblée. Le fait est authentique ; on ne saurait donc le contester. Ce qu'on demande (en art dramatique au moins) ; c'est uniquement si le fait jeté tel quel sur la scène a chance de plaire à douze cents personnes réunies.

Ces douze cents personnes sont tout occupées de la mort de Charles Ier, sur laquelle on a cherché à les apitoyer. Elles versent des larmes de sympathie et de tendresse. On leur met tout à coup, sous les yeux, un acte de bouffonnerie burlesque, en alléguant que, dans la réalité, le grotesque se mêle sans art au tragique. Riront-ils ? et s'ils rient, éprouveront-ils une satisfaction véritable ? ce rire ne leur gâtera-t-il pas la douleur à laquelle ils avaient plaisir à s'abandonner ?

Telles sont les questions qu'il faut se poser et dont ne se sont pas même douté les révolutionnaires du romantisme, qui se sont jetés avec tant de vivacité dans ce débat.

14 août 1876.

IV

LE MÉLANGE DU COMIQUE ET DU TRAGIQUE

Nous avons nous-même, dans notre dernier article, montré, par une histoire assez plaisante, avec quelle singulière facilité, dans la vie ordinaire, l'homme trouvait dans les événements les plus douloureux matière à un rire inextinguible. Il n'est pas un de vous, qui, fouillant dans ses souvenirs personnels, ne pût y rencontrer quelque anecdote du même genre. Mais permettez-moi de presser d'un peu plus près celle que j'ai donnée comme exemple.

Nous voilà tous quatre pris d'un fou rire au lit d'une parente aimée et en train de mourir. Vous m'accorderez bien qu'à ce moment-là, l'image de notre malheureuse tante était loin de notre pensée, qu'elle avait été chassée de nos esprits par un incident grotesque, et si bien chassée qu'il n'en restait plus rien ; j'ajouterai que nous-mêmes avons eu quelque peine à nous remettre de cet ébranlement nerveux, à rentrer de cet accès d'hilarité dans les raisons de notre chagrin.

Il est possible que les dames, dont l'impressionnabilité était naturellement plus vive, aient d'un seul bond franchi la distance du rire excessif aux larmes abondantes, et qu'elles aient retrouvé du premier coup leur douleur intacte. Je sais que pour nous deux, mon cousin et moi, il nous fallut plus de temps pour effacer cette impression, pour nous rasseoir dans notre premier sentiment de tristesse.

On l'a bien souvent remarqué : le rire se poursuit longtemps encore après que les causes du rire ont cessé, comme il arrive aux larmes de continuer à couler, après la bonne nouvelle qui aurait dû immédiatement sécher les yeux. L'âme humaine n'est point assez agile pour passer aisément d'une sensation extrême à la sensation contraire. Ces secousses rapides l'accablent d'un trouble douloureux.

De ces réflexions, dont personne, je crois, ne contestera la justesse, on peut conclure que l'homme en proie au chagrin, s'il est distrait par une image qui prête au rire, est violemment emporté loin de ce chagrin et qu'il lui faut pour y revenir un certain espace de temps et quelques efforts de volonté.

Ce qui est vrai d'un homme, l'est, à plus forte raison, d'une réunion d'hommes. Nous avons vu que le propre d'un public était de sentir plus vivement que ne feraient en particulier chacun de ceux qui le composent. Il entre d'une façon plus impétueuse, dans les raisons de pleurer que le poëte lui tend ; la douleur qu'il éprouve est plus intense, les larmes sont plus faciles et plus abondantes.

Je ne sais quel tyran de l'antique Grèce, à qui les massacres étaient familiers, larmoyait considérablement sur les malheurs d'une héroïne de tragédie. C'est qu'il était public alors, et revêtait pour une soirée les sentiments du public.

Il est aussi plus difficile à une foule de revenir à une impression première dont elle a été écartée par un accident quelconque. Que de représentations interrompues ; que de pièces tombées le premier soir pour un lapsus drôle échappé à un acteur, pour un mot piquant lancé du haut du paradis ! Rappelez-vous l'histoire de cette plaisanterie devenue légendaire au théâtre, et qui culbuta un drame.

Le roi va faire son entrée en scène.

— « Messieurs, le Roi ! » crie le héraut annonçant.

— « Je le marque », réponds du parterre une voix gouailleuse.

Toute la salle part de rire. Il lui devient impossible ensuite de reprendre son équilibre. La voilà lancée sur une autre piste. Les scènes les plus touchantes seront tournées en ridicule. La pièce est perdue.

Dans la vie réelle, ce mélange de larmes et de rire, cette difficulté de reprendre sa douleur après l'avoir quittée n'a aucun inconvénient. Nous l'avons déjà dit et répété cent fois : la nature est indifférente, et la vie de même. Vous pleurez, voilà qui est bien. Vous riez ensuite ; à votre aise.

Vous riez où il faudrait pleurer : vous pleurez où il siérait mieux de rire. C'est votre affaire. Vous pleurez d'un œil et vous riez de l'autre comme le Jean qui pleure et qui rit de la légende. Peu nous importe.

Au théâtre, il n'en va pas de même. L'auteur qui porte sur la scène les événements de la vie humaine, et qui veut naturellement les rendre intéressants à son public doit chercher les moyens à l'aide desquels l'impression qu'il prétend tirer d'eux sera plus vive, plus forte et plus longue.

Si son intention est d'exciter le rire, il sera par cela seul amené à se défier de tout accident qui pourrait induire son public en tristesse ; et si, en revanche, il a pour but de pousser aux pleurs, il écartera de parti pris les circonstances qui, faisant éclater le rire, risqueraient de contrarier l'émotion qu'il veut faire naître.

Il ne s'agit pas du tout pour lui de savoir si dans la réalité le rire est mêlé aux larmes. Il ne cherche point à reproduire la vérité, mais à en donner l'illusion à douze cents spectateurs, ce qui est bien différent. Eh bien, quand ces douze cents spectateurs sont tout entiers à la douleur, ils ne peuvent croire que la joie existe ; ils n'y pensent point, ils n'y veulent point penser ; il leur déplaît qu'on les tire brutalement de leur illusion pour leur montrer une autre face du même objet.

Et si on la leur montre, malgré eux, si on les force à changer brusquement les pleurs en rire, si cette dernière impression devient dominante, ils s'y tiennent et il leur est presque impossible de revenir à celle qu'ils ont abandonnée. Dans la vie, les minutes ne sont pas comptées et l'on a tout le temps nécessaire pour ménager ces passages d'un sentiment à l'autre. Mais au théâtre, où l'on ne dispose que de quatre heures au plus pour enfermer toute la série d'événements qui composent l'action, il faut que les changements s'opèrent d'un mouvement brusque et pour ainsi dire sur place. Un homme tout seul y résisterait ; à plus forte raison un public.

Si le poète veut qu'une impression soit forte et durable, il faut qu'elle soit une.

Tous les écrivains dramatiques l'ont senti d'instinct, et c'est pour cela que la distinction entre le comique et le tragique est aussi vieille que l'art lui-même.

Il semblerait que lorsque l'on a trouvé cette forme de drame, on aurait dû être amené à mêler dans les premiers temps le rire et les larmes, puisque le drame est une représentation de la vie humaine et que, dans la vie, la joie marche à côté de la douleur, le grotesque accompagne toujours le sublime. Et pourtant la ligne de démarcation a été tracée le premier jour. C'est que, sans bien se rendre compte des raisons philosophiques que nous venons d'énoncer, les poètes dramatiques ont senti que, pour atteindre jusqu'en ses profondeurs l'âme d'un public, il fallait toujours frapper au même endroit ; que l'impression serait d'autant plus forte et plus durable qu'elle serait plus une.

Trouve-t-on le plus petit mot pour rire dans les conceptions grandioses d'Eschyle, dans les drames si simples et si émouvants de Sophocle ? Il est vrai que, chez Sophocle, les personnages d'une humble condition s'expriment dans un langage familier, qui a pu nous sembler comique, à nous qui avons été nourri dans le préjugé de l'emphase nécessaire à la tragédie. Mais ce style n'a rien de comique en soi non plus, par exemple, que les bavardages de la nourrice dans le *Roméo et Juliette* de Shakespeare.

Ces gens-là parlent comme ils ont appris à parler ; mais ce qu'ils disent n'altère en rien l'expression de tristesse qui doit résulter de l'ensemble. Ils ne donnent pas un autre tour aux événements que l'auteur met en scène. Ils ne détournent pas l'attention du public, ou sur eux-mêmes ou sur des incidents grotesques. Ils aident, dans la mesure de leurs forces, et avec les ressources particulières de leur esprit et de leur tempérament, à l'impression commune.

Ce n'est guère que chez Euripide, génie novateur et de décadence, que l'on rencontrerait la bouffonnerie mêlée de parti pris au drame, et le grotesque faisant invasion dans la tragédie. La scène d'Hercule s'enivrant chez Admète, qui pleure Alceste morte, est célèbre en ce genre.

Je n'ai pas besoin de dire que, chez nous, plus que chez aucun peuple, cette distinction des genres a été marquée dès l'origine et toujours observée jusqu'à ces dernier temps. Nous l'avons même poussée à l'extrême; car nous avons l'amour de la logique à outrance.

On parle beaucoup de Shakespeare qui aurait, lui, dit-on, sans cesse mêlé le grotesque aux sublimes horreurs du tragique, qui aurait passé avec une admirable aisance des larmes au rire et réciproquement. Je n'ai rien vu de pareil pour mon compte dans ses drames qui passent pour les meilleurs et qui sont devenus populaires chez toutes les nations.

On ne citerait qu'une seule scène de ce genre dans *Macbeth*, la fameuse scène du concierge qui vient ouvrir les portes, le matin même de l'assassinat. Quelques personnes font profession de l'admirer beaucoup. Je vois qu'on la retranche en France; les hommes familiers avec le théâtre de nos voisins m'affirment que sur la plupart des scènes anglaises on la supprime également. J'ai comme une idée que c'était une concession faite par Shakespeare à ce public particulier auquel il s'adressait, public de grands seigneurs un jour, de rudes matelots le lendemain, qui aimaient les plaisanteries énormes et le gros rire.

Remarquez que cette scène ne tient pas à l'action; elle n'est qu'épisodique. Elle ne modifie en aucune façon le sens des événements portés sur la scène par le poète, elle n'en change pas l'impression. C'est un hors d'œuvre; c'est comme une petite pièce insérée dans la grande qui n'a aucun rapport avec elle. Il n'y a pas là mélange, mais juxtaposition de deux éléments contraires. Ce n'est pas la même chose.

Un exemple pour mieux faire entendre cette distinction.

Dans le *Malade imaginaire*, qui est une comédie et qui par conséquent doit tourner tout au rire, Argan s'étend sur sa chaise longue, feignant d'être mort, et l'on annonce à Angélique qu'elle a perdu son père. Angélique se jette en pleurs aux genoux de son père qu'elle croit en effet trépassé. Supposez que Molière, oubliant qu'il faisait une œuvre comique, eût insisté sur cette situation, qui, après tout est fort touchante.

Supposez qu'il l'eût prolongée, qu'il eût montré Angélique plongée dans la douleur, se commandant des habits de deuil, réglant la cérémonie des funérailles, et finissant, à force de tendresses exprimées et de larmes répandues par arracher des pleurs au public. Il le pouvait assurément. Il ne lui eût pas été difficile d'émouvoir douze cents personnes assemblées avec ces images de douleur filiale. Et de même dans la scène du *Tartuffe*, où Marianne s'agenouille devant son père irrité, pour le supplier de la laisser entrer au couvent.

Si Molière se fût laissé aller, il eût précisément commis la faute où Shakespeare à mon sens n'est pas tombé. Il eût changé la physionomie des événements, j'entends la physionomie dont il avait annoncé que les événements seraient revêtus par lui. Quelle était son intention? C'était de nous montrer, après Bélise punie de son avarice, la piété filiale d'Angélique récompensée, et le public éclatant de rire à la vue du père ressuscité pour la marier à son amant.

C'était une impression de gaieté qu'il cherchait. Il l'eût trouvée et rendue impossible, s'il s'était arrêté trop longtemps à la douleur de la jeune fille. Des mêmes événements d'où son idée était de tirer de la gaieté et du rire, il eût fait jaillir des larmes et, au moment venu, le public ne se serait plus retrouvé en disposition de rire. L'ébranlement eût été trop fort pour que le passage se fît sans secousse.

Est-ce qu'il y a rien de pareil dans l'épisode imaginé par Shakespeare? Est-ce que c'est de l'événement même que le poète a tiré ses effets de rire? Supposons, puisque nous sommes en humeur d'hypothèses, supposons qu'il nous eût représenté Macbeth au moment où il entre dans la chambre du roi pour l'assassiner, heurtant une table de nuit et réveillant le monarque qui lui demande : quelle heure est-il? et Macbeth allant voir l'heure à l'horloge.

Ce serait là, en effet, donner un autre tour à l'événement et mêler le bouffon au tragique. Mais je doute fort que si, après un incident de cette nature, Macbeth se fût avisé de frapper Duncan rendormi, ce coup eût produit pour le public, en veine de rire, la même impression. Pourquoi? C'est que du même fait on ne saurait tirer, sur le théâtre, des larmes et du rire, parce que l'impression n'est plus une, et qu'il est impossible à une foule de sauter, sans heurt désagréable de la première à la seconde.

La scène épisodique de Macbeth n'a qu'une influence passagère et médiocre et comme l'action est terrible, comme elle a pris le public par les entrailles, cette impression légère est vite effacée par des sensations infiniment plus fortes. Et cependant, je ne sais si l'on a raison d'imiter Shakespeare en cela! Si en tout cas son exemple peut passer en règle! Il y a toujours quelque danger à détourner le public de l'impression principale; on ignore si l'on sera capable de l'y remettre.

Je ne vois point que, dans *Othello*, aucune des scènes essentielles qui ont pour but de produire la terreur ou la pitié, soit dérangée par des effets comiques ; si dans *Hamlet*, on en trouverait de telles, c'est que, par son essence même, la pièce étant la peinture d'un être désaccordé, d'une espèce de monomane, admet ce mélange d'idées sombres et de bizarreries ridicules ; dans *Roméo et Juliette*, le personnage de Mercutio, avec ses plaisanteries qui nous paraissent aujourd'hui assez fades, et celui de la nourrice avec son babillage grossier, n'interrompent point les situations d'où les larmes doivent jaillir. Ce sont des rôles épisodiques, et l'on pourrait les supprimer en tout ou en partie (ce qui a lieu, même en Angleterre) que le drame resterait debout.

Ces personnages qui marchent à côté de l'action, pour y jeter un peu de gaieté et détendre les nerfs des spectateurs, ne vont pas à vrai dire contre notre théorie, qui a été celle de tous les siècles. Notre mélodrame moderne les a admis, et il n'y a guère de pièce du boulevard où ils n'aient leurs entrées. Il faut qu'ils se tiennent à leur place, qui est tout à fait secondaire, sans quoi le drame disparaît et se change en comédie.

On l'a bien vu dans un exemple célèbre. Rappelez-vous l'histoire fameuse de la représentation de l'*Auberge des Adrets*. Les auteurs avaient de très bonne foi cru faire un mélodrame dont l'intérêt principal était l'infortuné Germeuil assassiné par des bandits de grand chemin. Les bandits, par malheur (ou par bonheur comme on voudra), étaient représentés par deux excellents artistes, dont l'un s'appelait Serre, et dont l'autre, un homme de génie, était Frédérick Lemaître. Ils tirèrent à eux la couverture ; le rire qu'ils excitèrent fut si violent, qu'il devint impossible au public de le maîtriser et qu'on arriva à se pâmer toutes les fois que le nom de l'infortuné Germeuil revenait dans le dialogue. La bouffonnerie introduite dans l'action du mélodrame s'en empara et le mit à la porte.

Tâchez de rappeler vos souvenirs : vous verrez que dans tous les mélodrames, dans toutes les tragédies, soit classiques, soit romantiques, où le grotesque s'est faufilé, il a dû toujours y tenir une humble place, y jouer un rôle épisodique, sans quoi, il eût gâté l'unité d'impression que l'auteur cherche toujours à produire.

S'il en est autrement, c'est que le dessein secret de l'auteur était de faire jaillir la gaieté d'une situation triste en apparence. Ainsi la *Joie fait peur*. Il est vrai qu'il n'y est question que de la mort d'un jeune homme pleuré par sa mère, par sa fiancée, par sa sœur, par son ami, par un vieux domestique. Mais l'action est arrangée de sorte que le public tout entier soit assez vite averti que le jeune homme n'est pas mort ; tout le monde finit par l'apprendre, sauf la mère qui se désole jusqu'au bout.

Mais qui ne voit que la joie des autres est un des éléments constitutifs de ce joli drame, qu'elle y peut par conséquent occuper une grande place, et qu'elle ajoute je ne sais quelle saveur piquante aux pleurs répandus par la pauvre mère. L'impression reste donc ici toujours une, puisque loin d'être gâtée par les rires qu'il soulève sur son chemin, le dramatique de la situation en est encore accru.

La règle est telle :

Il faut que l'impression soit une : tout mélange de rire aux larmes menace de la troubler. Il vaut donc mieux s'en abstenir, et il n'y a rien de plus légitime que la distinction absolue du comique et du tragique, du grotesque et du sublime. Maintenant, toute règle est sujette à de nombreuses exceptions.

Si l'auteur se sent la force de subordonner les impressions particulières à l'impression générale qu'il veut produire, s'il est assez maître des esprits de son public pour les faire virer d'un seul coup du rire aux larmes; si le public à qui le poète s'adresse se trouve par l'état de civilisation où il est arrivé, soit par les préjugés dont son éducation l'a empli, soit par l'instinct de la race, plus apte à passer ainsi d'un sentiment à l'autre.

Ainsi il est clair qu'un auteur dramatique aura bien plus de facilité aujourd'hui pour introduire dans un drame un élément de grotesque qu'il n'en aurait eu en 1817 où les idées sur l'art étaient beaucoup moins larges, où la sensation du mélange eût été bien plus désagréable.

Je ne conteste pas que les novateurs de 1828 n'aient eu raison de railler cet esprit d'exclusion qui animait leurs contemporains contre toute intrusion du comique dans la tragédie. Ce que je ne saurais admettre c'est que ce soit là un grand progrès. Une facilité, tout au plus.

La règle reste toujours la même. Il faut que l'impression soit une et elle ne saurait l'être que si les personnages qui traînent le comique après eux, ne sont qu'épisodiques, si leurs plaisanteries n'ont que le caractère d'accessoires, faciles à supprimer.

La nature, elle, et la vie humaine sont impartiales devant la joie et la douleur, devant le rire et les larmes et passent avec une parfaite indifférence d'un sentiment à l'autre. Mais avoir démontré cela comme l'a fait Victor Hugo dans l'admirable morceau que nous avons cité l'autre jour, c'est n'avoir rien prouvé du tout, puisque le théâtre n'est pas la représentation de la vie humaine, mais un ensemble de conventions destiné à faire illusion aux spectateurs; et ils ne peuvent avoir cette illusion si l'on déconcerte les sentiments qu'on leur inspire, si l'on trouble leur plaisir.

Dans toute cette dissertation, je n'ai parlé que du comique introduit dans la tragédie ou le drame. Il est évident que ces réflexions pourraient s'appliquer aux situations poignantes et douloureuses se greffant sur une comédie. Cependant ce côté de la question mérite une étude particulière.

Toute la conclusion que nous prétendons garder pour le moment, c'est que la distinction entre le comique et le tragique repose, non sur un préjugé mais sur la définition même du théâtre ; que cette distinction peut rester absolue sans inconvénient, qu'il y en a au contraire à ce qu'elle ne soit point observée, que cependant on peut s'en écarter, non sans périls d'ailleurs, à cette seule condition que cet élément étranger ne trouble point l'impression première, qui doit rester une et qu'il l'aide même par un léger effet de contraste.

28 août 1876.

V

LE TON PROPRE DE LA COMÉDIE ET L'UNITÉ D'IMPRESSION

Ceux qui ont lu avec quelque attention les feuilletons précédents n'auront pas de peine à comprendre pourquoi cette altération de la comédie nous semble fâcheuse et comment il se fait qu'elle ait été si longue à se produire sur notre théâtre.

Songez qu'il faut arriver jusqu'au milieu du dix-huitième siècle pour trouver chez nous une seule comédie, où la situation, tournant au pathétique, soit traitée de façon à tirer les larmes des yeux.

Ce n'est pas sans doute que les fondateurs de notre théâtre et avant tous l'immortel Molière n'eussent fait cette remarque fort simple, qu'il arrivait souvent dans la vie que les événements les plus gais faisaient tout à coup volte face et changeaient la joie en désespoir. Vous vous embarquez avec des camarades, après un bon dîner, sur un canot pour faire une partie de pêche. Les têtes sont un peu montées par le vin ; on commet des imprudences. Un seul a conservé son sang-froid et représente le danger que l'on court. On ne l'écoute pas ; on le crible de quolibets ; on pâme de rire ; lui-même se laisse aller à la gaieté générale ; il rit comme les autres et de bon cœur. Voilà qu'un coup de vent prend le bateau en travers ; il chavire ; tout ce monde tombe à l'eau. Deux ou trois y restent et ne sont repêchés que le lendemain.

Y a-t-il un fait divers plus commun ? c'est le terrible et le pathétique qui, brusquement font invasion, imposant silence au rire et le changent en pleurs. Cela se voit tous les jours, c'est le train quotidien de la vie humaine.

Si les maîtres du théâtre qui n'avaient pas manqué de faire cette observation si simple ont écrit cependant comme si elle eût été ignorée d'eux, c'est apparemment qu'ils n'avaient pas pour unique but de transporter la réalité telle qu'elle est sur la scène, c'est qu'ils se proposaient un autre objet, qui était de la montrer sous un certain jour à douze cents personnes réunies, et de produire sur l'âme multiple du public une certaine impression.

Ils s'étaient dit ou plutôt ils avaient senti d'instinct que toute sensation est d'autant plus forte qu'elle se prolonge, sans être contrariée par aucune autre ; que l'homme et à plus forte raison le public ne passe pas aisément du rire aux larmes pour revenir ensuite des larmes au rire, qu'il est tout entier à l'impression première, que si on

9.

l'en retire violemment, pour le jeter dans un sentiment contraire, il sera presque impossible de l'y ramener ensuite ; ces soubresauts continuels risqueront de lui gâter son plaisir, et ils auront surtout le tort de l'avertir qu'au théâtre tout est faux, les événements aussi bien que l'éclairage, de lui ravir ainsi son illusion.

Comme en effet on ne passe pas subitement du rire aux larmes, pour revenir aussitôt, ou presque aussitôt des larmes au rire ; comme la pointe de ces changements, si brusques qu'ils soient est amortie par des intervalles de temps plus ou moins considérables, que les écrivains ne sauraient garder au théâtre, la rapidité même de ces mouvements, outre qu'elle fatigue l'âme du public, a cet inconvénient curieux, qu'en prétendant nous rendre la vie dans toute sa réalité, ils nous ôtent toute illusion sur cette réalité même.

Vous pouvez courir tout Molière, tout Regnard, tout Dufressy, tout Dancourt et la plupart des écrivains dramatiques du commencement du dix-huitième siècle, sans y rencontrer une scène qui ne relève pas du ton propre à la comédie. Toutes ne sont pas comiques, toutes au moins sont aimables et riantes. C'est ainsi que vous y trouverez souvent des conversations tendres entre amoureux, des jalousies, des amours contrariés par les parents, mais ces sortes de scènes ne présentent à l'esprit que des images aimables de jeunesse et d'espérance. S'il s'y mêle quelque ombre de tristesse, c'est un chagrin qui n'est pas sans douceur, et le sourire y est tout près des larmes comme dans cet admirable récit des adieux d'Hector à Andromaque, qui est resté l'immortel exemple de ces sentiments mêlés de pluie et de soleil.

Jamais nos écrivains dramatiques de l'ancien temps ne poussent dans la comédie plus loin que cette émotion tempérée et douce, jamais ils ne vont jusqu'à la douleur profonde et vraie. Molière à cet égard est un modèle : il n'y a guère de pièces (sauf les farces) où il n'ait eu l'occasion de glisser dans le pathétique ; il s'est toujours discrètement arrêté sur le bord.

C'est même un des torts de notre esprit moderne de nous obstiner à fouiller et à mettre en plein vent le drame que recèle chacune de ces comédies. Vous savez que l'on a cherché à faire de l'Arnolphe de l'*École des femmes* un être profondément ulcéré, et versant sur son impuissance à se faire aimer des larmes de sang, que l'on a essayé d'assombrir le *Tartuffe* en le tournant au mélodrame.

Je ne sais si l'on a essayé le même système sur le *Misanthrope*, rien ne serait pourtant plus facile que de nous apitoyer sur le destin de ce malheureux Alceste, si grand, si bon, si noble, joué par une coquette méprisable qui lui torture le cœur. Soyez tranquilles : si cette interprétation n'a pas encore été tentée, elle le sera un jour. Le goût du temps y porte. Mais ce sera une trahison.

Molière n'a jamais écrit ni voulu écrire que des comédies, qui restassent comédies, d'un bout à l'autre. Et si vous remontez à l'antiquité classique, vous verrez qu'il n'a rien innové. Trouvez-moi dans Plaute un endroit où larmoyer ; Térence lui-même se tient dans cette gamme de sentiments tempérés où les larmes, si elles perlent quelquefois au bord des paupières, ne tombent jamais de l'œil et s'éclairent aussitôt d'un sourire.

Nous ne savons pas grand'chose de la comédie des Grecs, car les pièces d'Aristophane sont d'un genre particulier et n'ont pas d'équivalent dans les autres littératures. On a longuement disserté sur les comédies de Ménandre ; ce que nous en savons de plus positif, c'est encore ce que nous en pouvons voir à travers les imitations de Térence.

Partout le propre de la comédie au beau temps

où elle fleurit dans toute sa pureté c'est d'être comique.

Et même aujourd'hui, voyez les pièces vraiment dignes de ce nom depuis celles d'Augier jusqu'à ces merveilleuses bouffonneries du Palais-Royal qu'ont signé les Labiche, les Meilhac et les Gondinet; est-ce qu'il s'y trouve aucun mélange de pathétique? Est-ce que l'unité d'impression est dérangée par une scène larmoyante? Vous imaginez-vous aisément dans *Célimare le Bien-aimé* une situation qui tire les larmes des yeux? ou dans les *Effrontés?* ou dans le *Testament de César Girodot?* ou dans les *Faux-Bonshommes?* ou dans le *Gendre de M. Poirier?* ou dans *Mercadet.*

Je prends à dessein pour exemple des œuvres très diverses de ton et de style pour montrer que cette grande loi de l'unité d'impression, sans laquelle il n'y a pas pour un public de douze cents personnes possibilité d'illusion, a été observé d'instinct par tous les écrivains qui étaient vraiment doués du génie comique.

Et cependant la comédie larmoyante est encore à la mode; elle a eu ses chefs-d'œuvre, et elle a sur la foule quand elle est bien traitée une action incontestable.

On en fait remonter l'invention à La Chaussée, qui fut maudit en son temps pour cette innovation, que tout le monde trouvait malheureuse. Vous vous rappelez toute la fameuse épigramme de Piron qui reconnaît qu'il y avait deux muses comiques : l'une qui marchait au grand soleil, les pieds nus; l'autre qui avait cru devoir chausser le cothurne à l'un de ses pieds et Piron s'écriait gaiement :

> Honneur à la belle aux pieds nus
> Et nargue de la Chaussée

Mais La Chaussée n'était qu'un faiseur de théories (la pire espèce des mortels ennuyeux qui soit au monde) et je ne crois pas qu'il ait exercé une influence très sensible sur l'art de son temps. L'homme qui a fait cette révolution c'est Diderot et à sa suite Sedaine. A eux deux, ils ont créé ce genre bâtard de la comédie larmoyante ou du drame domestique.

Ce genre-là, quoique adultéré et à mon avis très inférieur, ne répugne cependant à aucun des principes admis par nous. Son essence est de se tenir sur la limite des sentiments moyens. Il n'y a donc pas à proprement parler rupture de l'unité d'impression. C'est quelque chose de doux qui incline avec une égale facilité au rire pâle ou à l'attendrissement béat. Le public n'est donc pas violemment jeté d'un sentiment à l'autre, puisqu'il confine sans cesse à tous les deux.

Ce genre compte dans l'histoire deux chefs-d'œuvre : le premier est le *Philosophe sans le savoir*, et le second *Misanthropie et Repentir* qui ont tous deux de leur temps fait couler des torrents de larmes douceâtres. Encore y a-t-il un art exquis et un puissant intérêt d'observation dans la première de ces deux pièces, qui est un joli Greuze. Mais la seconde ! C'est un mélange fade de niaiseries souriantes et de larmoyantes sensibleries.

Je ne conteste pas le mérite extrême de l'homme qui a écrit cet ouvrage. Ce n'est pas peu de chose que d'avoir trouvé cette donnée, de l'avoir développée, d'avoir mis la main juste sur les situations par où elle se révèle, d'avoir touché les points les plus sensibles de la fibre lacrymale. Mérite de second ordre, après tout.

Et cela est si vrai, que ce drame, il faut tous les vingt ans, quand on veut le remettre à la scène, en donner une traduction nouvelle en harmonie avec le goût du jour. Les mêmes phrases, sur qui nos grands'mères ont versé des fleuves de larmes feraient éclater de rire leurs arrière-petites-filles. Ce sont les situations qui remuent cette vase de sentimentalité bête qui clapote au fond de tout public peu instruit et le fait jaillir en pleurs.

Il n'y a guère de genre moins estimable et plus facile. Il suffit pour s'en convaincre de voir ceux qui y réussissent. Rappelez-vous la *Miss Multon* de Belot. Y a-t-il œuvre plus franchement médiocre? Et cependant que de larmes n'a-t-elle pas fait couler?

Les procédés en sont si connus. Tenez, un exemple : poussez sur la scène deux enfants, l'un de dix ans, l'autre de douze; mettez la mère dans une situation à les presser sur son cœur, en s'écriant : O mes enfants! mes pauvres enfants! Toute la salle fondra en larmes, si l'artiste a du talent. Eh bien! après? Y a-t-il rien de plus aisé?

Ah! comme il est plus difficile, ainsi que le constatait Molière, de faire rire les honnêtes gens et de les faire rire d'un bout à l'autre du drame, de ne pas rompre une seule fois l'unité d'impression et, si l'on module vers des sentiments plus tendres, de revenir tout de suite au ton principal! Comme il est plus difficile de prendre les choses tristes et répugnantes de la vie, d'en exprimer le ridicule qu'elles contiennent et de le jeter sur la scène! Mais aussi comme le succès est plus grand et la gloire plus haute!

C'est que l'on est resté fidèle à la grande loi du théâtre, l'unité d'impression, sans laquelle il n'est pas d'illusion forte et longue. C'est que, quoi qu'on en dise, la discussion des genres n'est pas du tout une invention des lettrés; elle a ses racines profondes dans la définition même que nous avons donnée du théâtre et qui nous a été imposée par les faits.

11 septembre 1876.

LA DRAMATURGIE DE LESSING.

Je l'avoue à ma honte : je n'avais pas relu Lessing depuis l'école, où il ne m'avait guère frappé. J'étais trop peu familier avec le théâtre et avec la critique pour en sentir l'extrême mérite. Le hasard d'une traduction nouvelle m'a invité à jeter un coup d'œil sur le volume. Je l'ai dévoré d'un bout à l'autre avec transport.

Vous savez ce qui arrive quand on a voué sa vie à un genre de travail et qu'on y prétend une des premières places ; on se forme un idéal qu'on souhaite passionnément d'atteindre ; on voit en quelque sorte marcher devant soi l'homme que l'on voudrait être. Il flotte vaguant dans un brouillard, mêlé d'ombres et de lumières, où l'imagination le suit et en caresse les formes indécises.

Quel étonnement et quelle joie, lorsqu'un jour, se retournant vers le passé, on l'aperçoit nettement, distinctement, marqué de traits précis et que l'on s'écrie : « le voilà ! c'est lui ! je me reconnais ; je reconnais le fantôme de mon désir ! » Il semble qu'en fouillant dans les vieilles toiles, reléguées au grenier, on trouve parmi les portraits des aïeux une figure à qui l'on ressemble et signée d'un nom de maître. On le regarde avec une sorte de piété attendrie : C'est un arrière grand-père. Je suis de la famille !

J'ai lu avec beaucoup de soin l'œuvre de Geoffroy qui fut chez nous le créateur du feuilleton dramatique, et qui en est regardé comme le maître. Il a sans doute infiniment d'instruction et de sens, ce Geoffroy ; il écrit d'une plume très ferme et très nette et qui par intervalle même, ne manque pas d'agrément. Mais ce n'est, au fond, qu'au continuateur de la Harpe et de Marmontel. De ses longues et spirituelles études sur le théâtre du dix-septième siècle, il serait bien difficile de tirer une vue générale, une théorie philosophique. C'est le goût, très sain et très pur, mais un peu étroit aussi des disciples de Voltaire.

Que Lessing est un autre homme ! un philosophe plus encore qu'un critique, et ce qui, pour nous, est un charme de plus, il met sa philosophie en feuilletons. La *Dramaturgie* de Lessing n'est pas autre chose qu'un recueil d'articles du lundi. En 1764, un directeur privilégié, Ackerman, avait organisé dans la ville de Hambourg la meilleure troupe dramatique qu'eût encore vue l'Allemagne. Cependant une mauvaise administration le ruina.

Douze riches bourgeois de la ville, inspirés par Lœwen, poète attaché à la troupe, s'associèrent pour traiter avec Ackerman de son théâtre et des accessoires, et se chargèrent de l'entreprise en gardant les acteurs. Leur dessein était de constituer une scène qui pût servir de modèle à toute l'Allemagne. Ce fut Lessing qu'on chargea de pourvoir à la formation du répertoire et au choix des ouvrages représentés.

Il accepta et fonda en même temps un journal qui devait être le *Moniteur* du nouveau théâtre. Chaque numéro fut un bulletin de la représentation donnée sur la scène de Hambourg. Le succès de ces articles fut prodigieux en Allemagne et le volume où ils sont réunis est resté un des meilleurs ouvrages de critique littéraire que nous puissions lire. C'est que l'homme qui l'a écrit possédait deux choses sans lesquelles il n'est pas de critique sérieuse : des principes fermement arrêtés et une passion très ardente.

Avec quel plaisir j'ai retrouvé dans cette *Dramaturgie* la plupart des théories que j'ai souvent exposées ici même, sous une forme plus accommodée aux habitudes de l'esprit français ! La plupart de nos confrères en critique théâtrale chicanent sans cesse le drame historique, sur le plus ou moins de vérité historique de ses héros. Que de fois n'ai-je pas soutenu, et par toutes sortes d'arguments et d'exemples que, pour le dramaturge, cela seul est vrai qui est regardé comme tel par les spectateurs; qu'il ne doit point s'inquiéter de ce qu'enseigne l'authentique histoire, mais de ce que le peuple qui l'écoute en peut connaître !

Comme toute cette théorie, — elle vient en droite ligne d'Aristote : saluez, s'il vous plaît ! — est exposée par le critique allemand avec une autorité magistrale ! Comme il montre bien que la première qualité qui rend un récit historique, digne de foi, c'est sa ressemblance intrinsèque ! Eh bien ! que cette vraisemblance ne se trouve confirmée par aucun témoignage, et par aucune tradition, ou qu'elle ait pour elle des traditions et des témoignages qui ne sont pas encore parvenus à la connaissance du public, est-ce que ce n'est pas tout un ?

On admet généralement que le drame historique a pour mission d'enseigner à la foule ce qu'ont réellement fait les grands hommes. Mais c'est là l'objet de l'histoire et non du théâtre. Au théâtre, nous devons apprendre, non pas ce que tel ou tel individu a fait, mais ce que toute personne d'un certain caractère fera dans certaines occasions données. Le dessein de la tragédie est beaucoup plus philosophique que celui de l'histoire, et c'est la dégrader de sa dignité que de la mettre au service des événements.

Lessing parle de la tragédie du *Comte d'Essex* par Thomas Corneille ; et, répondant au reproche de fausseté historique qui avait été adressés à ce drame :

> Si le caractère de l'Élisabeth, de Corneille, ajoute-t-il, est l'idéal poétique du caractère réel que le public attribue à la reine de ce nom ; si nous trouvons que l'auteur a peint en elle, avec des couleurs vraies, l'indécision, les contradictions, les angoisses, les regrets, le désespoir où un cœur fier et tendre comme celui d'Élisabeth — je ne dis pas est tombé dans telle ou telle circonstance, — mais a seulement donné à penser qu'il aurait pu tomber, — le poète a fait tout ce qu'on devait attendre de lui en tant que poète. Contrôler son œuvre, la chronologie à la main ; la traîner devant le tribunal de l'histoire, pour l'obliger à rectifier, d'après le dire des témoins, chaque date, chaque mention qu'il a pu faire en passant, même de personnes sur lesquelles l'histoire ne se prononce pas, c'est méconnaître le poète et sa mission.

Est-ce que ces lignes qui datent de cent ans ne semblent pas écrites d'hier ? Est-ce qu'elles ne répondent pas, et de la façon la plus victorieuse, à tant de feuilletons du lundi, où nous voyons le critique contrôler, la lanterne de l'histoire en main, chaque mot de l'auteur dramatique, et lui chercher mille chicanes.

Lessing avait raison contre eux, un siècle avant qu'ils ne fussent nés. Il avait fait mieux : il avait trouvé du premier coup la forme définitive du feuilleton dramatique. Il paraît que de son temps les articles consacrés à l'art dramatique étaient des jeux d'esprit, et que ceux qui les écrivaient n'avaient d'autre souci que d'amuser un monde frivole. De quelle reconnaissance et de quelle joie ne me suis-je pas senti pénétré, quand j'ai lu cet admirable passage, qui devrait être pour nous lundistes, le premier article de notre code :

> En vérité, je plains ceux de mes lecteurs qui s'étaient promis de trouver dans cette feuille un journal théâtral, varié, bigarré, amusant, plaisant comme peut l'être un journal de théâtre. Ils s'attendaient à

lire des analyses de pièces, réduites en petits romans plaisants ou pathétiques; des esquisses biographiques concernant de drôles de créatures, telles que doivent être nécessairement des gens qui écrivent des comédies; des anecdotes divertissantes et même un peu scandaleuses sur les comédiens et surtout sur les comédiennes. Au lieu de toutes ces bagatelles qu'ils attendaient, ils reçoivent de longs articles de critique aussi secs que graves sur de vieilles pièces bien connues; de pesantes dissertations sur ce que doit être une tragédie et sur ce qu'elle ne doit pas être, le tout entremêlé de commentaires sur Aristote.

Et ils liraient tout cela! Je les plains, et ils ont été bien trompés! Mais je vous le dis en confidence : j'aime mieux que ce soit eux que moi; et je le serais très fort, si l'on me faisait une loi de répondre à leur attente.

N'est-ce pas là une plainte et un programme que nous serions fiers de signer? Je n'en retrancherais que les commentaires sur Aristote. Non que je ne fasse pas grand cas d'Aristote; mais à quoi bon mettre les théories qu'on expose sous l'invocation d'un ancien? Elles sont justes ou fausses : que peut faire à cela l'autorité d'un nom si grand qu'il soit?

Mais celui d'Aristote était pour Lessing une machine de guerre. A l'époque où il commença d'écrire, l'Allemagne était tout entière sous le joug des idées françaises. On ne représentait, de Berlin à Vienne, que des pièces tirées de notre répertoire classique ou traduites de notre théâtre contemporain. On est étonné en lisant les articles de Lessing, de voir le petit nombre de drames allemands ou suédois qui étaient joués à cette époque à Hambourg.

En revanche, Corneille et Voltaire reparaissaient sans cesse sur l'affiche; Racine en était exclu, sans que j'en ai pu pénétrer la raison; je ne crois pas avoir rencontré une seule fois son nom dans la *Dramaturgie*. Molière, Marivaux, Destouches, — Destouches surtout, pour qui les Allemands témoignaient une admiration qui nous paraît à présent inexplicable — formaient, pour ce qui regarde la comédie, le fond du répertoire courant :

Cet asservissement du goût germanique indignait Lessing dont tous les articles étaient des appels aux armes. Son livre est la *Marseillaise* du goût national. C'est surtout Voltaire qu'il prend à parti, dont il cherche par tous les moyens à ruiner la désastreuse influence. Son étude sur *Mérope* est un chef-d'œuvre de critique à la fois ingénieuse et passionnée.

Personne n'a montré avec plus de pénétration combien la tragédie française différait du théâtre antique, et par quels endroits elle lui était inférieure. Ce sont là des pages excellentes, et la cause aujourd'hui n'est plus plaidable. Lessing l'a gagnée haut la main.

C'est cette aversion pour les modes de France qui explique la passion du philosophe allemand à commenter Aristote. Tout le système du théâtre français reposait sur quelques lignes d'Aristote, mal comprises, et dont la critique du dix-huitième siècle avait tiré une foule de conséquences qui n'y étaient point enfermées. Lessing reprend les passages du Stagyrite et les traduit à nouveau. Il dirige contre l'influence française la sorte de guerre qui devait le mieux réussir en Allemagne, celle de l'érudition philosophique.

Il ne s'agit, en apparence, que d'une discussion de texte : que l'on traduise un mot de la rhétorique grecque par *crainte* ou par *terreur*, il semble que ce ne soit là qu'une querelle d'érudit. Sous ces vaines formules se cache un dessein plus profond, celui de miner l'autorité des critiques français, en montrant le néant de leur science; d'inspirer le dégoût de notre théâtre, qui était tout entier fondé sur un grossier contre sens.

C'est cette passion secrète qui anime les pesantes dissertations de Lessing. C'est elle qui nous en rend, même aujourd'hui, la lecture si attachante. C'est elle encore qui nous fait pardonner tant de boutades, échappées à la verve moqueuse de l'auteur. Il lui arriva un jour, dans un moment de mauvaise humeur, de parier qu'il referait, si l'on voulait, tous les sujets traités par Corneille et bien mieux que Corneille lui-même; un peu outrecuidant, l'homme de Hambourg! mais il y allait de si bonne foi!

Nos écrivains l'agacent et l'irritent. S'il parle de *Rodogune*, il feindra de croire que nous la regardons comme le chef-d'œuvre de Corneille et se plaira à en marquer toutes les imperfections. La seule observation qu'il oubliera de faire c'est que Corneille, en composant *Rodogune*, inventait ou tout au moins restaurait un nouveau genre : celui du mélodrame. Tout Pixérécourt, Bouchardy et d'Ennery relèvent, sans qu'ils s'en doutent peut-être, de cet essai de *Rodogune*.

Il n'a par compensation que des éloges pour Destouches, dont il estime le comique plus agréable et plus noble que celui de Molière. Il trouvait sans doute Molière plus à craindre pour ses compatriotes que cet excellent et ennuyeux Destouches. Peut-être aussi mettons-nous trop bas, à cette heure, l'auteur du *Glorieux* et du *Philosophe marié*. Il faudrait pour en juger avec connaissance de cause, revoir à la scène ces comédies dont le succès fut si éclatant.

Il faut se défier de Lessing quand il apprécie son œuvre. Son goût est le plus souvent faussé par les nécessités de la lutte qu'il soutenait. L'impartialité haute et sereine n'est plus guère de mise quand on est en guerre ouverte. Il faut frapper à tour de bras sur l'adversaire et le terrasser à tout prix.

Où il est incomparable, c'est dans l'invention des théories dramatiques. Il sème à chaque instant et sans avoir l'air d'y songer, les aperçus les plus ingénieux et les plus neufs sur l'art du théâtre. Oui, les plus neufs. Ils sont encore neufs après cent ans écoulés, tant les idées générales, même alors qu'elles sont justes, ont peine à se caser dans la cervelle des hommes et à devenir des lieux communs.

On a écrit bien des articles sur la difficulté qu'il y a de transporter à la scène un récit tiré d'un roman ou d'un conte. On s'est épuisé à en chercher les raisons philosophiques. Lessing a mis d'un seul coup le doigt sur la difficulté, sur la vraie.

Il s'agit de la *Matrone d'Éphèse*. Lessing se demande pourquoi ce sujet, qui est si piquant dans Pétrone et dans La Fontaine, n'a jamais réussi sur la scène. C'est, dit-il, avec beaucoup de profondeur, que, dans le conte, nous ne voyons que la faiblesse de la femme en général ; le théâtre nous montre une certaine femme légère et libertine entre toutes, et ce spectacle révolte notre délicatesse.

Lisez tout le développement de cette idée. Il est d'une ingéniosité rare, et ouvre des jours bien curieux sur l'art dramatique :

« Le caractère de la matrone, dans le conte, n'éveille qu'un rire ironique qui n'a rien de désagréable. On rit des illusions de la foi conjugale, voilà tout ; mais dans le drame, ce caractère inspire le dégoût et l'horreur.

« Les moyens de persuasion que le soldat emploie envers la matrone sont loin de nous paraître au théâtre aussi pressants, aussi victorieux que nous nous les représentons dans le conte. Ici, nous nous imaginons une petite femme sensible, qui a bien pris son deuil au sérieux, mais qui succombe à la tentation et à son tempérament : sa faiblesse nous semble être la faiblesse de tout son sexe ; nous ne concevons donc point d'aversion particulière contre elle ; ce qu'elle fait, nous pensons que tout autre à peu près l'eût fait aussi... etc. »

Toutes les fois que Lessing reste ainsi sur le terrain de l'esthétique pure, il est incomparable et il a le mérite de devancer de beaucoup son siècle. On s'évertuait de son temps à prouver que, dans le drame, le mélange du comique et du tragique était une excellente chose, puisqu'elle est naturelle, et qu'en même temps elle jette sur la scène une grande variété.

Naturelle! s'écrie Lessing. Mais autre chose est la nature, autre chose est l'art. La nature, dans son infinie variété, n'est un spectacle que pour un esprit infini; pour qu'elle procure de vraies jouissances à des esprits finis, il faut que l'homme possède la faculté de la limiter, de lui imposer des bornes, qu'elle ne se fixe pas à elle-même.

Autrement nous ne jouirions pas de la vie; nous serions troublés par la diversité de nos sensations; et, à force de sentir trop de choses à la fois, nous finirions par n'en plus sentir aucune. L'art nous sert précisément à opérer la séparation des éléments qui se contrarient, et à ne réunir dans la même œuvre que ceux qui s'harmonisent. L'art fait ce que nous faisons nous-mêmes, lorsque nous sommes témoins d'un événement important qui nous saisit, qui nous attache; lorsque nous ne voulons pas nous laisser distraire de notre contemplation par un événement de moindre importance.

Vous pouvez piler dans le même mortier la Harpe, Marmontel, tous les critiques français du dix-huitième siècle et quelques-uns du dix-neuvième, vous n'en tirerez pas vingt lignes aussi pleines de sens, de raison et de suc philosophique. Je crois en avoir dit assez pour inspirer aux amateurs le désir de lire la *Dramaturgie*.

Pour nous, nous avons rapporté de cette lecture un plus ferme propos de persévérer dans la voie que nous avons suivie jusqu'à ce jour, de nous y enfoncer même davantage. A mesure que nous avons pénétré plus avant dans la connaissance de l'art dramatique, nous avons retranché le plus que nous avons pu, de ces feuilletons hebdomadaires, ce qui n'était que vaines nouvelles, jeux d'esprit et brillant papotage. — L'exemple d'un tel homme nous encourage à donner moins encore au goût de la bagatelle ; à conquérir dans la mesure de nos forces, par le sérieux de nos études, une plus ferme autorité sur les esprits des lecteurs du *Temps*.

29 novembre 1869.

LE THÉATRE ET LA MORALE

I

LE BUT DU THÉATRE EST-IL DE MORALISER?

Le public qui s'occupe de théâtre a beaucoup parlé, cette semaine, d'une lettre de M. Dumas fils, qui a paru dans le *Gaulois*. Cette lettre m'est adressée, et elle a été écrite en réponse à une autre que j'avais moi-même envoyée, par l'intermédiaire du journal, à l'auteur de la *Dame aux Camélias*. Les lecteurs du *Temps* comprendront aisément que la position particulière où je me trouve m'impose une certaine discrétion dans la façon dont je pourrais apprécier ce petit incident. Je n'ai point, pour rapporter la discussion, toute la liberté d'allures qu'auront mes confrères; car je suis juge et partie dans la cause, et j'aurais l'air de transporter le débat sur un nouveau terrain, où je serais sûr, parlant tout seul, d'avoir le dernier mot.

Dumas fils croit que le premier but du théâtre est de moraliser. Il faut s'entendre sur le sens de ce mot. Il est évident qu'une belle œuvre, par cela seul qu'elle arrache les hommes aux misères de la vie réelle et les ravit dans un monde idéal, qui est plus noble et plus grand, les rend meilleurs et les moralise.

Le but de tous les artistes en général, et des écrivains dramatiques en particulier, étant de faire de belles œuvres, leur dernier objet est naturellement de moraliser. Là-dessus, il ne peut y avoir ombre de discussion. Cette vérité, qui est d'ordre commun, a été cent fois exposée, et, notamment, dans la préface de *Phèdre,* où Racine a repris tous les arguments d'Aristote, en les renouvelant par une forme qui était alors plus actuelle. On voit que la question ne date pas d'hier.

Mais ce n'est point ainsi que Dumas entend que le théâtre doit moraliser l'homme ou du moins il attache encore à ce mot une autre signification. Chaque époque a un certain nombre de problèmes sociaux, douloureux à résoudre : la nôtre, par exemple, est fort troublée des questions que soulève la position qui est faite par le code civil à la femme. Ces questions, il faut les débattre et les trancher. Nous croyons, nous, que c'est affaire seulement aux publicistes et aux hommes d'État.

— Il faut, dit Dumas, que les artistes interviennent. Ces problèmes redoutables, l'écrivain dramatique les doit porter à la scène, les discuter devant le public, et, indiquant le mal, proposer le remède.

C'est en ce sens qu'on peut dire qu'il moralise.

Ce sont là deux façons toutes différentes d'entendre le rôle du poète comique. Le malheur de Dumas fils est qu'il les confond sans cesse dans son argumentation, et sans trop s'en apercevoir. Aussi tout ce qu'il dit est-il à la fois juste et faux, selon qu'on prend le mot dans une acception ou dans une autre.

— Croyez-vous, dit-il, quand Corneille écrit *Polyeucte,* quand Racine écrit *Athalie,* croyez-vous qu'ils *font du théâtre?*

— Dame! oui, je le croyais, très naïvement, je l'avoue.

— Non, mon ami, reprend Dumas tout aussitôt, ils se font pontifes; ils officient comme Bossuet; ils font descendre Dieu sur la scène, transformée en autel, à la plus grande gloire de la divinité et au plus grand profit de l'homme; et Molière, quand il enfanta *Tartuffe,* pensez-vous qu'il n'eût d'autre intention que d'écrire une comédie agréable, ou même de fustiger l'imposteur se servant du voile d'une religion sacrée pour tromper Elmire et dépouiller Orgon? Nous savons, vous et moi, qu'il se fait justicier et vengeur, et qu'il tire par-dessus...

Ce brave Corneille et cet aimable Racine devenus pontifes! On officie pontificalement leurs pièces au Théâtre-Français, et c'est même un tort de MM. les comédiens. Mais du diable s'ils ont jamais officié eux-mêmes! Jamais, au grand jamais, ils ne se sont avisés de faire descendre Dieu sur la scène et de transformer cette scène en autel. Ils n'ont eu à cœur, tous deux, que d'écrire un beau drame. L'un a peint les sombres fureurs d'un prêtre fanatique, et, n'ayant souci que de la vérité, au mépris de la *moralisation des masses,* il a fait de son Joad un hypocrite sanguinaire, qui attire son ennemi dans un piège odieux, et extermine, sans pitié, tous ceux qui ne sont pas de son avis. Voilà, vraiment, un beau modèle à suivre! Mais Racine faisait vrai et grand; il ne se mettait point en peine du reste. Corneille n'a eu d'autre idée que de rendre l'impression que fait, sur une âme ardente, une conviction exaltée et profonde. C'est un état moral de l'âme humaine qu'il a étudié. Il a fait œuvre de peintre, et non de pontife; de moraliste, et non de moralisateur.

Comme ces œuvres sont fort belles et pleines de sentiments énergiques, elles élèvent l'âme de ceux qui les écoutent. Mais l'effet qu'elles produisent tient bien moins à la nature plus idéale des passions qu'elles expriment, qu'à la façon supérieure dont elles sont exprimées. Et la preuve, c'est que les fureurs incestueuses de Phèdre sont tout aussi morales que les emportements chrétiens de Polyeucte. Elles ont la même vertu, parce qu'elles sont douées de la même beauté.

On voit donc ici par où pèche le raisonnement de Dumas. Il fait de Corneille, de Racine et de Molière des gens occupés des questions de leur temps, comme serait l'existence de Dieu ; et, profitant de ce que le mot de moraliser comprend aussi ce détail dans sa large signification, il s'écrie :

— Osez dire que ces grands hommes ne sont pas des moralisateurs !

Mais c'est là un sophisme qui est bien connu dans l'école, et qui consiste à étendre tout ce qui n'est au vrai que de la partie.

Oui, sans doute, ces admirables artistes ont été utiles, il ont servi à l'instruction et à l'amélioration du genre humain, mais point de la façon que vous dites. Vous qui êtes si ferré sur la logique, vous commettez, sans vous en apercevoir, un faux raisonnement.

Et vous en êtes bien vite puni par une contradiction énorme, qui vous a échappé. Vous vous réclamez, dans la seconde partie de votre lettre, de ces grands noms : Corneille, Racine, Molière, Beaumarchais, sans oublier, dans l'antiquité, Sophocle, Aristophane et Plaute, et vous les inscrivez en tête de votre drapeau, qui est celui de la moralisation par l'art ; et vous oubliez que vous venez justement de leur crier *raca*, comme à des gens qui n'avaient jamais fait que de l'art pour l'art. Le passage est trop curieux pour que je ne le cite pas :

Ainsi, depuis trois mille ans, des hommes comme Eschyle, Sophocle, Euripide, Plaute, Térence, Shakespeare, Corneille, Racine, Molière,

Gœthe, c'est-à-dire des artistes de premier ordre, tranchons le mot : des hommes de génie, se sont épuisés sans aucun profit pour l'humanité. Ils ont fait rire ou pleurer ; ils ont passionné ou terrifié leurs contemporains ; ils ont introduit quelques mots dans la langue, quelques types dans la légende, et, pour vous, c'est assez !

Ainsi quand, depuis trois mille ans, tout s'est modifié autour de nous : les nationalités, les langues, etc., etc., il faut que nous refassions éternellement ce que Plaute et Térence ont fait, ce que Corneille et Beaumarchais ont fait, et toujours comme cela, jusqu'à la fin des siècles. Il faut que nous nous contentions de faire rire ou de faire trembler ; que nous soyons Jocrisse ou croquemitaine *ad vitam æternam*.

Ainsi nous resterons immobiles pendant que tout le monde marchera autour de nous ; et, pendant que les idées sociales et morales se mettront en chemin, nous en serons toujours à faire épouser Henriette par Arthur, à faire tuer Desdémone par Othello, à faire bafouer Arnolphe par Agnès, avec des habits modernes, sous des noms nouveaux, à l'aide d'incidents plus ou moins ingénieux. Nous ne prendrons aucune part à la discussion des grandes questions humaines...

Ne touchez-vous pas au doigt la contradiction ? Comment Dumas peut-il à la fois plaindre Corneille de n'avoir été qu'artiste, tandis qu'il le loue d'avoir été à la fois artiste et moralisateur ? Pourquoi reproche-t-il à Racine et à Molière de s'être désintéressés des *grandes questions humaines de leur temps*, quand, vingt-cinq lignes plus loin, il s'écrie d'un ton d'inspiré :

— Croyez-vous que Molière et Racine n'ont pas mis leur âme et leur génie au service de la société et de la morale ?

Cette logomachie vient de cette malencontreuse confusion de mots que j'ai déjà signalée. C'est que les écrivains dramatiques sont, en effet, et de l'aveu de tous, et sans conteste possible, des moralisateurs, si l'on prend ce terme en ce sens qu'ils relèvent et ennoblissent l'âme de l'homme instruit, en l'emplissant des joies plus généreuses de la poésie. Mais *moralisateur* emporte avec soi une autre signification, et s'applique plus particulièrement aux hommes qui traitent de certaines réformes sociales, et tâchent de les faire triompher, soit au moyen de la parole, soit par l'action. Et, trompé par cette uniformité d'étiquette, Dumas affirme ici que le premier but de Sophocle et de Corneille a été de moraliser les hommes; et là, il les accuse de n'y avoir jamais songé !

Ils n'y ont jamais songé, dans le sens tout au moins qu'il prend la chose, et les plaintes qu'il en fait sont bien bizarres. Il me semble entendre un peintre se lamenter :

— Eh quoi ! toujours des arbres ! des montagnes ! des rivières ! Toujours des portraits ! et la même bouche au-dessous du même nez, qui s'avance toujours flanqué, à droite et à gauche, des deux mêmes yeux ! Et, cependant, l'humanité marche, et les questions sociales se renouvellent !

Eh ! mon ami, tu te plains de ce qui fait précisément la supériorité de ton art. Les questions sociales passent, mais la nature et l'homme demeurent, et l'art, qui les reproduit, est immortel comme eux. Ce sont les faux artistes qui s'imaginent que les sujets sont épuisés, et que l'art, s'il ne sort point de son domaine, est réduit à tourner dans le cercle des œuvres déjà faites, et condamné à d'ennuyeux recommencements. Écoutez ce que dit, dans le *Fils naturel*, le sculpteur Taupin.

> Je trouve notre métier si bête ! Vous me demandez ce qu'elle représente, ma statue ? Elle représente une Vénus, puisque nous sommes condamnés à Vénus, nous autres sculpteurs : Vénus de Médicis, Vénus accroupie, Vénus callipyge, Vénus pudique, Vénus anadyomène, toujours Vénus. Tant que nous n'avons pas fait une Vénus, on dit que nous ne savons rien faire ! Dès que nous avons fait une femme nue, on dit que c'est une Vénus, et dès que notre Vénus est faite, on dit qu'elle ne vaut pas la Vénus de Milo... Une femme qui a la tête trop petite, la gorge trop bas, le cou trop fort, les jambes trop longues, et pas de bras...

Ainsi parle Taupin; mais ce Taupin, si navré et si navrant, n'est pas un artiste véritable. Ce n'est qu'un méchant bohème de l'art. Un grand statuaire sait bien qu'on a toujours fait des femmes nues, qu'on en fera jusqu'à la consommation des siècles, et que ce sont précisément les plus belles qui ne seront pas copiées sur la Vénus de Milo, et qui traverseront les âges, comme elle, sans lui ressembler :

> Cette jeune Vénus, fille de Praxitèle,
> Qui rit encor, debout dans sa divinité,
> Aux siècles impuissants qu'a vaincus sa beauté.

On se moque d'un symphoniste qui prétend régénérer le monde à l'aide de sons combinées ; on estime fort M. Chenavard, qui bourre ses tableaux d'idées, au lieu d'y mettre tout bonnement de belles attitudes et des couleurs plaisantes : mais la postérité, si elle s'occupe de sa dernière œuvre, la regardera comme l'erreur d'un homme d'esprit fourvoyé.

— Tant de choses dans un menuet! disait-on à Vestris ou à Gardel, qui parlaient, eux aussi, de moraliser les masses par la danse.

Je crains bien que ceux qui veulent faire de l'art dramatique un outil de propagande ne soient pas mieux dans le vrai. Dumas nous donne sa devise :

— L'action morale et sociale par la littérature dramatique.

C'est celle des Chenavard, des Wagner et des Vestris. Ces préoccupations étrangères à l'art ne les empêchent pas, fort heureusement, de faire des chefs-d'œuvre quand la nature les y porte ; mais ils les font en dépit de leurs théories. Et encore, y a-t-il toujours, dans l'ouvrage qu'ils produisent, sous le coup de ces idées préconçues, une part qui est destinée à périr promptement : c'est celle qui a trait aux préjugés qu'ils combattent, aux formes passagères de l'état social qu'ils prétendent renouveler.

C'est en cela que Dumas fait erreur.

— Si nous nous contentons, dit-il, de la littérature simple, elle nous donnera la fortune, le succès, la célébrité du boulevard et des vitrines, l'indifférence et l'oubli.

Le contraire serait plus juste : si nous mettons la littérature au service des questions du moment, elle nous donnera le succès d'un jour et l'oubli du lendemain.

Les lettres pures, quand elles sont cultivées par un homme de génie, ne paient pas toujours comptant. Musset a, vingt ans, attendu la fortune et la gloire, qui ne lui sont venues que lorsque déjà il s'était rendu presque incapable d'en jouir. Mais il a écrit la *Nuit d'octobre*, les *Stances à la Malibran* et l'*Espoir en Dieu*, toutes pièces qui ne réformaient rien et ne prétendaient point changer l'ordre des institutions sociales, et il est entré de plain-pied dans cette immortalité sereine des grands poètes.

Les *Girondins*, de Lamartine, ont mené grand bruit à leur apparition : ils ont aidé à renverser un trône ; ils ont hâté l'éclosion de problèmes qui dormaient en germe dans les profondes couches de la classe ouvrière. Qui les lit, aujourd'hui, en dépit du talent que l'auteur y a dépensé ?

Nos enfants savent par cœur le *Lac* et l'*Automne*, qui n'avaient point de visées révolutionnaires, et qui se contentaient d'être ce que Dumas appelle de la littérature simple. Ces poésies passeront dans les recueils destinés à être mis aux mains des élèves, et elles se transmettront d'âge en âge, toujours aussi admirées.

Il en va de même pour l'écrivain dramatique. Il est évident qu'il ne peut absolument se désintéresser des questions qui agitent l'époque où il vit. Comme il doit représenter les hommes de son temps, il est bien obligé de les prendre tels qu'ils sont avec leurs passions spéciales, leurs façons de voir particulières, et ce que j'appellerais leurs accidents de physionomie. Tous ces grands peintres de portraits n'y ont pas manqué ; et comme ils ne peuvent agir sur ceux qui regardent leurs œuvres qu'en excitant ou le rire, par le sentiment du ridicule, par la caricature; ou les larmes, par l'air de sensibilité douloureuse qu'ils répandent sur leurs personnages, on peut croire que leur intention a été, parfois, de corriger certains vices en les vouant à la moquerie, ou en effrayant sur les affreuses conséquences qu'ils produisent. Point du tout : ce sont des portraits bien peints, et rien de plus. Toute préoccupation étrangère à cette fin suprême de l'art, qui est d'exprimer d'une façon supérieure et définitive un des aspects de la vérité éternelle, se traduit aussitôt, en peinture, par le brouillement des scènes; en musique, par le gâchis des sons; dans tous les arts, par quelque élément de trouble particulier. Au théâtre, elle traîne après soi la prédication, le plus mortel poison d'ennui que l'on connaisse ; elle fige la pièce dans une attitude forcée qu'impose le soin de la thèse à soutenir; elle arrête tous les ressorts du mouvement; elle supprime la vie.

Dumas, qui n'a pas déjà trouvé dans cette voie les succès qui venaient autrefois au-devant de lui, nous annonce que son intention est de s'y enfoncer plus avant. S'il était un simple Ponsard, je lui dirais d'aller; car un dramaturge médiocre peut encore faire un excellent et très utile moralisateur. Mais avoir reçu à son berceau, de la fée du théâtre, tous les dons qui font les grands écrivains dramatiques, et se réduire, de gaieté de cœur, à n'être plus qu'un vulgaire faiseur de morale, c'est aspirer à descendre, et j'enrage un peu tout bas de voir dans ces dispositions d'esprit l'auteur du *Demi-Monde*.

Il nous prévient qu'il va discuter prochainement, sur la

scène, la question de l'existence de Dieu. Comme je serais plus content, s'il me disait :

— J'étudie, en ce moment, la figure du matérialiste moderne, et vous verrez quel portrait ressemblant je vais vous en donner !

Après la pièce dont nous menace Dumas, en saurons-nous plus qu'avant sur ce sujet éternel des disputes humaines ? Après celle que je lui demande, nous aurions une belle peinture de plus. Et, qui sait ? Si l'œuvre était vraiment admirable, un nom de plus à inscrire dans ce calendrier du génie où brillent, au premier rang, *Alceste* et *Tartuffe*.

5 juillet 1869.

II

INFLUENCE DU THÉATRE SUR LES MŒURS

Nos législateurs ont fait cette semaine, au théâtre, la grâce de s'occuper de lui. Ceux qui en ont parlé sont des gens d'esprit, des hommes diserts, mais qui ont peut-être le tort de n'avoir pas étudié sur le vif la question dont ils entretiennent la Chambre. On ne saurait leur en vouloir de ne point aller souvent au spectacle ; mais pourquoi crier alors contre ceux qu'on donne ?

Ils se sont tous accordés à soutenir que le théâtre moderne était en pleine décadence, que c'était lui qui *démoralisait les masses*, et qu'il était grand temps de le relever de cet abaissement déplorable. L'un d'eux même a donné le remède :

« Que faut-il donc, s'est-il écrié dans un mouvement

d'éloquence, que faut-il pour opposer une digue au mauvais goût et aux mauvaises mœurs ? »

Et comme tout le monde écoutait, palpitant d'attente ; car enfin ce n'est pas peu de chose que d'opposer une digue au mauvais goût et aux mauvaises mœurs, l'orateur a immédiatement ajouté :

« Entretenir par de fréquentes représentations la tradition des chefs-d'œuvre. »

Voilà la digue ! oh ! mon Dieu ! c'est bien simple ! comme disait Grassot. Pourquoi Philippe assassinait-il les femmes dans leur lit ? c'est qu'on ne lui jouait pas assez souvent Corneille. Pourquoi nos gandins se ruinent-ils pour acheter des diamants aux cocottes ? C'est qu'on ne représente pas *Iphigénie* ou *Phèdre*, c'est la faute à Rousseau ; c'est la faute à Voltaire.

Voyons, là franchement, la main sur la conscience, la personne qui pense de la sorte est-elle bien sûre que les tragédies de Corneille auraient l'effet dont elle parle ? Si on ne les joue guère, c'est que personne n'y va plus ; et quelle action pourraient-elles avoir sur le public, si le public ne veut pas les entendre ? Je sais bien qu'une députation de jeunes gens, les nobles cœurs du quartier Latin, ont manifesté à l'un des membres les plus éminents de la Chambre le regret de ne pas voir plus souvent les chefs-d'œuvre de nos vieux classiques, et qu'ils ont adressé au Sénat une pétition pour qu'on les leur rendît.

Ces braves jeunes gens sont de bonne foi, je n'en doute pas ; mais, à leur âge, on se laisse facilement séduire aux illusions de la phrase ! Les grands mots de chefs-d'œuvre de l'esprit humain, de gloire nationale, de régénération des âmes, échauffent les imaginations jeunes. On envoie sa petite pétition ; on serait bien attrapé s'il y était fait droit.

Je me souviens. — C'était en 1862 ; l'Odéon venait de

donner *Gaëtana*, et vous savez comme la pièce avait été reçue. Cette spirituelle et vaillante jeunesse avait sifflé, grogné, hurlé, avant même que la toile levât ; elle voulait punir About d'avoir écrit la *Question romaine*. Elle croyait, après les deux premières représentations, le drame fini, enterré. Elle le vit avec indignation reparaître une troisième fois sur l'affiche. Une députation monta chez La Rounat.

— Eh quoi ! Monsieur, n'avez-vous pas compris l'arrêt ? Est-ce un défi jeté insolemment à la jeunesse des écoles ? »

La Rounat s'excuse de son mieux ; la position n'était pas bien commode pour lui. Il expose à ces messieurs qu'il avait compté sur la pièce d'About, et que, pensant qu'en cas même de chute elle donnerait au moins trois semaines, il était pris à l'improviste et n'avait rien de prêt pour la remplacer du jour au lendemain.

— Rien de prêt ! s'écrièrent les représentants de la jeunesse française, rien de prêt ! et Corneille ! monsieur ; et Racine ! monsieur ; et Molière ! monsieur : ces génies immortels dont vous devez entretenir la flamme ! ah ! donnez-leurs chefs-d'œuvre, qui sont le plus pur de notre gloire !

— Mon Dieu ! je ne demanderais pas mieux que de donner les chefs-d'œuvre que vous dites, mais il y a un petit inconvénient à cela ; j'entends qu'il est petit pour vous : c'est que quand nous jouons Corneille ou Racine, aucun de vous ne vient les entendre.

Nous viendrons tous !

Bien sûr ? insista La Rounat avec quelque défiance.

Nous en prenons l'engagement ! vous aurez tout le quartier Latin. C'est que vous ne nous connaissez pas. Vous verrez ! vous verrez !

Le lendemain, La Rounat donna *Polyeucte*, et fit cinquante écus. Le quartier Latin buvait sa chope au café d'en face.

Le corps législatif peut tenir pour assuré que c'est ce qui arriverait encore, et le mal serait moins grand qu'il n'imagine. On n'a pas mauvais goût par cela seul qu'on ne se plaît point à la représentation des tragédies classiques. Elles sont admirables sans doute, mais elles ont le tort de n'avoir pas été faites sur notre mesure, de ne plus répondre à nos besoins ni à nos préoccupations. Elles ressemblent à la jument de Roland, qui avait tant de qualités et qui était morte.

Le théâtre, comme tous les autres arts, ne vit qu'à la condition de changer sans cesse, se modelant à chaque génération sur le goût qui domine chez elle. Transformation n'est pas décadence, j'ose dire et tous ceux qui connaissent le théâtre seront de mon avis, que notre temps a été au contraire un des plus féconds en grandes œuvres dramatiques. Il est certain que le drame historique a disparu ; mais la comédie de mœurs a donné *Mercadet*, le *Gendre de M. Poirier*, le *Demi-Monde*, les *Faux Bonshommes*, tout le répertoire d'Augier, de Dumas fils, de Barrière.

Le vaudeville a-t-il jamais rien produit de plus gai, de plus spirituel, que *Célimare le Bien-Aimé* et Labiche en a fait au moins trois ou quatre, qui sont aussi bons, sans compter des centaines d'autres, qui ont encore leur mérite ! et Sardou, cet esprit si actif, si pétillant, si fertile en ressources ingénieuses ! et Meilhac, ce curieux et fin observateur des infiniment petits de la vie parisienne ! Et Lambert Thiboust, si franchement, si bonnement comique, le Désaugiers de ce temps-ci ! Qu'on me cite un siècle où le théâtre ait eu à présenter à la fois tant d'hommes hors ligne !

Ne nous laissons donc pas duper par les mots. Non, le théâtre n'a pas subi cet abaissement qu'on lui reproche. On parle toujours de la *Belle Hélène*. Eh bien ! quoi ! La *Belle Hélène*. Après ? c'est une très jolie et très amusante bouffonnerie que la *Belle Hélène*. Est-ce qu'il ne faut pas aussi qu'on se divertisse un peu ? Mais toutes les générations ont eu leur *Belle Hélène*, sans se croire pour cela gangrenées.

On ne peut pourtant pas tenir toujours son esprit tendu au grand, et l'on n'est pas un homme corrompu pour se plaire à d'aimables bagatelles, où l'on se délasse des discours de la Chambre. On y a témoigné un vif intérêt pour ces pauvres pères de famille qui demandent, assure-t-on, qu'un terme soit mis à de tels spectacles.

Les pères de famille n'ont qu'à ne pas y mener leurs familles. Personne ne les force à s'en aller voir la *Belle Hélène*. Mais pourquoi en priver ceux qui n'ont pas une si ardente soif de vertu ?

On rit un soir à la *Belle Hélène*, et cela n'empêche pas le lendemain de goûter les nobles sentiments qui sont, tant bien que mal, exprimés dans le *Lion amoureux*. Vous parliez de tragédie, tout à l'heure. En voilà une qui ne vaut à coup sûr ni le *Cid*, ni *Polyeucte*, ni *Phèdre*, et qui a pourtant produit sur le public d'aujourd'hui plus d'effet que ces chefs-d'œuvre ensemble. C'est que *Phèdre*, *Polyeucte* et le *Cid*, ont été écrits pour les hommes du dix-septième siècle, et le *Lion amoureux* pour ceux du nôtre.

L'exposition annuelle des tableaux sollicite bien plus vivement la curiosité de la foule que ne font tous les chefs-d'œuvre des grands maîtres rassemblés au musée du Louvre. C'est que chaque âge a besoin d'un art qui soit approprié à ses goûts et à ses tendances. Condamner le Théâtre-Français à s'enfermer au vieux répertoire des tragédies classiques, c'est l'attacher vivant à des cadavres.

Il peut se faire qu'un jour, par un de ces reflux de goût assez ordinaires, Corneille et Racine reviennent à la mode comme l'est en ce moment Molière, qui avait, lui aussi, subi une si longue éclipse. Soyez tranquilles, ce jour-là, il se trouvera des acteurs pour les jouer, et l'on n'aura pas besoin des encouragements du Corps législatif pour les mettre sur l'affiche. Mais les mœurs n'en vaudront mieux ni pis; le goût sera autre, et voilà tout.

2 juillet 1866.

LA DÉCADENCE DU THÉÂTRE

On a vendu, il y a quelques mois, à la salle Saint-Sylvestre, un lot de brochures qu'un vieil amateur avait réunies sur le théâtre; et je suis bien fâché de n'avoir pas été prévenu, car je l'aurais acheté. C'était une curiosité singulière. Voulez-vous les titres de quelques-unes de ces brochures ?

1768. — *Causes de la décadence du théâtre.*

1771. — *Du théâtre et des causes de sa décadence.*

1807. — *Les causes de la décadence du théâtre*, par CAILHAVA.

1828. — *Considérations sur l'art dramatique, les comédiens, et sur les causes de la décadence des théâtres*, par ROBILLOT.

1841. — *Recherches sur les causes de la décadence des théâtres et de l'art dramatique en France*, par VALLIER.

1842. — *A quelles causes attribuer la décadence de la tragédie en France ?* par M. PIERRE VICTOR.

1849. — *De la décadence de l'art dramatique*, par MARIÉNA.

1860. — *De la décadence des théâtres*, par ÉMILE MONTÉGUT.

1866. — *Rapport au Sénat sur la décadence de l'art dramatique,* par M. DE SACY (qui, entre parenthèses, n'avait de sa vie mis le pied dans un théâtre).

1871. — *De la décadence des théâtres et des moyens de les régénérer,* par UN ANONYME.

1876. — *Cri d'alarme sur la situation de l'art dramatique,* par GÉRARD.

1880. — *Du théâtre à sauver,* par DUBUT-LAFOREST.

Je m'arrête ; car ce serait par centaines et par milliers qu'il faudrait, en ces dernières années, compter les brochures et les articles où cette irrémédiable décadence a été, une fois de plus, constatée par des hommes bien intentionnés, dont les uns se posent en médecins et les autres en croque-morts.

Il y aurait un joli travail à faire : ce serait de placer, en regard de chacune de ces dates, les titres d'œuvres célèbres et les noms de comédiens illustres que le théâtre mettait en ligne à cette même époque.

Ce qui trompe ceux qui parlent de théâtre, c'est que, pour les comédiens tout au moins, la comparaison n'est plus possible entre aujourd'hui et autrefois. Le *Figaro* donnait, l'autre jour, la liste comparative des quarante académiciens à ces deux dates : 1789-1889. Il était facile de voir que le nombre des illustrations véritables est beaucoup plus grand à cette heure qu'il ne l'était en ce temps-là. C'est que les académiciens de 1789 ont beau être morts : leurs œuvres subsistent ; nous les pouvons lire et en remettre les auteurs à leur vraie place, qui est modeste. Mais, d'un acteur qui a disparu il ne reste que le souvenir de ceux qui l'ont vu au temps de sa gloire ; ce souvenir, qui s'embellit des enchantements de la jeunesse, se transmet aux générations suivantes. Il devient indiscutable. Comment prouver que Talma était faible dans tel rôle, ou qu'il manquait certaines parties au talent de Mlle Mars, et que leurs contemporains se sont exagéré leur mérite ?

Nous aurons beau avoir de grands comédiens, nous serons toujours en droit de nous écrier :

— Ce n'est pas Talma ! ce n'est pas Mlle Mars ! ce n'est pas la grande Rachel !

Nous sommes encore victimes d'une autre illusion quand nous parlons de théâtre. L'autre jour, je regardais, avec un de mes confrères, la distribution d'une pièce aujourd'hui oubliée, qui s'était jouée à la Comédie-Française. Un tout petit rôle de femme, ce qu'on appelait, jadis, une utilité, qui se nomme aujourd'hui une panne, était attribué à Mlle Despréaux, celle qui devint, plus tard, Mme Allan-Despréaux.

— Quel temps ! s'écria-t-il, que celui où les plus petits rôles étaient joués par de grands artistes !

— Mais pas du tout ! lui dis-je. Mlle Despréaux n'était pas une grande artiste à ce moment-là. C'était une simple débutante, dont on ne savait pas même si elle avait un bel avenir. Supposez que Berr devienne, comme je l'espère pour lui, un artiste célèbre ; il joue, en ce moment, des rôles de domestiques qui viennent porter une lettre sur une assiette. Car, il joue tout ce qu'on veut : il a la rage de son art. Eh bien ! si, dans cinquante ans, on retrouve la distribution d'une des pièces où il est chargé d'une panne, est-ce qu'on sera autorisé à se récrier avec admiration sur un temps où un rôle de quatre lignes était confié à l'illustre Berr ? Il faut, quand on parle du théâtre d'autrefois, se défier de ce mirage.

La vérité est que l'art, celui du théâtre comme les autres, va se renouvelant sans cesse. Il y a des artistes dont on ne retrouve pas l'équivalent ; mais c'est que les mœurs et les goûts ont changé, et nous possédons, à cette heure, des comédiens qui ne seront pas remplacés non plus.

Ainsi, tenez! on ne trouve plus nulle part de grand jeune premier; c'est un emploi qui manque à la Comédie-Française, et elle a beau chercher de tous côtés, elle ne trouve nulle part un seul artiste qui puisse combler ce vide. On accuse la stérilité du siècle, l'abaissement progressif du niveau général, on crie à la décadence. C'est peut-être simplement que l'amour se fait d'autre façon dans notre société nouvelle; il a changé d'allures, de manières et de langage. M. Ernest Legouvé remarquait, l'autre jour, dans une de ces fines et spirituelles études qu'il consacre à l'histoire du théâtre, que ce serait très ridicule, aujourd'hui, de mettre un genou en terre devant une femme pour lui faire ce que les romans d'il y a cinquante ans appelaient une déclaration. C'est peut-être là la seule raison pour laquelle Bressant et Berton père ne trouvent pas de successeurs.

Les comédiens d'aujourd'hui n'ont plus de modèles sous les yeux pour exprimer l'amour tel qu'on l'entendait autrefois. Ils se sentent gênés et gauches. Worms n'est pas, à vrai dire, un jeune premier dans le sens que la tradition a attaché à ce mot; il a, pour nous, le mérite de traduire l'amour moderne, avec ce que cette passion comporte d'âpre mélancolie et d'ardeurs rentrées. Il répond à l'idéal que nous nous faisons de l'amour à cette heure, comme Bressant traduisait celui de nos pères, comme Molé représentait le Richelieu du dix-huitième siècle. Les types se transforment, ils ne périssent point.

7 janvier 1889.

PRINCIPALES ÉVOLUTIONS ET RÉVOLUTIONS
DE L'ART DRAMATIQUE

On se rappelle la campagne que fit M. Zola, il y a deux ans, comme chroniqueur dramatique du *Voltaire*, en faveur des idées naturalistes au théâtre; ces idées viennent d'être reprises, expliquées et commentées dans un volume qui a pour titre : *l'Évolution naturaliste* et qui est signé de M. Louis Desprez.

M. Desprez, à la suite du maître, essaie de nous dire ce que doit être le théâtre de l'avenir. Je vous avouerai que, pour mon compte, ce n'est pas ainsi que j'entends la critique. La critique n'a pas à indiquer les voies nouvelles où il faut que l'art s'engage; son rôle est infiniment plus modeste; elle se contente d'observer les chemins que se fraye le génie et de dire au public : Prenez par là, la route est ouverte.

J'ai toujours remarqué que les révolutions en art se faisaient, non par les critiques mais par les artistes, hommes de génie ou hommes de talent qui créaient des genres nouveaux sans se douter même de leur originalité. Au dix-huitième siècle, Diderot et Beaumarchais firent, tout comme M. Émile Zola, une campagne en faveur d'un nouveau genre qu'ils voulaient créer de toutes pièces. Ils démontrèrent avec une invincible force de raisonnement qu'il était ridicule de croire que les grandes princesses et les héroïnes de tragédie fussent les seules personnes dans le monde qui sentissent de grandes douleurs.

Ils déclarèrent qu'il tenait autant de larmes dans les yeux d'une bourgeoise que dans ceux d'une impératrice. Ils ajoutèrent que ces larmes, tombées des yeux d'une personne de la condition moyenne, auraient bien plus de chance de faire jaillir celles d'un public, puisque, en général, un public se composait de petites gens et non pas d'illustres princesses.

Cette vue de l'esprit était assez juste. A quoi a-t-elle abouti entre les mains des critiques qui l'ont exposée? A des œuvres parfaitement illisibles. Le *Père de famille*, de Diderot; les *Deux Amis* et *Eugénie*, de Beaumarchais, sont des drames composés en vue d'une idée préconçue, et, par cela même, ils ont été frappés de stérilité. Ils étaient morts avant de naître. C'est ainsi que Lessing a écrit en vertu de théories excellentes des œuvres parfaitement estimables, mais qu'en Allemagne même, si j'en crois les critiques de ce pays, personne ne peut plus écouter.

J'ai, depuis que je suis le théâtre assidûment, assisté à un certain nombre de révolutions dans l'art dramatique. Trois surtout ont eu des conséquences longues et curieuses. Eh bien, toutes trois ont été faites par des gens qui ne soupçonnaient aucunement qu'ils fussent des révolutionnaires.

La première doit être attribuée à Labiche; il est certain que le jour où il apporta le *Chapeau de paille d'Italie*, il créa un nouveau genre qui devait infailliblement changer la face du vaudeville contemporain. Ce nouveau genre était si bien en désaccord avec les habitudes du théâtre d'alors, que M. Dormeuil, forcé de jouer la pièce parce qu'elle était de Labiche, refusa tout au moins de lui accorder l'honneur de sa présence : il déclara qu'il ne voulait point que ses planches — les planches du Palais-Royal — fussent déshonorées sous ses yeux.

Le *Chapeau de paille d'Italie* fut suivi d'une foule d'autres pièces taillées sur le même patron et qui ne purent lasser la curiosité du public. Je croirais volontiers que le chef-d'œuvre de ce genre est la *Cagnotte*, mais j'ai toujours un faible pour le *Chapeau de paille d'Italie*, qui ouvrit la série avec tant d'éclat.

La seconde révolution à laquelle j'ai assisté date de la *Dame aux Camélias*. Aucun critique avant Dumas fils n'avait parlé de la nécessité d'exposer au théâtre les faits comme ils se présentent dans la vie réelle. Dumas, qui n'avait guère alors que vingt-deux ou vingt-trois ans, n'avait point composé son drame en vertu d'une théorie préconçue. Non. Il avait beaucoup aimé une belle fille ; il avait conté dans un roman tous les incidents de cette histoire d'amour ; il avait songé à les transporter au théâtre, et, comme il avait le don, sans trop se soucier si son drame était taillé sur le modèle des pièces du jour, il l'avait écrit à la diable comme les choses lui venaient.

Ce fut une révolution ; tout le théâtre contemporain reçut en quelque sorte une secousse, et ce jeune homme qui, peut-être, n'avait encore jamais réfléchi sur l'art dramatique, fit du premier coup, sans le savoir, ce que tous les critiques du monde, réunis, n'auraient jamais fait en cinquante ans d'articles.

La troisième révolution est encore peut-être plus extraordinaire. Si quelqu'un avait dit à Hector Crémieux et à Ludovic Halévy lorsqu'ils écrivaient en se jouant le scénario d'*Orphée aux Enfers* : Vous allez créer un genre qui absorbera tous les autres, envahira tous les théâtres, tuera la comédie de genre, le vaudeville, l'opéra-comique et même le grand opéra, et qui, après avoir tout dévoré autour de lui, finira par se consumer lui-même, ils auraient à coup sûr frémi d'épouvante et reculé d'horreur. Mais ils ne voyaient pas si loin : ils suivaient un instinct obscur, et il se trouva par hasard que leur œuvre répondait à un certain nombre d'aspirations et de tendances qui étaient latentes chez le public et n'avaient pas encore trouvé de satisfaction. Le public se reconnut dans leur œuvre et lui fit un succès prodigieux.

Notre métier, à nous autres critiques, est, je crois, d'expliquer au public pourquoi certaines choses lui plaisent; quel rapport ces choses ont avec ses mœurs, ses idées et ses sentiments. C'est nous qui dressons les poteaux indicateurs sur lesquels on écrit : Passez par là, la route est ouverte; ce n'est pas nous qui sommes chargés de la frayer, et, si nous voulons le faire, nous nous trompons presque toujours.

Je parlais tout à l'heure de Diderot et de Beaumarchais qui firent de très belles phrases sur la tragédie bourgeoise d'où devait sortir le mélodrame. Ni les pamphlets de l'un ni les préfaces de l'autre n'auraient abouti à rien, s'il ne s'était pas rencontré un homme de génie qui n'était point critique — lui — et ne savait, hélas! ni le français ni l'orthographe : c'était le fils d'un maçon, Sedaine, qui écrivit, sans se douter de ce qu'il faisait, le drame bourgeois qu'avait rêvé Diderot : *le Philosophe sans le savoir.*

A quoi ont servi les deux années de polémique pendant lesquelles M. Émile Zola a répété sur tous les tons et sous toutes les formes : Le théâtre de l'avenir sera naturaliste ou il ne sera pas!

Il y a eu là un thème facile à développer pour les beaux esprits. On s'est fort escrimé pour ou contre, mais tout cela dans le vide. La moindre œuvre où les théories de M. Zola se fussent condensées et eussent pris corps eût mieux valu et fait plus de besogne que tous ses raisonnements.

Voici M. Louis Desprez qui arrive à la rescousse et qui écrit :

« Que ceux qui ont vingt ans aujourd'hui et qui rêvent à l'avenir de notre théâtre se le disent bien. En dehors de la vérité du fond et de la simplicité de la forme, simplicité qui rentre elle-même dans la vérité, car je ne sais guère d'homme embouchant la trompette héroïque pour exprimer les sentiments les plus vulgaires, il n'y a que confusion. Les règles de M. Scribe et de M. Sardou ne sont faites que pour être violées par un génie. »

M. Desprez croit-il sérieusement nous apporter une vérité toute nouvelle en nous disant qu'il faut au théâtre que le fond soit vrai ? Mais c'est un axiome que nous n'avons cessé de répéter parce que les écrivains n'ont cessé de le mettre en pratique. Croit-il sérieusement que chez Molière, chez Augier, chez Dumas et même, puisqu'il a parlé de ces deux messieurs, chez Scribe et chez Sardou, le fond ne soit pas vrai ? La vérité, c'est toujours le dernier terme de l'art. Je ne pouvais me défendre d'un certain agacement quand j'écoutais les diatribes de M. Zola contre le théâtre moderne.

On y a tant aimé la vérité, que M. Labiche même, dans ses fantaisies les plus extraordinaires, s'est efforcé de la saisir et de la fixer et que *Célimare le Bien-Aimé* est une pièce aussi profondément vraie en son fond que les *Corbeaux* de M. Becque, qui excitent une admiration si vive chez M. Louis Desprez.

Quant à la simplicité de la forme, c'est une autre affaire. M. Desprez prétend que l'on n'embouche pas la trompette héroïque pour exprimer les sentiments les plus vulgaires. Mais tous les sentiments sont vulgaires, s'il veut dire que la foule est capable de les éprouver. C'est à l'écrivain à choisir parmi ces sentiments les plus nobles et à leur donner une forme héroïque.

Que M. Desprez me permette de lui citer un exemple qui est tiré précisément d'une pièce dont nous venons de parler : *le Philosophe sans le savoir*. Certes, c'est là une pièce *naturaliste* dans le vrai sens du mot. L'auteur n'y exprime que les sentiments les plus vulgaires de l'âme humaine chez les personnes, d'ailleurs distinguées par leur caractère et par leur éducation. Il est admirable, ce drame, pour la vérité des sentiments et le pathétique des situations.

Et cependant. — M. Louis Desprez pourra s'en rendre compte quand il voudra, car la pièce est au répertoire, — et cependant, sauf quelques initiés, le public trouve la pièce morne, froide et quelque peu ennuyeuse. J'avoue même que, pour mon compte, j'ai plus de plaisir à la lire qu'à la voir jouer.

D'où vient ?

C'est précisément que la forme manque, c'est que tous ces sentiments, si nobles qu'ils soient, se traduisent par une expression sans éclat ni grâce. Cela est simple, oh ! très simple. Mais que voulez-vous ? Les grandes idées et les nobles passions ont besoin pour émouvoir la foule d'être relevées par le style. La simplicité n'est pas le dernier mot de la vérité. Molière est très vrai toujours, que de fois il n'est pas simple ! Shakespeare n'est jamais simple. Il faut que dans les œuvres d'art, il y ait un peu d'au-delà. M. Louis Desprez regarde les *Corbeaux* comme un chef-d'œuvre et, en tout cas, comme une œuvre d'initiative.

Ce n'est pas nous, à coup sûr, qui lui en voudrons d'admirer l'ouvrage de M. Becque. Nous l'avons passionnément défendu contre les répugnances du public. Mais si M. Becque est tombé — une chute fort honorable d'ailleurs — c'est moins pour ses grandes qualités, comme le croit M. Desprez, c'est moins pour la nouveauté de ses essais naturalistes que parce qu'il y avait précisément dans sa pièce nombre de détails qui étaient mis là en vertu d'une idée préconçue, avec l'intention formelle d'exaspérer le public. M. Becque, lui aussi, au lieu de s'abandonner à son libre génie, avait écrit en vertu d'une théorie préméditée pour faire niche aux bons bourgeois. Les bons bourgeois n'ont pas apporté leur argent. Avaient-ils si grand tort ?

Le livre de M. Desprez n'en est pas moins curieux à lire. Il me prend fort souvent à partie, car je suis devenu — du diable si je sais pourquoi — la bête noire des naturalistes. Mais M. Louis Desprez est jeune : il vit en province ; il lui manque pour parler du théâtre avec compétence, de l'avoir longtemps pratiqué ; peut-être dans quelques années d'ici serons-nous moins éloignés l'un de l'autre. En tout cas je recommande son ouvrage, qui est, comme il le dit lui-même dans sa préface, un livre de bonne foi.

3 mars 1884.

LES SENTIMENTS DE CONVENTION.

Je sens bien qu'aujourd'hui il est un peu tard pour parler de *Thérèse Aubert*, le nouveau drame de M. Édouard Plouvier, que l'Odéon a représenté il y a déjà une douzaine de jours. Tous mes confrères ont dit leur avis ; ils ont tous loué la pièce comme elle méritait de l'être et ils en ont constaté le succès qui a été très grand le premier soir. A quoi bon répéter au public ce qui lui a déjà été dit et bien dit?

Il sera peut-être plus utile, à présent que sa première curiosité est satisfaite, de lui présenter quelques réflexions qui naissent assez naturellement du sujet même de ce drame. Pour moi, je les faisais tout bas, dans ma stalle, tandis que passaient l'une après l'autre ces scènes si applaudies ; et, en voyant l'enthousiasme du public, je ne pouvais m'empêcher de songer quel art singulier c'est que le théâtre, et comme la convention y règne en souveraine.

Que la convention éclaire les visages par en bas : qu'elle supprime du tableau de la vie présenté par le drame toutes les conversations inutiles, tous les faits accidentels qui n'ont pas un rapport direct avec l'action de la pièce ; qu'elle ne montre une physionomie que sous un angle étroit, et qu'elle le grossisse violemment, pour l'optique de la scène, rien de plus acceptable, rien de plus naturel. Il y a dans tout art des tricheries qui résultent nécessairement des conditions matérielles où il est soumis. Vous êtes forcé, vous peintre, de reproduire sur une surface plane des objets qui ont leurs trois dimensions ; vous trichez ; cela est fatal. Ces tricheries sont plus nombreuses au théâtre que partout ailleurs ; mais on ne saurait s'en étonner, ni s'en plaindre. Crier contre une convention qu'impose la nature même des choses, c'est perdre son temps, c'est ne pas faire preuve non plus d'un sens bien droit.

Ce qui est étrange, c'est que l'art dramatique, outre les tricheries nécessaires qui lui sont communes avec tous les autres arts, en ait d'autres encore qui ne sont commandées par aucune nécessité matérielle ; ce sont des conventions que rien n'impose ni ne justifie, qui n'en sont pas moins reçues, qui n'en semblent pas moins obligatoires au siècle qui les emploie.

Ainsi tout le monde sait que la scène a des caractères de convention, le valet de l'ancienne comédie, le confident de la tragédie classique et bien d'autres. Mais ce qu'on n'a point encore remarqué, c'est qu'il y a au théâtre des sentiments de convention.

Eh ! quoi ! des sentiments de convention ? Qu'est-ce que cela ? Comment peut-on mettre à la scène d'autres sentiments que les vrais sentiments du cœur humain ? Cela est-il possible ?

Cela est parfaitement possible. Chaque siècle et chaque forme de drame a les siens, que le public trouve vrais et qu'il applaudit, tandis qu'il est de mode de les applaudir.

Un exemple, un seul, dans le passé. Est-il naturel qu'une jeune fille qu'on va égorger, et qui le sait, regrette la vie et la demande à mains jointes?... Oui, sans aucun doute; c'est le sentiment vrai.

Iphigénie, dans Euripide, se répand en plaintes sur la lumière du jour qu'il est si doux de voir et qui va lui être pour jamais ravie. Mais au XVIIe siècle, on se faisait une idée toute particulière de l'héroïne tragique : elle devait mépriser la vie et entrer dans la mort le front serein et fier. Voyez la fermeté d'âme que déploie l'Iphigénie de Racine.

Sentiment de convention.

Eh bien! notre théâtre moderne exploite de même des sentiments qui ne sont point dans la nature, mais qui plaisent et qu'on applaudit parce qu'ils sont dans la convention actuelle. Ce qu'ils ont de faux est plus difficile à démêler pour le critique, et le ridicule nous en touche moins, parce que nous-mêmes nous sommes pour ainsi dire enveloppés de cette convention. C'est ainsi que l'homme ne sent plus le poids de l'air où il vit plongé. Mais voyons, faisons tout notre effort pour nous abstraire du préjugé public, tâchons de ne voir les choses qu'à la lumière de l'observation exacte et du pur raisonnement.

L'amour d'un père pour son fils et d'un fils pour son père sont-ils uniquement les effets de cet instinct obscur que l'on appelle la voix du sang? Personne n'oserait le soutenir. Que cette voix du sang y ait une certaine part, faites même cette part aussi considérable que vous le voudrez, il est certain qu'il y a autre chose dans l'affection de l'homme pour l'être qui est sorti de lui, du fils pour l'homme qui l'a mis au monde.

Cet amour, né de l'instinct, s'accroît et s'affermit par la raison. Le père fait chaque année des sacrifices de toute sorte pour son enfant; il l'élève pour continuer son nom, sa maison, pour revivre en lui, pour se retrouver plus tard dans cette jeune image et se perpétuer en quelque sorte dans un autre lui-même.

Et l'amour du fils devient également plus profond, à mesure qu'il sent davantage la grandeur du dévouement quotidien dont il a été l'objet. Il aime plus, par cela seul qu'il connaît mieux ; ainsi va s'étendant jour à jour cette affection réciproque, et elle finit par envelopper l'âme de mille liens mystérieux que la mort même ne saurait rompre.

Et c'est le grand honneur de l'homme.

L'instinct est une force aveugle, fatale, à laquelle sont soumises les brutes mêmes.

Essayez d'enlever ses petits à la chatte ; elle se dresse furieuse, son poil se hérisse, gare à vos yeux ! Mais, attendez six semaines. Elle ne connaît plus ses enfants, elle les mord elle-même et vous pouvez les tuer sans qu'elle y prenne garde.

L'instinct s'est enfui ; comme il était venu, sans qu'on puisse savoir pourquoi, ni comment.

L'homme, créature raisonnable, aime un peu par instinct, beaucoup par raison. Et c'est pour cela seul que son amour dure et survit à cette voix du sang, si prompte à s'éteindre.

Le père aime son fils, comme son plus cher capital, sur qui il a placé toutes ses espérances ; le fils aime son père comme l'homme à qui il doit, non pas seulement la vie, mais ce sans quoi la vie ne serait rien, l'éducation, un état dans le monde, un avenir assuré.

C'est là un sentiment indestructible, parce qu'il est né de la raison, parce qu'il puise sans cesse une force nouvelle dans les lois sociales, parce que l'habitude lui donne chaque jour plus de consistance et d'énergie.

Mais supposez (l'hypothèse n'est pas si étrange), supposez qu'un homme commette un beau soir, par imprudence, un fils qui lui naît sans qu'il s'en inquiète ; supposez que ce fils croisse à la grâce de Dieu, sans connaître son père et que tous deux se retrouvent en présence, l'un lancé par les hasards de la vie dans une famille qu'auront consacrée la religion et la loi ; l'autre nourri par des étrangers, élevé dans la profonde ignorance de l'homme qu'un caprice de la fortune a fait son père.

Quel sera le sentiment vrai, naturel ? La voix du sang parlera-t-elle ? Mais ne voyez-vous pas que cet instinct ne survit point, chez les êtres qui y obéissent aveuglément, aux nécessités de nature qui l'ont fait naître. Une fois l'enfant élevé, la voix du sang s'éteint. Quel lien restera-t-il donc entre ces deux hommes ? Aucun lien social, cela est évident ; le père les a tous brisés. Aucun lien naturel, cela est logique encore.

Et les faits sont ici d'accord avec la logique. On présente à La Fontaine un jeune homme qu'il n'avait jamais vu :

— C'est votre fils ! lui dit-on.

— Ah ! vraiment, j'en suis bien aise, répondit le bonhomme.

Je ne cherche pas si cette façon d'accueillir son fils est morale ou ne l'est pas. Au théâtre, il n'y a ni bien, ni mal ; il y a du vrai ou du faux ; du vrai bien ou mal dit. La réponse est-elle vraie ? Certainement ! Du même fond d'indifférence, dont un homme a délaissé son enfant, il ne saurait montrer, pour le jeune inconnu qui lui tombe inopinément dans les bras, une tendresse excessive.

— C'est moi qui suis ta mère ! s'écrie un jour Mme de Tencin, pressant d'Alembert entre ses bras.

— Vous, ma mère ! répond le philosophe, non pas, c'est cette brave vitrière qui m'a nourri, élevé, à qui je dois tout ce que je suis.

Voilà la vérité vraie. Quelle est la vérité dramatique, la vérité de convention ?

Demandez-la à tous ces drames qui ont eu du succès depuis dix ans : demandez-la aux *Vieux Garçons* qui viennent d'en obtenir un si éclatant. Il est convenu, admis, obligatoire au théâtre, qu'un père qui retrouve son fils, dont il ne s'était jamais soucié jusque-là, qu'un fils qui retrouve son père qu'il n'avait jamais connu, doivent sentir l'un pour l'autre ces grands mouvements de tendresse que pourraient seuls donner une longue habitude du dévouement chez l'un, un long usage de la reconnaissance chez l'autre. Et tel est l'empire de la convention, que si, à ce sentiment faux et à la scène qui s'ensuit invinciblement, vous vous avisiez de substituer le sentiment vrai, vous courriez risque d'être sifflé.

C'est une remarque bien curieuse que le public tient infiniment plus aux conventions qu'il a faites lui-même qu'à la vérité. Voyez les trois fameuses unités du temps jadis. Qu'étaient-elles autre chose qu'une convention passée, on ne sait quand, ni par qui? et pourtant y eut-il jamais règle à laquelle les Français s'attachèrent plus obstinément?

Que d'efforts pour renverser ce préjugé bizarre! Que d'encre répandue! Que d'yeux pochés! La foule tenait à cette loi, qu'elle s'était faite sans raison, plus qu'à la peinture exacte des caractères ou des passions. Un changement de décors l'irritait plus qu'une situation fausse. La convention! la convention!

Alexandre Dumas qui la méprise ou plutôt qui n'y prend pas garde, a failli bien souvent payer cher ce dédain. Rappelez-vous cette terrible scène où le fils naturel vient s'expliquer avec cet ignoble père qui l'a abandonné, et poussant à bout la logique de la situation, lui présente un duel entre eux deux comme une conséquence toute simple et presque inévitable. C'était la vérité; le public tout entier en a frémi d'horreur. — Oh! un fils parler ainsi à son père! Un père se battre avec son fils! Cela est-il soutenable!

Mais, malheureux que vous êtes! ils ne sont plus ni fils ni père : car, encore un coup, ce n'est pas le hasard de la naissance qui fait la paternité. Laissez aux brutes l'instinct aveugle, la voix du sang. Mais vous, hommes, pensez, sentez, aimez en hommes.

Et c'est ainsi que vous aimez partout ailleurs qu'au théâtre. Regardez autour de vous : où sont-ils, dans la réalité, les pères qui se sentent des entrailles paternelles pour des fils qu'on leur pousse dans les bras à l'âge de vingt ans? Le monde est plein d'enfants qui sont nés d'un instant de délire, et qu'on a laissés tomber comme une graine qu'emporte le vent? Allez donc les rapporter, tout grandis, à l'estimable auteur de leurs jours? Il n'en voudra point. Ainsi le veut la logique des lois sociales, ainsi le montre la vérité des faits, la seule qui devrait avoir, au théâtre, droit de bourgeoisie.

Mais point, c'est la convention qui toujours y a dominé, surtout dans le drame, et celui de M. Édouard Plouvier est fondé sur une convention de cette espèce.

Un jeune homme a grandi, ignorant le nom de sa mère. Il apprend tout à coup, à vingt-quatre ans, que c'est Flora, la célèbre courtisane. Quel est le sentiment vrai? J'ai connu un garçon plein d'esprit, qui avait le malheur d'être né d'une mère qu'on n'avoue pas avec plaisir. Il était bon pour elle, il lui rendait les devoirs filiaux dont rien ne dispense; mais il n'en parlait guère, et nous ne lui en parlions jamais. Il gardait son chagrin pour lui et se contentait de veiller sur sa mère sans en faire étalage. Voilà la vérité.

Voici la convention.

A peine a-t-on révélé à Armand le secret de sa naissance, qu'il crie partout : C'est ma mère! j'aime ma mère! je respecte ma mère! Un de ses amis d'enfance, Georges, qui ne sait rien encore de cette histoire, se trouve amené à parler de cette Flora, qui justement a ruiné son père. Il la traite sans ménagement, comme bien vous pensez. Armand n'aurait qu'à lui prendre la main et à lui dire, entre haut et bas : « Écoute ! mon ami ! tu m'obligeras de ne jamais dire un mot de Flora ; c'est ma mère. » L'Armand du drame se jette sur son ami, le soufflette d'un revers de main : « C'est ma mère, monsieur ! »

Le public est ravi ! Il retrouve, là, sa vérité factice qu'il aime cent fois, mille fois plus que la vérité vraie. Le drame parti d'une convention, va poursuivre sa route en pleine convention. Rendez-vous est pris entre les deux jeunes gens pour se battre. Mais on apprend que le marquis, père légitime de Georges, est en même temps le père d'Armand. D'où le sait-on ? C'est Flora qui l'assure au marquis :

— Je vous l'avais déjà dit à l'époque où cet enfant est né ; vous n'aviez pas voulu me croire alors ; je vous le jure à présent sur ma tête, sur la sienne !

Et le marquis est convaincu. Est-ce ainsi que les choses se passent dans la réalité ? Un père de famille se laissera-t-il, après vingt-cinq ans, affubler d'un fils illégitime, d'un fils inconnu, qu'il a repoussé au moment de la naissance ? Flora en donne son billet ; ah ! le bon billet qu'a la Châtre !

Ainsi, voilà qui est arrangé : les deux jeunes gens sont frères, et ce duel, qui était tout naturel, devient si horrible, que tout le monde en frissonne.

Mais en quoi plus affreux, je vous prie ? Ce qui l'était vraiment, c'est que deux jeunes gens, unis d'une longue et solide amitié, allassent sur le terrain et risquassent de s'égorger pour un mot fort naturel échappé à l'un d'eux et que l'autre n'aurait pas dû relever.

Qu'ajoutait à cela la déclaration de Flora, la courtisane ?

Est-ce que vraiment on peut tenir pour son frère un bâtard si hypothétique ?

La convention fait reluire aux yeux ces grands mots de père, de mère, de frère... Mais voyez qu'elle les dépouille de ce qui les fait, dans la vie ordinaire, si grands et si sacrés. Elle feint de croire que la voix du sang est tout ; elle nous traite comme si nous étions des brutes, et nous applaudissons !

Oui, sans doute, nous applaudissons, nous le public d'aujourd'hui. Il en est de la convention comme de la mode, car elle n'est elle-même qu'une mode : elle donne à tout ce qu'elle touche un vernis de grâce qui nous séduit et nous aveugle ; mais elle est inconstante, elle se prendra bientôt à d'autres sentiments, et ce sont alors ceux qui auront lutté contre les faux engouements du public qui recueilleront le prix de leur courage. On lira encore dans vingt ans telle scène du *Fils naturel* quand déjà aura sombré depuis longtemps le drame de *Thérèse Aubert*.

27 mars 1865.

LE PUBLIC DES PREMIÈRES

MM. Édouard Noël et Edmond Stoullig viennent de publier le neuvième volume de la collection qui a pour titre : les *Annales du Théâtre et de la Musique*. J'ai déjà dit souvent ce que je pensais de ces livres, où la vie du théâtre est relatée jour par jour. Ils sont très utiles aux collectionneurs, à l'historien et même au simple amateur qui est bien aise, quand un vieux souvenir remonte à sa mémoire, d'y trouver le document précis et certain dont il a besoin.

Vous savez que, chaque année, MM. Édouard Noël et Edmond Stoullig demandent une préface à quelque écrivain célèbre, à quelque artiste en renom et chacun des volumes qui se sont succédé jusqu'à présent a été précédé d'une étude signée d'un nom retentissant.

Cette fois, c'est Charles Garnier qui a bien voulu prêter à ces deux messieurs le concours de sa plume. Il a choisi pour thème le Tout-Paris des premières ; c'est une réponse à M. Rousse, de l'Académie Française, qui, dans le discours qu'il avait lu sur les prix de vertu à l'une des dernières séances solennelles, avait parlé avec je ne sais quel dédain de ce qu'on appelle le Tout-Paris des premières. Garnier, qui appartient à ce Tout-Paris-là, a relevé le gant et pris notre défense.

La préface est, comme tout ce qu'il écrit, vivante et amusante, pleine de naturel et d'animation ; la fin est charmante. Il prie M. Rousse, qui est un des meilleurs avocats du barreau de Paris, de prendre en main la cause de ce pauvre Tout-Paris des premières injustement accusé.

— Vous avez tant de talent, lui dit-il, que vous finirez par vous persuader vous-même et par gagner la cause auprès de votre tribunal !

Il n'y a guère de thème qui ait fourni dans le journalisme plus de variations que celui-là. On se rappelle, sur le même sujet, un article étincelant d'About ; une merveilleuse fantaisie de Dumas fils ; Garnier vient d'en parler à son tour avec son ordinaire vivacité d'esprit, et hier, encore notre collaborateur Claretie brodait de sa plume agile sur ce vieux fond usé des variations d'un brio éblouissant.

La question n'a pas été, que je sache, prise à son point de vue philosophique. La plupart de ceux qui en ont parlé se sont amusés à montrer que, dans ce Tout-Paris des premières, tous les mondes étaient représentés, les plus sérieux comme les plus frivoles ; qu'il était composé d'une foule d'éléments hétérogènes et que, par conséquent, dans sa complexité et sa variété, il donnait assez bien la mesure de notre société contemporaine. C'est la thèse qu'a soutenue Garnier. C'est à ce point de vue même que s'est placé tout dernièrement Jules Claretie.

Nous, qui nous occupons ici d'esthétique théâtrale, nous sommes bien plus frappés de ce fait qui n'a pas été assez mis en lumière, c'est que ce public qui semble au premier abord composé d'éléments si divers, est, au contraire, le public le plus homogène qui soit au monde et peut-être le seul public homogène qui nous reste.

Autrefois, j'entends sous l'ancien régime, Paris n'était

qu'une petite ville, la plus grande des petites villes, mais une petite ville. Combien s'y trouvait-il de personnes qui allassent régulièrement au théâtre? Le compte exact n'en serait pas facile à faire, mais je pense que le chiffre pouvait flotter de cinq à six ou sept mille. C'était de quoi composer, avec certains appoints inévitables de curiosités accidentelles, une demi-douzaine de salles, et six représentations étaient en effet le terme de toute pièce nouvelle qui n'obtenait pas un succès très vif. A ce premier noyau d'habitués venait se joindre pour les drames d'un retentissement particulier douze ou quinze mille ou vingt mille spectateurs d'occasion que le bruit de la pièce en vogue tirait soit de leurs comptoirs, soit du coin de leur feu.

Quinze représentations, vingt au plus, avaient épuisé cette nouvelle couche; certaines pièces sans doute poussaient plus loin, mais c'étaient des succès tout à fait exceptionnels; l'*Ariane* de Thomas par exemple, qui fut le *Maître de Forges* de son temps, et la *Toison d'or*, pièce à machines (vous voyez que ce goût ne date pas d'hier), qui fut le *Tour du Monde en 80 jours* et eut ses cent représentations, c'est comme qui dirait cinq cents ou mille aujourd'hui.

Ces cinq ou six mille spectateurs qui composaient le premier fonds du public avaient tous, ou à peu près, reçu une éducation semblable, ils avaient les mêmes goûts, les mêmes préjugés, les mêmes façons de penser, les mêmes tours de sentir. Ils étaient très amoureux de théâtre, et tous, ils s'y connaissaient; j'ajouterai qu'ils se connaissaient tous, sinon peut-être de nom, au moins de visage, pour s'être rencontrés au spectacle.

C'était un public homogène.

Et il n'y a point de théâtre, remarquez-le, sans un public qui soit homogène. Supposez un public composé de la sorte : quelques personnes très intelligentes et très spirituelles qui saisissent la phrase au moment même où elle tombe de la bouche de l'acteur; cent ou cent cinquante d'esprit moins rapide, qui ont besoin d'un instant de réflexion pour la sentir, et, dans le reste, une foule d'honnêtes gens dont les uns s'éveilleront le lendemain en poussant un éclat de rire à la plaisanterie qu'ils ont entendue la veille et qu'ils viennent de comprendre pour la première fois ; dont les autres ne comprendront jamais, ni le lendemain ni plus tard.

Que croyez-vous qu'il arrive ? C'est que les cent cinquante personnes noyées dans une foule inintelligente, n'auront plus aucun plaisir et ne sentiront plus ce qu'ils comprennent. Au théâtre, on ne jouit pas tout seul ; il faut, pour avoir du plaisir, être plongé dans un public qui s'amuse. On a beau se dire :

— Tiens, mais c'est charmant! cela! Pourquoi ont-ils l'air de ne pas se divertir? C'est un public en bois.

On ne se divertit pas soi-même, parce que, bon gré mal gré, on se met à l'unisson de la salle; il reste certainement la satisfaction de traiter les gens qui vous entourent de crétins et d'idiots, mais, tandis qu'on se soulage ainsi de sa mauvaise humeur en leur disant des injures, on oublie de goûter la pièce et on ne s'y amuse pas.

C'est une règle qui ne souffre pas d'exception; on ne goûte pleinement au théâtre que ce qui est goûté de tout le monde. L'essence du théâtre, c'est le public; le théâtre n'est pas et ne peut pas être un plaisir solitaire.

De là la nécessité d'un public homogène, et vous comprenez bien ce que j'entends par un public homogène; ce n'est pas un public tiré d'une seule classe de la société, mais un public pourvu de la même éducation, animé du même esprit, aimant le même art et s'y connaissant.

Eh bien! ce public, on l'a eu sous l'ancien régime à Paris; il a duré sous la Restauration, et jusqu'à la fin de la monarchie de Juillet. Peut-être s'était-il quelque peu altéré en diverses de ses parties; il subsistait dans son ensemble.

C'est sous l'Empire que Paris a cessé d'être une petite ville pour devenir un grand caravansérail. La démolition de la vieille cité, qui a rejeté bien loin une population de petits bourgeois, amateurs de théâtres; les chemins de fer enfin terminés, qui ont versé sur l'asphalte du boulevard des multitudes internationales, avides de spectacle; l'aisance générale, qui, croissant chaque jour, a permis à une foule sans cesse plus nombreuse de se payer ce plaisir, réservé jadis aux bourgeois établis, toutes ces circonstances et d'autres encore qu'il serait trop long d'énumérer, ont contribué à bouleverser l'ancien public et à le noyer.

Claretie faisait très justement remarquer que le public de la cinquantième n'est plus celui de la vingtième, ni de la centième, ni le même que ceux qui l'ont précédé. Tous se ressemblent pourtant en un point : c'est qu'ils ne sont pas homogènes, ou, si vous aimez mieux vous servir de la locution courante : ils ne se sentent pas les coudes. Ils arrivent des points les plus opposés du monde. Ce ne serait que demi-mal encore : ils n'ont rien de semblable, ni éducation, ni esprit, ni idées, ni goûts, ni sentiments, ni même, et cela est le pire de tout, ni langue.

Ils écoutent passivement, les uns comprenant à demi et parfois de travers, les autres ne comprenant pas du tout; et il faut pour les mettre d'accord, ou des situations bien communes, exprimées dans un langage bien ordinaire, le plus courant possible, ou de grosses plaisanteries, de celles qui font rire l'humanité tout entière et secouent indistinctement toutes les rates.

Il ne reste plus qu'un public homogène à Paris ; c'est tout justement le Tout-Paris des premières.

On a beau me faire le compte des gens qui le composent et me dire : — Une telle, avec ses cheveux jaunes ; un tel, ce boursier véreux, ou ce cabotin ridicule, ça fait avec nous un public homogène !

— Oui, mon ami ; car ce boursier véreux, cette cocotte mal peignée, et ce fat bellâtre, ils ont ce mérite au moins, en la circonstance, d'aimer le théâtre, de le cultiver passionnément et de s'y connaître. En cela, ils se rapprochent et communient ensemble.

Tous ceux qui composent ce Tout-Paris des premières sont loin d'être de même ordre, mais tous ont le goût de la chose ; ils peuvent donc comprendre et sentir ensemble. Ils forment donc un public homogène.

Et quand vous venez m'énumérer les grands noms qu'on ne voit jamais figurer sur la liste des habitués des premières :

— Cela est fâcheux, sans doute, pourrais-je répondre. Mais je n'affirmerais pas que M. Pasteur, pour prendre tout de suite le plus grand, fût un aussi bon élément de public homogène que le boursier véreux ou la cocotte aux cheveux jaunes.

C'est qu'avec tout son génie, il peut se faire que M. Pasteur n'aime pas le théâtre. Peut-être, au lieu d'écouter la déclaration du jeune premier, songerait-il à son expérience en train. Il interromprait le courant d'intérêt ou de curiosité qui circule à travers la salle, et adieu le plaisir ! Car une seule personne qui s'ennuie empêche dix autres autour d'elle de s'amuser, et ces dix-là peuvent jeter sur le reste de la salle une douche de glace.

Ce public des premières est le dernier vestige des publics d'autrefois. Nous nous y connaissons tous de vue ; nous sommes sûrs les uns des autres ; nous comprenons de même, nous sentons ensemble.

Cela veut-il dire que nous nous trompions moins que les autres ? Eh non ! nous avons, nous aussi, nos préventions, nos défiances, nos enthousiasmes irréfléchis, nos mauvaises humeurs sans motifs, nos préjugés.

Nous sommes aussi sujets à l'erreur que les autres ; nous sommes quelquefois aussi injustes et aussi bêtes que les autres. Mais nous le sommes ensemble, et c'est là le grand point. Nous sommes un public, et non une collection de spectateurs, rangés dans leur stalle, comme des photographies dans un album. Nous sommes un tout vivant ; et c'est là notre supériorité.

Le public des mardis et jeudis de la Comédie-Française est bien, si vous voulez, un public homogène. Mais c'est un public de gens qui n'aiment pas, et la première condition en art, c'est d'aimer. Les abonnés du mardi, un public ! C'est une galerie de gens comme il faut, dont chacun s'est déguisé, comme disait Gavarni, en un qui s'embête à mort.

Le Tout-Paris des premières a la passion du théâtre, et il l'a tant pratiqué qu'il a fini par s'y connaître fort bien :

« As-tu remarqué cela ? me disait un jour Lavoix, qui est un de nos critiques chez qui le goût de la musique est le plus naturel et le plus exercé. Tu vois le public à l'Opéra et à l'Opéra-Comique. Chacun regarde son voisin pour savoir s'il doit applaudir. On n'est pas musicien en France. A la Comédie-Française ou au Vaudeville, c'est une autre affaire, tout le monde part à la fois. Oh ! on n'a plus d'inquiétude ; on ne craint pas de s'emballer mal à propos. On est sûr de son jugement et de son goût. C'est qu'en musique, presque personne n'y entend rien ; tout le monde se connaît en théâtre. »

Il y a bien du vrai dans cette boutade et tout le monde a pu faire cette observation.

Ce serait un grand malheur si les directeurs, encouragés par le prix excessif qu'atteignent les billets aux jours des premières représentations, les mettaient tous en vente, comme la chose se pratique aux États-Unis. Ce serait la fin de la fin. Il n'y aurait plus de public d'aucune sorte, car les gens qui peuvent payer une stalle cinq ou six louis sont tous ou presque tous des étrangers qui viennent dépenser à Paris le produit d'une longue cagnotte, et qui ne se soucient nullement du prix des choses. Ce public-là ne formera jamais un vrai public.

Telles sont les réflexions (réflexions très mélancoliques, hélas !) auxquelles je n'ai pu m'empêcher de me livrer, en lisant la spirituelle préface de Garnier et la causerie étincelante de Jules Claretie. Elles avaient la couleur du jour où je les ai écrites, qui était le vendredi saint. Vous les trouverez sans doute assez moroses pour ce joyeux dimanche de Pâques, où vous les lirez... Mais je crois qu'elles sont justes le dimanche comme elles l'étaient le vendredi.

14 avril 1881.

LA
COMÉDIE-FRANÇAISE.

CONSTITUTION ET FONCTIONNEMENT
DE LA COMÉDIE-FRANÇAISE

I

HISTOIRE. — LES DEUX PRINCIPES.
CONFLITS ENTRE LES COMÉDIENS ET LE GOUVERNEMENT DÉNOUÉS PAR LE PUBLIC

Les bruits qui ont couru de la retraite de M. Perrin, et qui viennent d'être heureusement démentis par l'événement, ont remis sur le tapis cette éternelle question de la meilleure constitution à donner au Théâtre-Français.

Deux systèmes sont en présence, et M. Millaud, dans un article, tout plein d'ailleurs d'assertions erronées, qui a paru au *Figaro*, les a très nettement caractérisés en les opposant l'un à l'autre.

Il y a une première solution, a-t-il dit en substance : laissez le gouvernement du Théâtre-Français aux comédiens eux-mêmes; que le comité de lecture s'érige en comité de direction. Puisqu'ils encaissent les recettes, qu'ils payent les dépenses; puisqu'ils choisissent les pièces, qu'ils les distribuent entre eux et les montent; qu'ils aillent eux-mêmes au Conservatoire, et dans les autres théâtre recruter les interprètes qui leur manquent; qu'ils se donnent des congés à tour de rôle, et qu'ils prennent toutes les responsabilités comme ils auront toute la puissance et tous les droits. En un mot, ce sont eux qui mangent la soupe ; qu'ils la fassent, et ils la mangeront comme ils l'auront faite.

La seconde solution est toute contraire, mais tout aussi radicale. Supprimez le décret de Moscou, donnez à la Comédie-Française un administrateur qui soit son maître, faites rentrer messieurs les comédiens dans le rang, comme de vrais soldats, sous la discipline du colonel, payez-les très cher et abandonnez-leur tout ou partie des bénéfices, car ils les méritent étant des artistes d'une valeur éprouvée et les seuls interprètes du plus beau répertoire qui soit au monde, mais traitez-les en artisans qui font valoir une entreprise sans avoir qualité pour la diriger.

Ces conclusions extrêmes plaisent à notre goût de logique, et je suis convaincu que nombre de braves gens se sont dit, après avoir lu l'article de M. Millaud : « Mais il a raison ! ou la république ou la monarchie. C'est le seul moyen d'éviter le retour de ces querelles intestines, dont on nous rebat sans cesse les oreilles. On ne sait jamais qui est le maître dans cette maison, qui ressemble assez à la cour du roi Pétaud. Tout le monde y commande ; personne n'y obéit. Comment veut-on que les choses marchent ? »

Je vais peut-être étonner beaucoup de mes lecteurs, mais c'est pour moi une vérité hors de doute que ce qui fait la grandeur, l'originalité et j'ajouterai même la durée de la Comédie-Française, c'est précisément la lutte de ces deux principes : l'un républicain, l'autre monarchique, toujours en action dans le gouvernement du théâtre, et que les époques où l'un de ces deux principes a pris franchement le dessus, et étouffé l'autre pour une période plus ou moins longue, ont été des époques de décadence.

Vous ne me croyez pas? Vous me soupçonnez de paradoxe? Remontons ensemble, si vous le voulez bien, à l'origine de la Comédie-Française.

Vous rappelez-vous, à l'une des dernières expositions universelles, avoir vu, dans une salle qui était consacrée à l'histoire du théâtre, une vieille gravure extrêmement curieuse où étaient représentés une douzaine de comédiens en costumes, autour d'une table qu'éclairait une chandelle. Celui qui paraissait être le chef comptait de l'argent et faisait des parts. Cela avait pour titre *Après la représentation*. Ces comédiens, c'étaient ceux de la troupe de Molière.

C'est qu'en effet, chaque soir, après la représentation, tous ceux qui faisaient partie de la troupe, depuis le directeur jusqu'au simple comparse, se réunissaient pour compter la recette. On faisait de la somme totale un certain nombre de parts, déterminé d'avance, et qui était toujours le même. Prenons le chiffre douze par exemple. Tel comédien prenait une part entière, tel autre avait droit à demi-part; tel autre ne touchait que quart de part, chacun suivant son importance, son mérite ou son travail, jusqu'à ce que les douze parts fussent entièrement distribuées. Ainsi, dans sa troupe, Molière touchait une part comme directeur, une autre comme auteur et comédien. C'était une *société en participation*, avec un gérant nommé par elle, et chacun pouvait être gérant à son tour. Cette forme de répartition des bénéfices, que nombre d'économistes cherchent aujourd'hui à appliquer à la grande industrie, avait été trouvée dès l'abord par d'humbles comédiens. Elle a, comme vous le savez, disparu de tous les théâtres, où il n'y a plus maintenant qu'un chef d'usine, un patron : le directeur ; des ouvriers, des employés, des salariés : les comédiens. Elle s'est conservée à la Comédie-Française, qui a toujours été, qui est encore à cette heure une société où tous les participants sont égaux, en théorie, avec des droits différents.

Ai-je besoin de vous faire remarquer que la société en participation, étant, selon la formule des économistes, le gouvernement de tous par tous, relève du principe républicain ; elle est une manière de république, dont le gérant est le président amovible.

Vous n'ignorez pas que sous l'ancien régime, la pensée, quelque forme qu'elle revêtît, ne pouvait se traduire au dehors que par autorisation spéciale du souverain. C'était un privilège : *Cum privilegio regis* portent toutes nos vieilles éditions. S'il n'était permis de publier un volume qu'avec l'agrément du roi, à plus forte raison ne l'eût-il pas été d'ouvrir un théâtre et d'y représenter des pièces sans ce même agrément. Le roi octroyait selon son bon plaisir, à tel ou tel, le privilège de jouer dans tel endroit telle sorte d'œuvre théâtrale.

Qui dit privilège dit faveur. Celui qui accorde gracieusement une faveur est parfaitement libre d'imposer en retour les conditions qu'il lui plait. Le roi, qui permettait à une troupe de s'établir, de convoquer le public, de donner des représentations, se réservait naturellement le droit d'exiger que les représentations fussent à son goût. Il pouvait les surveiller, les diriger, les astreindre à un certain idéal, qu'il croyait être le meilleur. Il le pouvait en vertu du privilège octroyé par lui, en vertu aussi des bienfaits dont il avait l'habitude de combler la troupe fidèle. Il la faisait venir à la cour et la renvoyait comblée de riches présents. D'autres fois, il l'inscrivait sur sa cassette royale et lui payait par quartiers une pension plus ou moins forte. C'était ce que nous appelons aujourd'hui une subvention.

Le théâtre est libre aujourd'hui comme le livre et le journal. Mais le souverain ou, si vous aimez mieux, le gouvernement, subventionne encore certaines entreprises artistiques, et comme toute personne qui met de l'argent dans une affaire a toujours le droit d'examiner elle-même l'emploi qu'on fait de cet argent, qui est le sien, il garde la haute main sur ses entreprises. C'est ainsi que la Comédie-Française qui, à son origine, relevait du roi, parce qu'elle tenait de lui un privilège d'abord et un subside ensuite, est encore aujourd'hui, de par la subvention, sous la main du gouvernement.

Du moment que le souverain (roi ou ministre, peu importe) a le droit d'intervenir dans les affaires de la société en participation et d'y imposer sa volonté toute-puissante, c'est le principe monarchique qui s'y établit.

Il semblerait que ces deux principes si contraires, dussent, comme l'a cru M. Millaud, s'exclure l'un l'autre ou se dévorer. Pas du tout ; c'est du jeu de ces deux esprits toujours en lutte l'un contre l'autre, et cependant toujours unis, que s'est formée et consolidée cette grande institution de la Comédie-Française. Nous les trouvons à son origine ; nous pouvons suivre leur influence à mesure qu'elle s'est développée. Vous voyez qu'ils se la disputent encore aujourd'hui et qu'ils la font vivre ; car il n'y a de vie que là où les forces contraires se combattent et s'harmonisent.

C'est en 1680 que le roi, par un coup d'autorité, réunit les débris de la troupe de l'hôtel de Bourgogne à ce qui restait de la troupe de Molière, très en désarroi depuis la mort de son glorieux chef. C'est de ce jour que date, à vraiment parler, la *maison de Molière*.

Comment était-elle organisée ?

C'était une république qui se gouvernait elle-même.

Rome élisait deux consuls pour une année. La Comédie choisissait chaque semaine deux chefs qui n'avaient que huit jours de pouvoir, et qui, pour cette raison, avaient reçu le nom de semainiers. Chaque sociétaire était semainier à tour de rôle. On voit que les successeurs de Molière avaient poussé la République fondée par lui vers un idéal encore plus républicain. Car ils avaient supprimé le gérant. Les semainiers de service composaient les programmes de spectacle, surveillaient les répétitions, répartissaient les bénéfices; ils gouvernaient la barque en un mot. Les engagements d'acteurs et les réceptions de pièces se faisaient en assemblée générale.

Au-dessus ou, si le mot vous inquiète, à côté le roi nommait deux ou quatre commissaires chargés de représenter près la Comédie ses goûts et ses intérêts; c'étaient les gentilshommes de la chambre. Et quels étaient leurs droits? Justement ceux que la société exerçait, soit par elle-même en assemblée générale, soit par l'intermédiaire de ses semainiers. Ils pouvaient faire des engagements, recevoir des pièces, imposer des programmes, se mêler de tout en un mot. Ils le pouvaient et le faisaient sans cesse.

Où étaient les limites respectives de ces deux pouvoirs rivaux? Des limites, il n'y en avait point de précises. De part et d'autre, quand des contestations s'élèvent, on ne saurait invoquer aucun texte de loi. S'il y a des règlements écrits, personne ne les connaît ou du moins n'a l'air de s'en soucier. Les conflits sont incessants, et ils emplissent toute l'histoire du théâtre français durant le dix-huitième siècle. On finit toujours par s'arranger. Comment? Je n'en sais trop rien; comme dans les pays de droit coutumier, une foule de questions que ne tranche aucun texte précis de loi se règlent après de longs débats entre les intéressés, par la tradition, le bon sens ; par cette tolérance mutuelle qui donne à la longue la pratique de la liberté. On se fait des concessions réciproques, on s'arrange, on écoute la voix de la raison, ou l'on cède à cette force suprême qui finit toujours par avoir le dernier mot et qui s'appelle l'opinion publique.

L'opinion publique qui est représentée aujourd'hui tant bien que mal par la presse, l'était en ce temps-là au théâtre par le public lui-même. Le public était comme un troisième pouvoir qui s'adjoignait aux deux autres et qui en était le régulateur.

Je vous ai trop souvent analysé et décrit ce public du dix-huitième siècle, par comparaison avec le nôtre, pour y revenir encore. C'était un public assez restreint de nombre, mais fou de théâtre. Toutes ces querelles qui divisaient sans cesse ou les comédiens entre eux ou les comédiens avec les gentilshommes de la chambre, ce public les apprenait non par les gazettes, puisqu'il n'y en avait pas, mais par la conversation, dans les cafés, par ces mille voix imperceptibles qui s'échappent des coulisses, et il s'y intéressait passionnément.

On savait que messieurs les gentilshommes avaient, malgré les répugnances du Comité, engagé telle actrice qui plaisait à l'un d'entre eux ; le public se révoltait en masse, à moins, par hasard, que la favorite des gens de cour ne fût une artiste en herbe, et c'est alors contre le Comité que l'on se retournait, c'est lui que l'on contraignait à céder.

Si vous feuilletez la correspondance de Grimm, qui était à la fois le *Monsieur de l'orchestre* et le Vitu de ce temps-là, vous verrez que l'histoire de la Comédie-Française, du tripot, comme on disait alors, se compose de conflits se produisant sans cesse entre la république des comédiens et le gouvernement personnel des gentilshommes, et sans cesse dénoués par ce troisième pouvoir, pouvoir tout moral, qui n'avait d'autre arme que le sifflet pour faire exécuter ses ordres : le public...

Ce public était un gardien vigilant et jaloux des traditions. Il acceptait sans doute les innovations des écrivains et des acteurs ; mais il était amoureux de la règle ; il y rappelait les artistes qui faisaient mine de s'en écarter. C'est lui qui, à proprement parler, faisait leur éducation, leur remettant sous les yeux les modèles du temps passé, les y ramenant sans cesse, en sorte que dans la composition et dans l'interprétation des pièces il n'y avait point de brusque solution de continuité. C'était une tradition qui se modifiait lentement, qui se renouvelait peu à peu, tout en demeurant fidèle à son passé.

Des deux éléments, le monarchique et le républicain, quel était le plus capable de progrès, le plus facile aux innovations ? J'ai regret à le dire, mais c'était le premier ; et aujourd'hui encore c'est le premier qui se laisse le plus aisément pénétrer au souffle des idées modernes. Oui, dans cette association, ou, si vous aimez mieux, dans cet attelage de deux chevaux, l'un tirant à hue et l'autre à dia, c'était la bête républicaine qui s'attardait à la routine ; c'était l'autre qui poussait des pointes vers l'avenir. Cette vérité que je vous demande pour le moment d'admettre sans contrôle, nous sera rendue plus sensible quand nous serons arrivés à l'époque contemporaine.

La Comédie-Française faillit être détruite ou dispersée dans la grande tourmente de 1789. La politique fit invasion dans la maison de Molière et divisa les sociétaires en deux camps ennemis. Je passe vite sur cette période qui n'a rien à voir avec notre sujet. Il y eut, au 9 thermidor, un moment de confusion inexprimable. Tous les artistes qui composaient l'ancienne société tirant chacun de son côté, s'étaient dispersés dans divers théâtres; mais cette crise fut courte, et en 1799 ils se trouvèrent réunis de nouveau dans la salle de la rue Richelieu.

La vie reprit pour eux juste au point où elle avait été interrompue. Toutes les institutions du passé avaient croulé autour d'eux ; ils se retrouvaient debout sans atteinte. Ce fut, comme autrefois, une république gouvernée par des consuls d'une semaine; et à côté le souverain représenté par un commissaire du gouvernement, qui avait remplacé les gentilshommes de la chambre.

Il aimait le théâtre, ce souverain, qui n'était autre que le premier consul devenu l'empereur Napoléon Ier. Il s'en occupait avec une sollicitude extrême, et prenait un orgueilleux plaisir à donner à ses comédiens un parterre de rois.

Il sentit, lui qui aimait la règle en tout, il sentit le besoin de codifier les coutumes en vertu desquelles la Comédie-Française était administrée, et il rendit le décret qui est si célèbre chez nous sous le nom de : *décret de Moscou*. C'est de Moscou, en effet, 1812, qu'est daté ce décret qui réglait l'organisation nouvelle de la Comédie-Française. Napoléon, qui avait dans l'âme un goût du théâtral et du charlatanesque, ne haïssait pas la surprise de ces contrastes à l'aide desquels il comptait éblouir l'imagination de la postérité.

Il est inutile d'entrer dans le détail de ce nouveau décret. Il ne faisait que consacrer de vieux us. C'est encore lui qui régit la Comédie-Française, bien qu'il ait été modifié successivement par une ordonnance rendue en 1830, et par les décrets parus en 1850 et en 1857. Mais ordonnance et décrets n'ont point touché aux grandes lignes, les seules qui nous intéressent dans cette étude ; et ces grandes lignes, Napoléon les avait déterminées sur le patron de la tradition.

Et il faut lui en savoir gré, car ce diable d'homme était un terrible sire, et il aimait que tout pliât sous sa loi. Il n'en est pas moins vrai que dans le *décret de Moscou*, il eut la sagesse de ne point étrangler le principe républicain qui avait toujours fait bon ou mauvais ménage avec le principe monarchique dans l'administration de la Comédie-Française.

Il le fortifia même. C'était une tradition que les comédiens, quand ils se retiraient après un long service au théâtre, devaient recevoir une pension qui leur serait payée par leurs camarades sur les bénéfices. Mais il fallait prévoir le cas où la société ne ferait pas de bénéfices. Napoléon, outre la subvention annuelle qu'il allouait à la Comédie-Française, assigna une somme de 200.000 francs, comme fonds de réserve, pour parer aux années de vaches maigres et assurer le service des pensions. Cette mesure ne fut pas inutile, car la Comédie eut de mauvais jours à traverser.

15 juin 1885.

II

Le décret de Moscou (1812) n'avait fait que codifier et consacrer de vieux us. Il avait converti le droit coutumier en texte de loi précise. Mais il n'y avait rien de changé. La Comédie se gouvernait toujours elle-même, sous la surveillance d'un surintendant nommé par l'empereur. Elle avait ses consuls d'une semaine, que l'on appelait, que l'on appelle encore des semainiers, qui pourvoyaient à toutes les nécessités du service : par-dessus ou à côté, comme il vous plaira, le représentant de l'autorité, dont le titre changera selon les régimes : surintendant des théâtres sous l'Empire, commissaire royal sous la monarchie de Juillet, administrateur général aujourd'hui.

Toute la période qui suit fut marquée par une éclipse progressive du parti monarchique. Nous ne savons pas par le menu tout le détail de cette histoire, qui n'est, que je sache, écrite nulle part encore.

Mais tout ce que nous en connaissons nous montre que sous la Restauration comme sous la monarchie de Juillet le rôle de celui qui représentait le souverain alla s'effaçant peu à peu. Et il se produisit alors un fait qui peut sembler des plus extraordinaires, mais qu'il est impossible de révoquer en doute.

La Comédie-Française est, de par son essence même, chargée de maintenir la tradition du répertoire et de donner en même temps satisfaction à ce besoin de nouveautés qui est la vie même de l'art. Si elle se fige dans l'interprétation des chefs-d'œuvre consacrés par les siècles, ce n'est plus qu'un musée d'antiques; si elle accorde trop au goût du jour, elle se réduit à n'être bientôt plus qu'un théâtre de genre. Il y a une balance à tenir entre ces deux éléments.

Vous pourriez croire que ce serait l'élément républicain qui pencherait plutôt vers le goût du nouveau, et l'élément monarchique qui s'attacherait à celui de la tradition. Vous vous tromperiez étrangement. Toutes les fois que les comédiens ont été les maîtres chez eux, toutes les fois qu'ils ont annihilé l'action de celui qui représentait à la Comédie-Française l'autorité du souverain, ils ont manifesté une tendance visible à l'immobiliser dans le classique, ou dans les imitations du classique.

Et si l'on réfléchit un peu, l'étonnement ne durera guère. Les comédiens qui ont passé sociétaires, qui ont conquis le droit de gouverner la maison chacun à son tour de semaine, ne sont arrivés que tard à cette situation exceptionnelle. A moins de leur supposer un esprit d'initiative, qui est rare chez tous les hommes, et plus rare encore chez les artistes, ils sentent un secret penchant à préférer les œuvres où ils ont obtenu leurs premiers succès, le genre où ils ont jeté leur premier éclat. Ce penchant est favorisé encore par cette pointe de paresse qui est naturelle à l'homme arrivé.

Il en coûte pour se renouveler, à un certain âge ; c'est un effort dont on n'est pas toujours capable. Et comme on rougit de s'avouer à soi-même son parti pris d'indolence, on le cache sous de beaux mots à l'aide desquels on cherche à faire illusion aux autres et à soi-même : l'amour du grand art, le respect des chefs-d'œuvre consacrés, la dignité de la maison, etc., etc.

Il n'est donc pas étrange que les comédiens, livrés à eux-mêmes, s'obstinent aux routes battues, qu'ils aient peur de s'engager dans les voies nouvelles, qui leur semblent hasardeuses, qui effraient leur goût timoré. C'est le contraire qui devait surprendre. Est-il étrange, en revanche, qu'un homme, choisi par le souverain, parmi les gens en vue, soit plutôt dans le courant des idées contemporaines, qu'il apporte un esprit plus dégagé des préjugés classiques et que son premier soin soit d'ouvrir au souffle du jour les fenêtres sévèrement fermées de la Comédie ?

Son honneur à lui, c'est précisément de chercher du nouveau, d'en trouver, et de le mettre en lumière. Comme il est, la plupart du temps, homme de lettres ou artiste, ou encore, si vous aimez mieux, homme du monde, mais homme du monde répandu, jouissant d'une certaine notoriété, — car on ne peut choisir le premier venu pour un poste aussi considérable, — il a dans la jeune génération des amis qu'il admire, dont il partage les idées et les goûts, qu'il tient à faire applaudir. C'est lui qui, en arrivant, bouscule la routine, secoue la paresse et les préjugés de messieurs les comédiens, et les force à regarder vers l'avenir. Il est donc tout naturel qu'une période où s'est affaiblie l'action du pouvoir monarchique soit, dans l'histoire de la Comédie-Française, marquée par le goût du vieux en art, par une excessive répugnance aux essais d'un nouvel art.

Eh bien ! mais, et le public, ce public dont je vous parlais tout à l'heure comme du souverain arbitre, départageant les deux pouvoirs, et imposant sa volonté suprême ? Il ne disait donc rien, le public ? Il se laissait donc faire ? On lui servait des vieilleries et il ne réclamait donc point ?

Mon Dieu ! non, il ne réclamait point. Et la raison en est simple, c'est qu'il avait quitté la Comédie-Française. S'il réclamait, ce n'était que par son absence. On parle toujours des maigres recettes que faisait la Comédie-Française à cette époque, où jamais il n'y eut une si merveilleuse réunion d'acteurs de premier ordre, et l'on s'en scandalise.

Comment cela se faisait-il ? La bourgeoisie de cette époque était pourtant beaucoup plus amoureuse de lettres, beaucoup plus instruite que la nôtre. Eh bien ! les chefs-d'œuvre du répertoire qui, aujourd'hui, joués par des acteurs de second plan, font salle comble, ne pouvaient, en ce temps-là, rassembler que trois ou quatre cents spectateurs, dont moitié ne payait pas. C'était merveille quand on atteignait les quatre chiffres. Oui, l'on ne faisait pas mille francs avec un spectacle où jouait l'élite d'une troupe incomparable.

D'où vient que le public s'était désintéressé de la maison de Molière juste à l'heure où jamais Molière n'eut de si nombreux et si illustres interprètes ? Eh ! mais, c'est que Molière était le seul Maître que l'on fêtât dans sa maison. Et encore ai-je tort de parler de la sorte. Car Molière est toujours jeune. Mais c'était à ses pâles successeurs que l'on faisait fête. A Molière avaient succédé les Andrieux et les Collin d'Harleville, comme à Corneille et à Racine les Jouy et les Viennet. Les survivants de la tradition classique n'étaient plus que des ombres; et tel d'entre eux n'était plus que l'ombre d'une ombre. C'était de l'imitation à la seconde puissance.

Si le grand public avait fui, il y avait en revanche à la Comédie-Française un petit clan d'habitués, de fidèles, qui se pâmaient ou qui faisaient semblant de se pâmer à ces réductions Collas du classique. C'étaient pourtant des gens de goût; ils se connaissaient aux choses du théâtre, ils avaient vu les acteurs du temps passé, et ils prenaient plaisir à former de leur approbation délicate, de leurs conseils éclairés, ceux du temps présent. Ils venaient tous les soirs à l'orchestre, et lorsque le comédien, entrant en scène, apercevait ces longues rangées de crânes chauves et luisants, sur lesquels se reflétaient les feux du lustre, il était saisi d'un saint tremblement. J'ai vu dans ma jeunesse les derniers et rares débris de ce cénacle, rentrés aujourd'hui dans la catégorie des fossiles.

J'ai causé avec quelques-uns d'entre eux; c'étaient des esprits chagrins, mais ils abondaient en souvenirs; c'est dans leur conversation que j'ai puisé le peu que je sais du théâtre de cette époque. Ils l'aimaient, mais d'un amour étroit et exclusif.

Il était naturel que ce grand ébranlement de la Révolution française, suivi de cette magnifique épopée impériale, eût son contre-coup dans les lettres et au théâtre; qu'auteurs et artistes apportassent à des générations renouvelées par ces prodigieux événements des forces nouvelles de penser et de sentir.

Cette vérité, si simple cependant, ne pouvait entrer dans ces cervelles, irrémédiablement closes. Il n'y a rien, vous le savez sans doute, de si tenace qu'un goût littéraire. Ces messieurs *les habitués* (comme on disait alors) avaient dès leur enfance admiré, de gré ou de force, la tragédie classique et la grande comédie en vers, dont le *Misanthrope* et les *Femmes savantes* sont les modèles les plus achevés. Ils ne souffraient qu'avec peine qu'on essayât rien en dehors de ces formes consacrées. Les épreuves que l'on en tirait pour eux étaient de jour en jour plus pâles et plus effacées ; je crois bien qu'ils ne s'y amusaient guère ; mais ils n'en convenaient point. Ils se fussent plutôt fait couper la tête que de bâiller à bouche ouverte à l'*Arbogaste* de Viennet. Ils repoussaient de parti pris, avec horreur, toute innovation comme un scandale, et, tandis que se produisait dans la littérature cette bruyante levée de boucliers qui a reçu le nom de période romantique, ils entendaient que la Comédie-Française, qui, livrée à elle-même, ne demandait pas mieux, demeurât obstinément fermée à l'art nouveau, ou, s'il arrivait à en forcer la porte, ils se chargeaient de l'en expulser à grands coups de sifflet ; et le lendemain, satisfaits de l'exécution, ils venaient se rendormir loyalement aux alexandrins des imitateurs de Campistron, lequel avait lui-même imité Racine.

Étonnez-vous, après cela, que le grand public, le public vivant et grouillant des nouvelles couches sociales, se fût désintéressé de la Comédie-Française. Il avait si bien pris en haine les derniers copistes de Racine et de Corneille qu'il avait fini par se dégoûter des maîtres eux-mêmes. J'ai vu, de mes yeux vu, du temps que j'étais au collège, entre 1840 et 1848, des représentations d'œuvres classiques, jouées par un ensemble de comédiens éminents, et tels que nous ne possédons pas leurs pareils à cette heure ;

nous nous trouvions une cinquantaine au parterre, où les places ne coûtaient pourtant que quarante-quatre sous ; les loges vides n'offraient aux yeux que de vastes trous noirs ; l'orchestre seul était à peu près garni ; c'étaient là que se rendaient les *habitués*, ces fameux *habitués*, qui avaient presque tous leurs entrées, j'imagine.

Si la Comédie-Française n'eût pas été subventionnée, si elle n'eût pas été, comme l'Académie, une institution d'État, ayant dans le passé de si fortes racines, elle se fût dissoute à cette époque, car elle ne faisait point ses frais, et chacun des sociétaires aurait individuellement gagné davantage à s'engager dans un autre théâtre ; mais il était retenu par l'honneur d'appartenir à une institution nationale, à la maison de Molière, et par la certitude d'une retraite régulièrement payée à la fin de sa carrière.

Il y a, quand on lit l'histoire de ces années de vaches maigres, une objection qui se présente naturellement à l'esprit. Comment cela est-il possible ? Les comédiens auraient été avertis par le plus éloquent des conseillers, par l'intérêt personnel, qu'ils faisaient fausse route.

Eh ! oui, sans doute, ils l'étaient ; mais ils se bouchaient les oreilles à ses avertissements. Est-ce donc la première fois que le préjugé ou la vanité ont parlé plus haut que l'intérêt ? Sans compter que les comédiens, en voyant tomber à rien le chiffre de leurs recettes, ne s'en prenaient pas à eux, à leur système, de cette décroissance progressive, ils préféraient accuser la perversion du goût public, ils se faisaient honneur de ne pas céder à des exigences qu'ils tenaient pour déraisonnables, pour attentatoires à la majesté de la maison. Ils se drapaient dans leur manteau troué. Ils se piquaient de sacrifier une vile question de gros sous au souci de l'art, du grand art.

C'est ce qui fit que les portes du théâtre opposèrent une telle résistance aux assauts du romantisme. Et il n'est pas bien sûr que les Dumas et les Hugo eussent jamais pénétré dans la place s'ils n'avaient eu la complicité, encore que timide et hésitante, du commissaire royal.

Nous voyons, par les mémoires de Dumas père, par les récits qui nous ont été faits des premières années de Hugo, qu'ils avaient contre eux la défiance du sociétaire; qu'ils se sont tout le temps heurtés contre son mauvais vouloir. C'était le représentant du souverain qui était obligé de forcer la main aux comédiens.

Il ne le faisait qu'avec bien des ménagements. C'est d'abord que le principe républicain avait pris, grâce à la faiblesse de l'autre partie, une influence prépondérante, c'est aussi que le commissaire royal, quel qu'il fût, ne pouvait que refléter le goût du roi.

Le roi, et probablement ses meilleurs ministres, n'allaient pas en théâtre au delà de Casimir Delavigne, en peinture au delà de Vernet et de Delaroche. Ils aimaient ou croyaient aimer (c'est tout un en art) Andrieux, Alexandre Duval, Collin d'Harleville, Viennet, et *tutti quanti*. L'homme qui portait leurs volontés à la Comédie-Française n'avait donc pas qualité pour donner un grand coup de barre, et orienter la barque dans le sens d'une autre littérature.

Telles sont les raisons qui expliquent ce phénomène, autrement inexplicable, d'un théâtre où les meilleurs comédiens du monde jouaient des pièces réputées chefs-d'œuvre sans jamais faire le sou, que par exception, quand ils rencontraient la bonne fortune d'une Rachel. C'est que l'élément monarchique avait abdiqué et que l'élément monarchique, c'était l'élément du progrès. C'était le pouvoir absolu, comme il arrive souvent en art, qui avait le sens de l'avenir, qui était, pour tout dire d'un mot, révolutionnaire. Ce mot vous choque? Fabriquons un barbarisme, disons : *évolutionnaire*, et n'en parlons plus.

La Révolution de 1848 ne fit qu'aggraver les choses. Ce n'était pas au moment où la République venait d'être proclamée à l'Hôtel de Ville que l'élément républicain risquait d'être éliminé de la Comédie-Française. Je ne sais au juste si le représentant de l'autorité près du théâtre fut supprimé de nom. Il est certain que, de fait, il fut annihilé : les comédiens se gouvernèrent eux-mêmes, et la maison de Molière ne tarda pas à ressembler à la cour du roi Pétaud.

Il paraît que c'était un horrible désordre; la situation allait s'aggravant et les recettes baissant tous les jours. On faisait 200 francs avec telle pièce où jouaient à la fois Samson, Regnier, Augustine Brohan et Mme Allan-Despréaux. Il fallait trouver un remède à la situation. Il n'y en avait pas d'autre que de restaurer, à côté de l'élément républicain, le pouvoir monarchique. Le prince-président nomma M. Arsène Houssaye administrateur général.

Ici, les documents abondent. M. Arsène Houssaye a conté, dans le second volume de ses *Confessions*, ses débuts à la direction du Théâtre-Français. Le troisième volume est sous presse; mais M. Arsène Houssaye en a mis obligeamment *les bonnes feuilles* à ma disposition. Je compte parcourir avec vous cette curieuse histoire.

29 juin 1885.

LES DIRECTIONS DE LA COMÉDIE-FRANÇAISE

I

ARSÈNE HOUSSAYE

C'était en 1849. L'élément républicain avait pris le dessus à la Comédie-Française; il avait annihilé le pouvoir royal. Il s'agissait de restaurer ce dernier, en rentrant dans les termes du décret de Moscou. Le prince-président avait, sur la présentation de Mlle Rachel, nommé M. Arsène Houssaye, qui avait, aux yeux de bien des gens, le tort d'être jeune et poète.

« Je fus, conte M. Arsène Houssaye, présenté au prince Louis-Napoléon... Il m'exprima de sa voix de basse-taille, qui contrastait avec sa physionomie rêveuse, la volonté bien accentuée de rendre au Théâtre-Français toute sa splendeur et toutes ses tragédies. Il connaissait à fond la constitution du Théâtre-Français; il ne voulait pas toucher au décret de Moscou, l'arche sainte, mais il voulait que la *république autoritaire* y succédât à la *république parlementaire*. M. de Persigny me demanda si j'étais décidé à tenir tête à messieurs les comédiens ordinaires du roi, qui ne voulaient plus de roi; qui parlementaient si bien toute la journée qu'ils n'avaient plus de verve pour le soir; qui administraient si bien leur maison que les recettes tombaient à des chiffres comiques ou tragiques selon le point de vue. »

On avait fait une fois dans l'année cinquante-trois francs de recette. C'était l'été. Mais, maintenant qu'on est à l'automne, dit le commandant Fleury, on va jusqu'à cent cinquante-trois francs.

M. Houssaye était nommé; mais les comédiens entendaient rester maîtres chez eux; ils avaient, de leur côté, élu un administrateur, et mis en mouvement les huissiers. C'était la guerre, une guerre ouverte, entre les deux éléments : l'élément républicain et l'élément autoritaire.

M. Houssaye avait affaire à forte partie, et il ne se sentait pas très soutenu par le pouvoir. M. Barrot, le ministre des beaux-arts, lui avait dit en lui remettant sa nomination :

— Vous allez commencer la guerre, tirez-vous de là comme vous pourrez, vous êtes directeur absolu, jusqu'au jour où vous ferez une bêtise.

M. Arsène Houssaye conte fort gaiement que, s'étant présenté le soir au contrôle, on lui refusa de le laisser entrer.

Il était avec Mlle Rachel, que les comédiens en république avaient également mise à l'index; ils prirent au bureau une loge d'avant-scène qu'ils payèrent.

Il n'y avait pas un chat dans la salle; on jouait le *Barbier de Séville*, et l'*Aventurière*. Les deux possesseurs de la loge se mirent en devoir d'écouter :

— Quel dommage! dit tout à coup Rachel; voyez comme ces gens-là jouent bien!

— Oui, mais voyez comme tout est gris et froid autour d'eux. Il faut plus de couleur dans la mise en scène, plus de lumière dans la salle.

L'ouvreuse se présenta, apportant un programme :

— Je serais curieuse de savoir le chiffre de la recette? dit Rachel.

— Ah ! mademoiselle, ça n'est pas riche : Cent soixante-trois francs !

— Cent soixante-trois francs ! reprit-elle ; c'est un théâtre perdu. Comment ferons-nous pour le sauver ?

Et le directeur *in partibus* de répondre :

— C'est bien simple. Demain, j'augmenterai le prix des places.

L'anecdote est arrangée sans doute, — quelle est l'anecdote qui ne l'est pas un peu ? — mais le fond doit être vrai ; et elle est bien typique.

Oui, comme le disait Rachel, les comédiens jouaient fort bien, c'étaient d'incomparables artistes. Mais ça sentait le vieux autour de leur maison. Le public, je parle du grand, du vrai, avait pris l'habitude de s'y ennuyer, et n'y venait lus. On y respirait une odeur de moisi. Il fallait ouvrir les fenêtres. Il n'y avait, pour le faire, qu'un homme jeune, hardi, qui fît profession de ne pas craindre les courants d'air.

Les comédiens s'étaient attardés au répertoire des Campistron et des Collin d'Harleville. Il fallait que le nouveau directeur rompît avec ces habitudes, qu'il fît accueil à la jeune littérature, qu'il renouvelât l'art.

M. Arsène Houssaye s'était, le lendemain de la fameuse soirée, trouvé aux prises avec l'administrateur nommé par le comité, M. Sevestre. Il l'avait forcé de quitter la place.

« A mon tour je fis le répertoire...

» *Faire le répertoire*, c'est dresser la liste des pièces qui devront être jouées dans la semaine du lundi au lundi.

» Je fis le répertoire. Je crois que ce n'était pas tout à fait le même que celui de l'autre directeur. Je remplaçai par Alfred de Musset M. de Wailly, qui, le soir même, vint me trouver furieux, et me dit pour premières paroles :

» — Monsieur le directeur, puisque vous me prenez ma vie, prenez ma tête.

» Une petite tête ronde, dont on eût fait une belle boule à quilles.

» — Monsieur, lui dis-je, je n'ai que faire de votre tête. Je suis venu ici pour jouer les comédies de mon goût, et non pour jouer aux quilles. Je suis blond, mais je suis très entêté, gardez votre tête brune pour une meilleure occasion. »

Arsène Houssaye brûlait ainsi ses vaisseaux.

Il y avait deux littératures en présence. Mais il se produisit chez lui (c'est lui qui le reconnaît) un phénomène qui, j'en suis convaincu, n'est pas rare chez les personnes que le hasard élève brusquement à une haute position, dont leur mérite les avait faites dignes.

« Depuis la veille, j'étais devenu moi-même éclectique ; pris tour à tour par mes sympathies pour les vivants et par mes admirations pour les morts. Je n'aimais plus qu'une seule école : l'école des chefs-d'œuvre. Je m'apercevais qu'il y avait autant de convenu chez les jeunes romantiques que chez les Burgraves académiques.

» Racine peignant les passions du dix-huitième siècle sous la figure des antiques était aussi hardi que Shakespeare dans ses créations. Molière n'était-il pas plus vrai que tout le cénacle ? Les tragédies de Pierre Corneille n'étaient-elles pas les œuvres d'une éternelle jeunesse, où Hugo, de Vigny, Dumas, de Musset et les autres avaient bu l'inspiration à pleine amphore ? »

Et la conclusion de M. Arsène Houssaye, c'était qu'il n'y avait, en France, à supprimer que les Campistron dans la tragédie, les Empis et Mazère dans la comédie, pour n'avoir plus rien à débattre avec les classiques. Tous les autres étaient des romantiques, puisque c'étaient des créateurs.

La thèse est aisée à soutenir ; la difficulté était de l'appliquer à la Comédie-Française :

— Comment, disait-on à M. Arsène Houssaye, comment allez-vous faire tout à l'heure, quand vous verrez venir à vous Mazère, Empis et toute la queue des pleurards de la comédie classique ?

— Je les recevrai très galamment ; mais je ne les jouerai pas.

— Songez que M. Samson est de cette école-là, et il dit qu'il vous lira lui-même ses comédies.

— Je vous promets des boules noires pour Samson.

— Beauvallet vous lira les tragédies de Campistron.

— Oui, mais je les condamnerai à les jouer. Il y a, d'ailleurs, un monde entre le vers de Beauvallet et celui de Samson ; Beauvallet a brûlé au feu romantique.

Vous voyez comme se confirment les idées que j'avais émises en mes deux derniers feuilletons sur le rôle du directeur, qui, dans cette dualité de gouvernement, représente l'autorité royale, le souverain. C'est lui qui est en quête de nouveau ; c'est lui qui forme l'élément progressiste. C'est lui qui ouvre toute grande la porte à la jeune littérature ; et néanmoins, il sent, par cela même qu'il occupe une haute situation et qu'il assume une grande responsabilité, il sent comme un besoin d'impartialité.

Et ne l'eût-il point senti, il se fût trouvé arrêté, réprimé dans sa fureur d'innovation, par ce goût de tradition qui est propre aux comédiens, et dont il lui eût été impossible de ne pas tenir compte.

La guerre entre le directeur et le comité ne dura pas longtemps. Ces messieurs et ces dames menacèrent d'une grève : en vingt-quatre heures M. Arsène Houssaye se chargea d'improviser une troupe.

« Frédérick-Lemaître, écrivait-il au ministre, serait admirable dans *Tartufe* et l'*Avare*; Bocage serait une haute curiosité dans tout le répertoire ; Rouvier est un véritable tragédien et Mélingue un véritable créateur. Ce sont des acteurs de race à la marque de Shakespeare qui n'ont manqué jusqu'ici que d'être d'une bonne maison. Nul plus que moi n'admire le jeu savant, légendaire — trop légendaire — traditionnel — trop traditionnel — des sociétaires ; mais il ne faut pourtant pas battre des mains à leurs caprices. S'ils s'avisent de persister, d'aller jouer à la salle Ventadour, ils pourront entraîner le public de la dernière heure et continuer à faire cent cinquante francs par jour, mais ils ne déplaceront pas la maison de Molière. Je ne leur donne pas six semaines d'école buissonnière. »

M. Arsène Houssaye ne fut pas réduit à recourir aux mesures extrêmes dont il parlait. Les comédiens rentrèrent dans le rang, et jouèrent sans souffler mot. Et le directeur eut cause gagnée près d'eux, lorsqu'à la fin de l'année, il annonça officiellement un partage, ce qui ne s'était pas vu depuis bien des années. De toutes les nouveautés qu'il hasarda, ce fut celle qui eut le plus de succès et dont ils lui surent le plus de gré.

Qu'avait-il fait pour obtenir ce résultat ?

Il avait fait neuf tout simplement :

« Je tentai de rétablir le culte des grands esprits. Je décidai Rachel à jouer Hugo, Dumas et les autres. Ceux qui avaient subi le charme de la grande Rachel devant Camille et Phèdre, le subirent devant la Tisbé et Mlle de Belle-Isle ; mais je ne voulais pas que le Théâtre-Français devînt le camp retranché d'une école. Puisque la convention était taillée en pièces, puisque la vieille grammaire était déchirée, tout le monde avait droit de cité dans cette maison hospitalière. Aussi j'allai pareillement au-devant de Ponsard et d'Augier, ces nouveaux venus promis à tant de succès. Leur entrée fut victorieuse, puisque, presque en même temps, Augier donna *Gabrielle* et Ponsard *Charlotte Corday*. »

Et, en même temps, le jeune directeur renouvelait le décor :

« Je commençai par représenter le salon des *Femmes savantes* d'après Molière lui-même. Non seulement je voulais le décor intime, pittoresque, grandiose, mais je mis sur la scène des meubles qui achevaient l'illusion, des meubles de style et de prix, condamnant à jamais le néologisme et le vulgarisme. Il me fallait partout faire la révolution et désoler mes vieux sociétaires jusque dans mon cabinet. Provost, qui était un bon bourgeois, voulait, pour me faire plaisir, décorer dignement ce cabinet. Il commanda du papier vert sans couture, c'est-à-dire d'une seule pièce par paroi. Je le suppliai de n'en rien faire. Autant j'aime le vert dans la prairie ou sur la forêt, autant il me déplaît dans l'intérieur. J'avais chez moi beaucoup de tapisseries des Gobelins, etc., etc. »

Houssaye s'était fait de son métier une idée très mondaine, mais qui n'en est pas moins juste. Un directeur de la Comédie-Française n'est point fait pour remuer des paperasses. Son travail, quand il n'est pas à son avant-scène, c'est d'étudier l'opinion, c'est de prouver aux auteurs dramatiques et aux comédiens qu'il y a encore des chefs-d'œuvre à faire et de beaux rôles à jouer.

« L'opinion littéraire se nommait, en ce temps-là, Victor Hugo, le comte d'Orsay, le comte de Morny, Romieu, Alfred de Musset, Augier, Ponsard, Saint-Victor, Dumas, Gozlan, Persigny, Théophile Gautier, Beauvoir, Roqueplan, Méry, Delacroix, Diaz et vingt autres plus ou moins mes amis, qui venaient passer une demi-heure, soit dans l'entr'acte de la comédie, soit dans l'entr'acte des fêtes du monde. C'était un va-et-vient perpétuel; tout le monde était chez soi; chacun disait son mot sur telle pièce ou tel début. N'était-ce pas le parterre souverain ? Et ce parterre était d'autant plus souverain que les femmes y étaient admises : Rachel et Rébecca, les trois Brohan, Mlle Favart et Mlle Judith, Mlle Fix, Mlle Thério et Mlle Luther, tout l'escadron volant. Mme Sand y vint quelquefois, Mme de Girardin souvent, Mme Roger de Beauvoir presque tous les soirs. Elle était si jolie et elle avait tant d'argent comptant ! C'était Mlle Mars dans la coulisse. »

Il ne faut pas croire avec tout cela que M. Arsène Houssaye eût dompté tous les mauvais vouloirs. Sa direction ne fut qu'un long combat. Il était sans cesse en querelle avec les comédiens et demandait que les prérogatives du directeur fussent étendues; car il supportait impatiemment toute résistance, il eût voulu avoir le droit de faire les engagements, pour trois ans, de distribuer les rôles, de choisir les pièces. Il eût voulu, en un mot, être seul maître.

Le ministre résistait.

C'était, chez le prince-président, respect superstitieux pour le décret de Moscou. Mais cet instinct le guidait juste. Une fois maître absolu, M. Arsène Houssaye eût sans doute commis beaucoup de sottises qui lui furent épargnées. Il avait à compter aussi avec ses vieux habitués, que je vous ai peints en mon dernier feuilleton, et qui rageaient de se voir troubler dans leurs habitudes.

« Ces perruques cacochymes, dit plaisamment M. Arsène Houssaye, s'offensaient, dans leur cacochymie, de l'air de jeunesse que soufflaient les coulisses dans la salle ; on avait fagoté le bois mort ; on avait planté des roses remontantes ; les arbres séculaires refleurissaient et agitaient leurs branches chantantes.

— Monsieur, disait un de ces respectables vieillards à son voisin de stalle, qui lui demandait pourquoi il se plaignait, je me plains parce que je viens ici admirer des alexandrins et non pour m'ébahir devant de jolies femmes. Les jolies femmes empêchent d'écouter les beaux vers.

— Vous connaissez cela, monsieur, les beaux vers ?

— Oui, monsieur, je suis l'auteur d'une tragédie représentée en 1807, à Rouen, par plusieurs femmes qui ne donnaient pas de distractions. »

Ce ne fut que le 27 avril 1850 que M. Arsène Houssaye, qui, jusque-là, n'avait exercé la direction qu'à titre intérimaire — intérimaire et précaire — fut nommé directeur avec tous les pouvoirs y afférant, pour une période déterminée.

Il a exposé le bilan de cette période, qui eut ses jours éclatants et ses mois d'éclipse. C'est en 1851 que fut jouée *Mademoiselle de la Seiglière*, un des chefs-d'œuvre du théâtre contemporain ; plus tard vinrent la *Joie fait peur*, *Romulus*, qui est une perle et qui a disparu, je ne sais pourquoi, du répertoire. Beaucoup de chutes, à travers quelques succès, mais... Et ici je laisse la parole à M. Arsène Houssaye lui-même :

« Quand on joue quatre-vingts pièces, on tente l'aventure, on se risque au sifflet ; la bataille, c'est la vie. Qu'est-ce qu'un théâtre qui joue deux pièces par an ? Ce théâtre est fermé aux vivants ; il n'est plus l'expression du génie dramatique de son temps. Que m'importe qu'il fasse de l'argent avec des œuvres médiocres, je passe devant la porte et je n'entre pas. Faire de l'argent n'est pas faire de l'art. L'État devrait subventionner un théâtre qui jouerait tous les mois une œuvre nouvelle, comme le Théâtre-Français sous ma direction.

» S'il vient un chef-d'œuvre, il restera au répertoire ; mais pourquoi le jouer plus de deux fois par semaine après les trente premières représentations ? Tout Paris l'a vu ; toute la province le verra. Et, si ce n'est pas un chef-d'œuvre, pourquoi en perpétuer le succès, puisque ce succès condamne toutes les pièces qui attendent leur tour.

« Il y a un autre point capital au théâtre, c'est le chapitre des acteurs. Il faut une énergie indomptable pour se débarrasser des mauvais comédiens... Un mauvais acteur est comme un mauvais journaliste, qui dans un journal empêche de lire les meilleurs... »

Tout cela est absolument vrai. M. Arsène Houssaye donne le tableau de la troupe telle qu'elle était constituée en 1856, qui fut l'année de son départ. Elle comptait comme sociétaires dans la Comédie : MM. Samson, Régnier, Provost, Maillart, Bressant, Leroux, Got, Delaunay, Monrose ; Mmes Augustine Brohan, Judith, Nathalie, Bonval, Denain, Madeleine Brohan, Figeac ; dans la tragédie : MM. Beauvallet, Geffroy, Maubant ; Mmes Rachel et Favart.

Parmi les pensionnaires, je vois, dans la comédie, les noms de MM. Saint-Germain, Mirecourt, de Mmes Arnould-Plessis, Fix, Luther, Émilie Dubois, Lambquin, Jouassain ; dans la tragédie, ceux de MM. Chéri et Guichard, qui sont oubliés de la génération présente, comme les noms des femmes.

Il faut avouer que c'était là une belle composition de troupe, et le cœur dut saigner à M. Arsène Houssaye lorsque, avant ses dix années écoulées, il fut destitué par M. Fould. Il conte avec une désinvolture fort spirituelle sa disgrâce imprévue. Il avait plus d'une fois offert sa démission. Cette fois il reçut purement et simplement sa révocation. Affaire de femme, comme toujours.

M. Arsène Houssaye refusa de proposer au sociétariat une jeune comédienne, de très jolie figure, à qui s'intéressait le ministre.

— Elle n'a pas encore créé de rôle, objecta le directeur.

Le ministre pria un homme de lettres, très répandu et très

bruyant, d'écrire une comédie, où il y aurait un rôle pour la belle.

La pièce fut improvisée et reçue par le comité.

M. Arsène Houssaye refusa de la mettre en répétition tout de suite. C'était lui, il faut l'avouer, qui avait raison. Le ministre insista, le directeur persista. On lui demanda d'indiquer son successeur.

Tous ceux qu'il présenta ou refusèrent ou ne furent pas agréés.

Le choix du ministre tomba sur M. Empis, qui était un fort honnête homme, mais d'esprit étroit, de goût fermé, et qui aurait imprimé à la Comédie un mouvement en sens contraire, s'il y était resté longtemps. Mais il était arrivé grâce à une femme ; il en fut chassé grâce à une autre.

Le ministre nomma d'autorité sociétaire une comédienne fort médiocre ; il voulut que M. Empis contresignât l'arrêté. M. Empis, qui était fort bourru, répondit net :

— La maison de Molière, monsieur le ministre, est un théâtre. Vous voulez en faire un...

Il était destitué avant d'avoir achevé sa phrase, en sorte qu'on ne sut jamais ce que le ministre avait voulu faire de la maison de Molière.

M. Thierry vint ensuite. Le principe de l'autorité était restauré ; le nouvel administrateur n'avait qu'à tenir la balance égale entre les deux pouvoirs : celui des comédiens se gouvernant eux-mêmes, celui du souverain qu'il représentait.

6 juillet 1885.

II

ÉDOUARD THIERRY

Je ne sais, mais il me semble que M. Edouard Thierry a été le modèle du parfait directeur. Ce n'est pas qu'au cours de son administration, qui a été longue, je n'aie eu souvent à batailler contre lui ; mais parmi les choses que j'avais à lui reprocher, beaucoup n'étaient pas de son fait. Je ne m'en prenais à lui que parce que, après tout, il était seul responsable. Je savais bien qu'il en gémissait tout le premier.

Vous avez pu voir, par les citations que j'ai faites des mémoires de M. Arsène Houssaye, que les ministres ont toujours eu la rage de s'immiscer dans les affaires de théâtre et d'y susciter des tracasseries qui, souvent, tournaient à l'aigre. M. Arsène Houssaye avait été obligé d'offrir, à trois ou quatre reprises, sa démission, et il n'a pu nous dire combien de querelles il avait dû, avant d'en venir à cette extrémité fâcheuse, arranger à l'amiable, cédant sur un point pour en obtenir un autre qui lui paraissait plus essentiel.

Il semble que les ministres devraient, une fois qu'ils ont nommé un chef de service en qui ils ont confiance, se décharger sur lui de toute besogne et le laisser maître absolu dans la sphère où ils l'ont eux-mêmes placé. Il n'en est rien. Ces messieurs ont toujours eu la rage de diriger personnellement la Comédie-Française, par-dessus la tête du directeur. Il n'y aurait souvent qu'à leur répondre par le mot du fusilier Fritz : « Tout ça, c'est des affaires de femme. » Et les femmes, en effet, ont joué un grand rôle dans l'administration de la Comédie, sous le consulat de M. Thierry aussi bien que sous celui de M. Arsène Houssaye; leur influence n'a pas été moindre du temps de M. Perrin, et il en sera toujours de même tant que le monde sera monde, je veux dire tant que les ministres seront des hommes.

Il faut en prendre son parti, et, sur ces matières, je suis devenu très philosophe. Je ne m'insurge que contre les injustices trop criantes, contre les abus trop insolents. Un petit passe-droit par-ci par-là, quand deux beaux yeux en sont l'excuse, mon Dieu ! il n'y a pas là tant de quoi crier. Mieux vaut faire semblant de n'y pas prendre garde, et je me répète doucement le vers du poète :

> C'est un vice ou deux qui font l'honnête homme.

Nous ne réformerons pas le genre humain, et une vertu trop rigoriste serait aussi inutile que de mauvais goût.

Mais le diable, c'est que les ministres ne cèdent pas seulement à des influences féminines : ils prétendent encore s'y connaître, et, c'est comme un fait exprès, on prend toujours, pour diriger les beaux-arts, des gens qui n'y entendent rien. Si encore ils se rendaient compte de leur infirmité; si, reconnaissant de bonne grâce leur incompétence, ils consultaient les hommes dont c'est le métier de connaître à fond la partie; mais cette modestie est fort rare. Ils veulent avoir leur avis; ils tranchent, ils ordonnent. Ils sont d'autant plus autoritaires que leurs intentions sont meilleures. Mais l'enfer est pavé de bonnes intentions.

On peut poser, en thèse générale, que les ministres toutes les fois qu'ils interviennent de leur personne dans une question de théâtre, donnent à gauche et se trompent. L'*odor di femina* les y invite et la vanité les y engage; ce sont les deux mobiles les plus puissants qu'il y ait au monde, et surtout en France.

M. Thierry avait donc fort à faire, sous un régime où le pouvoir n'avait, dans le silence des Chambres et de la presse, d'autre contrôle que lui-même, de résister aux pressions qui lui venaient d'en haut. Il n'avait pas moins de peine à garder son autorité contre les assauts qui lui étaient livrés en bas par les sociétaires. Jamais peut-être l'existence de la Comédie ne courut plus de risques que sous sa direction. Certains comédiens parlaient de liquider la maison; il y eut même un procès que Got perdit, heureusement pour lui et pour nous. Il voulait qu'on lui reconnût le droit de s'en aller; si ces prétentions avaient été admises par le tribunal, la Société n'eût pas tardé à se dissoudre.

Jamais personne ne joignit mieux que M. Thierry à un caractère très ferme et à un esprit très droit une bonne grâce de langage plus conciliante et des manières plus onctueuses. Il y avait quelque chose de doucereux et de fuyant dans toute sa personne. Il glissait comme un savon mousseux, entre les doigts qui pensaient le tenir. Il exerçait miellleusement, avec toutes sortes de réticences, de circonlocutions et d'atermoiements, en ayant l'air de céder toujours, une action prépondérante. Il se coulait à son but à travers les ronces, par des voies obliques, à pas étouffés et sourds.

Il avait ce mérite extrême de savoir ce qu'il voulait, et de le faire nettement, quoique sans bruit. Je ne crois pas que personne ait jamais tenu la balance plus égale entre les exigences du répertoire et ce besoin de nouveautés, sans lequel la Comédie ne serait plus qu'un musée d'antiques.

Quand je repasse les douze ou quinze cents feuilletons que j'ai écrits, semaine à semaine, sur l'art dramatique, je ne puis me défendre d'une certaine reconnaissance pour l'homme qui a fourni aux amateurs de théâtre tant de curieux sujets d'étude.

M. Thierry était un fin lettré qui avait le culte des classiques, et qui était lui-même un classique par son éducacation première et le tour de son esprit. Mais ce n'était point un classique intolérant et fermé. Il avait été de la grande levée de boucliers que suscita l'école romantique et sans les accompagner jusqu'au bout, car il ne poussait en rien jusqu'à l'extrême, il avait suivi de l'œil, avec une sympathie discrète, leurs efforts et leurs luttes. Il n'était ni un novateur hardi et turbulent, comme M. Arsène Houssaye, ni un entêté Collin d'Harlevillois, comme M. Empis : c'était un de ces esprits moyens, qui sont dans le vrai tempérament de la race française, qui joignent au respect profond du passé un goût très vif des modes nouvelles.

Les hommes qui ont trente ans, à cette heure, et qui aiment le théâtre, ne savent presque rien du vieux répertoire. Ils ont beau suivre assidûment les représentations de la Comédie-Française, ils n'en connaissent guère qu'une douzaine de pièces, et qui encore ne sont pas toutes bien jouées. J'ai pu, moi, dans la période qui va de 1858 à 1870, voir tout Racine, sans en excepter même les *Frères ennemis* et *Alexandre,* dont on nous a joués de longs fragments, aux anniversaires consacrés : quatorze ou quinze pièces de Corneille, parmi lesquelles l'*Illusion comique,* où Got était admirable de verve et d'ampleur dans un rôle de capitan, et *Psyché,* qui fut pour nous un enchantement.

Je n'ai pu obtenir qu'on nous rendît *Don Sanche;* M. Thierry n'avait pas sous la main les artistes que cette reprise eût exigés; mais il nous avait rendu la *Mort de Pompée,* où Bonvallet était superbe, et *Rodogune,* et *Hé-*

raclius, et *Nicomède et Médée* même, dont on nous a, si j'ai bonne mémoire, joué les parties les plus saillantes. Je ne parle pas du *Cid*, des *Horaces*, de *Cinna*, de Polyeucte qui étaient au répertoire courant.

Voltaire même figurait de temps à autre sur l'affiche, j'ai pu voir outre *Zaïre*, que M. Perrin a reprise, *Mérope*, qu'on ne joue plus à cette heure, et *Œdipe*, que M. Thierry a heureusement remplacé par l'*Œdipe* grec, si merveilleusement traduit par M. Lacroix.

Tout Molière et une bonne partie des œuvres de Regnard repassaient sans cesse sous nos yeux. On y essayait les jeunes gens, encadrés dans la vieille troupe. Il fallait qu'ils s'exécutassent, c'était la règle. Et ils jouaient au pied levé, après un ou deux raccords, sans tambour ni trompette. Il ne nous reste plus de Marivaux que cette éternelle *Épreuve* et les *Jeux de l'Amour et du Hasard*; nous avions les *Fausses Confidences*, un chef-d'œuvre que Bressant et Mme Plessy jouaient à ravir, et le *Legs*, cette merveille de légèreté et de grâce, et la *Mère confidente*, une charmante comédie, qui, par malheur, ne trouva que des interprètes médiocres.

On nous a, durant cette même période, rendu l'*Eugénie* de Beaumarchais, une curiosité archéologique, la *Métromanie* de Piron, qui fut un des triomphes de Delaunay; on jouait couramment la *Gageure Imprévue* de Sedaine, qui a disparu du répertoire, et le *Philosophe sans le savoir*, qui est en train d'en disparaître.

Mais à quoi bon cette énumération? Elle se résume dans cette phrase générale, que M. Édouard Thierry tenait à honneur de garder au répertoire sa juste part. Il n'ignorait pas que les recettes seraient médiocres ces soirs-là; mais c'est précisément l'honneur et le devoir du directeur, qui est le représentant de l'État, de ne compter qu'en seconde ligne le souci des grosses recettes. Il a été mis là par le gouvernement pour opposer aux appétits naturels des comédiens des considérations d'ordre purement spéculatif. S'il se joint à eux, pour souhaiter les gros bénéfices, il trahit son mandat.

Est-ce à dire qu'il ne doive tenir aucun compte des avertissements que donne le public en n'apportant pas son argent au guichet de locations? A Dieu ne plaise! Il n'y a pas de théâtre sans public, et, s'il y a un art où il soit absurde de prétendre avoir raison contre tout le monde, c'est bien l'art dramatique. Mais, en tout, il est une mesure à garder. C'est affaire de tact et de goût. Il est aussi ridicule de déclarer fièrement qu'on se passera de public qu'il serait honteux de courir éperdument après lui.

Ce qui est vrai, c'est qu'il faut sans cesse, tout en gardant les yeux attachés sur un certain idéal, tâter le pouls de l'opinion publique. Il ne faut pas compter sur une foule énorme les jours que l'on consacre au répertoire; mais si elle se dérobe avec trop d'unanimité, il est bon d'y prendre garde.

M. Thierry a eu toujours la main légère. En même temps qu'il était un gardien vigilant et jaloux du répertoire, il ouvrait un large accès à la littérature contemporaine. Les amateurs ne sauraient oublier que si l'honneur d'avoir introduit Musset sur notre scène doit être reporté à M. Arsène Houssaye, M. Édouard Thierry, loin d'entraver ce mouvement, l'a au contraire poussé de toutes ses forces.

C'est en effet sous son consulat que le répertoire de Musset a brillé de toute sa splendeur, et qu'il a trouvé deux interprètes incomparables, dont le souvenir restera pour toujours lié au nom du grand poète : Delaunay et Mlle Favart. Les *Caprices de Marianne*, *Il ne faut jurer de rien*, *On ne badine pas avec l'amour*, figuraient sans cesse sur les affiches. On y vit même *Fantasio*, qu'il eût mieux valu laisser dans le livre, et plus tard cette immortelle *Nuit d'Octobre*, une élégie qui fit recette à elle toute seule.

Le répertoire d'Alfred de Musset est aujourd'hui en baisse ; si cruelle que cette vérité soit à reconnaître, elle est certaine, et, si vous en doutez, il vous suffira d'aller à la Comédie-Française un soir où on jouera quelqu'un de ces jolis chefs-d'œuvre : vous verrez qu'ils ne sont plus écoutés avec cette émotion vibrante qu'excitent les ouvrages qui sont dans le mouvement. Je crois qu'il y aura une éclipse sur ce répertoire ; mais une fois le nuage traversé, il reparaîtra brillant d'une lumière plus pure.

Au nom d'Alfred de Musset, nous devons joindre celui de M. Émile Augier, qui avait déjà donné sous d'autres directions quelques-unes de ses premières pièces. C'est M. Édouard Thierry qui eut l'honneur de monter ses grandes comédies : *les Effrontés*, *le Mariage de Giboyer*, *Maître Guérin*, trois éclatantes victoires auxquelles la postérité associera le nom de Got. Got a été l'acteur d'Augier, comme Frédérick Lemaître celui de Hugo, comme Arnal celui de Duvert et Lausanne, toutes proportions gardées, bien entendu.

M. Édouard Thierry accueillait avec la même ouverture d'esprit et Feuillet, dont il jouait la *Dalila* et la *Julie*, et les frères de Goncourt, dont il hasardait l'*Henriette Maréchal*, et Sardou, qui lui apportait la *Papillonne*, et tant d'autres qui ont trouvé en lui un metteur en scène des plus dévoués et des plus intelligents.

Mais un de ses premiers titres de gloire, celui peut-être dont il faut lui savoir le plus de gré, c'est d'avoir osé, sur la fin de l'Empire, remonter l'*Hernani* de Victor Hugo, qui était alors proscrit, et chez qui le souverain ne pouvait plus voir que l'auteur des *Châtiments*. L'entreprise était hardie et difficile. On pouvait se demander comment elle serait vue du ministère, comment elle serait accueillie du public. Car en ce temps-là Victor Hugo n'avait point encore passé dieu; et il était contesté comme auteur dramatique par une grande quantité d'honnêtes gens. Mais M. Édouard Thierry cachait une âme très forte et très ardente sous des allures timorées et doucereuses. Il réussit, mais il avait joué gros.

C'est pourtant sous sa direction que commença à se montrer un point noir, qui devait aller s'élargissant tous les jours, et qui aujourd'hui a gâté tout le fruit.

Vous souvenez-vous d'un passage des *Mémoires* de M. Arsène Houssaye que j'ai cité dans mon dernier feuilleton? Il disait qu'une pièce nouvelle, quelle que fût son succès, ne se devait jouer que deux fois par semaine, trois fois au plus. Si elle est médiocre, disait-il, elle retombe vite dans le néant; et elle n'a que ce qu'elle mérite. Si elle est excellente, elle demeure au répertoire. Elle se joue dix ans, vingt ans de suite : c'est une ferme en Beauce. Rien de plus juste en théorie; rien de plus difficile dans la pratique. On comprend comme il est difficile à des comédiens qui tiennent un succès où l'actualité a toujours une large part de ne pas l'exploiter, de ne pas le pressurer, de ne pas le tordre jusqu'à la dernière goutte. Il fait huit mille chaque soir, comment résister au plaisir d'avoir, par semaine, sept encaissements? Sans compter que leur amour-propre les invite à venir chaque soir recueillir les applaudissements que leur réserve la comédie nouvelle.

C'est au directeur à tenir bon contre cet entraînement. M. Édouard Thierry n'a pas eu la main assez ferme. C'est au *Duc Job* que l'on a inauguré l'habitude de jouer cinq fois la semaine la pièce à succès. Je me souviens qu'à cette époque, ennuyé de voir se prolonger le succès de cette comédie médiocre, qui avait chassé le répertoire, je fis une campagne contre les mœurs nouvelles de la Comédie-Française. Je soulevai contre moi un tollé général; je n'avais aucune autorité en ce temps-là.

J'avais pourtant raison, et plus raison que je ne croyais moi-même. Je ne me doutais guère de l'étendue que prendrait le mal.

J'eus contre moi M. Émile Augier, qui se donna la peine de me réfuter dans le journal. Il prit parti pour son confrère, soutenant cette thèse, qu'il était bien juste qu'un auteur dramatique eût tout le bénéfice d'un succès, puisque, en cas de chute, il en avait tout l'ennui. Peut-être, à son point de vue, raisonnait-il juste. Mais je ne considérais, moi, que l'intérêt du théâtre et de l'art. L'événement a bien prouvé depuis que j'avais vu très juste.

Je suis convaincu qu'au fond mon confrère du *Moniteur*, M. Édouard Thierry, pensait comme moi. Mais les circonstances étaient plus fortes que sa clairvoyance et sa volonté.

Ce système, auquel il eut le tort de donner les mains, a fait bien du mal, et il est encore une des causes les plus actives de la décadence du Théâtre-Français.

Je ne rendrais pas à M. Édouard Thierry toute la justice qu'il mérite si je ne parlais point de l'année — l'année vraiment terrible — que sa direction traversa. Il déploya un courage d'esprit, une fermeté de caractère que l'on ne saurait trop admirer et trop louer. C'est à lui — et je dois ajouter à Got, dont l'initiative a été considérable en cette affaire — que l'on doit de n'avoir pas vu se dissoudre et s'émietter la Comédie-Française durant cette épouvantable crise.

Les charges de la Comédie-Française sont énormes; elle était incapable d'y faire face, toute recette ayant disparu. C'est Got, qui, sur les instructions de M. Thierry, s'en est allé à Londres gagner de quoi parer au déficit et sauver l'institution. Pendant ce temps-là, M. Édouard Thierry demeurait obstinément à son poste, donnant des représentations telles quelles, flattant les gens de la Commune, tâchant de les intéresser au sort de cette grande maison, détournant chaque jour le coup qui allait la frapper. L'essentiel était de vivre et de gagner du temps.

C'est encore lui qui à la dernière heure, secondé de quelques citoyens courageux, arracha aux flammes les trésors de toute sorte accumulés rue Richelieu et qui garda intacte la Comédie-Française, jusqu'au jour où on lui demanda de la remettre dans les mains d'un autre.

20 juillet 1835.

III

ÉMILE PERRIN

L'administrateur de la Comédie-Française est un galant homme et un homme d'esprit. Je ne sais pas vraiment de quoi on pourrait lui vouloir. Je l'ai toujours trouvé, pour moi, plein de courtoisie et d'obligeance. Je n'ai, comme tous mes confrères, qu'à me louer de ses procédés, et les dissentiments qui ont éclaté entre nous n'ont que des causes qu'il est permis de toucher devant le public, puisqu'elles n'intéressent que l'art dramatique, auquel nous sommes tous les deux passionnément attachés.

> J'ai mon dieu que je sers et vous servez le vôtre ;
> Ce sont deux puissants dieux !

Nous avons chacun une conception particulière du rôle que doit jouer la Comédie-Française et de la mission qui lui incombe, et, comme nous ne nous entendons pas sur les principes, il était inévitable qu'à un moment donné nous fussions en désaccord sur la façon dont le théâtre devait être gouverné.

Nous ne nous sommes aperçus tout d'abord ni l'un ni l'autre de cette divergence. Il y a eu entre nous deux comme une lune de miel et qui a duré fort longtemps. A l'époque où M. Perrin fut nommé administrateur, la Comédie-Française avait besoin d'un certain nombre de réformes, que l'ancienne administration était impuissante à faire. Ce n'était certes ni l'intelligence ni l'énergie qui manquaient à M. Thierry, mais il y avait longtemps qu'il exerçait le pouvoir, et les ressorts s'en étaient usés entre ses mains. Il lui était presque impossible de toucher à des situations qu'il avait contribué à former lui-même...

M. Perrin n'avait pas à transiger, à composer avec des habitudes prises : il arrivait en maître.

Il n'apportait pas à la Comédie-Française des idées bien arrêtées : des instincts tout au plus, des tendances. Je ne crois pas lui être désagréable en disant qu'en ce temps-là il connaissait peu la Comédie-Française et les théâtres de genre ; il avait passé toutes ses soirées à l'Opéra ou à l'Opéra-Comique ; il ne savait donc des autres scènes que ce que l'on peut apprendre par échappées lorsqu'on est un homme du monde, curieux du mouvement littéraire.

Il n'avait donc aucun parti pris contre le répertoire classique ni contre la tradition ; je suis convaincu même qu'un de ses rêves, c'était de renouveler cet ancien répertoire par une interprétation plus moderne et d'y ramener le public.

Puisque M. Perrin n'a pas dédaigné de rappeler un souvenir personnel qui lui était resté dans la mémoire, il ne m'en voudra pas d'en évoquer un autre qui m'a beaucoup frappé.

C'était aux premiers temps de son consulat. J'avais le plaisir de le voir souvent, et nous causions, en toute franchise, comme deux hommes épris du même objet, des acteurs à engager, à pousser, des pièces à reprendre, de la direction à donner au théâtre.

M. Perrin était féru de l'idée de remonter *Turcaret;* le *Turcaret* de Lesage. Il me parla de ce projet avec beaucoup de vivacité. Je lui témoignai tout le plaisir que j'aurais à voir sur la scène une pièce qui avait fait tant de bruit et qui passe à bon droit pour un des chefs-d'œuvre de la Comédie du dix-huitième siècle. Mais, tout en l'encourageant à faire cette tentative, je ne lui cachai pas qu'elle serait peu fructueuse.

— Vous ne ferez par un sou, lui dis-je. Mais c'est précisément le devoir du Théâtre-Français de ne pas être arrêté par cette considération de recette.

M. Perrin n'était pas de mon avis. Il m'exposa les recherches de costumes et de mise en scène qu'il avait faites; il allait restituer la pièce en son intégrité primitive. Il était sûr d'attirer du monde; il y avait plus de gens que je ne croyais qui s'intéressaient à ces manifestations.

— Tout cela, lui dis-je, est bel et bon, mais vous ne ferez pas un sou. Il vaudrait bien mieux jouer la pièce sans y mettre cette importance et sans dépenser cet argent. Les quatre ou cinq représentations que vous en pourrez donner ne seront écoutées que par des amateurs à qui vos costumes sont assez indifférents. Ils n'iront chercher là qu'un plaisir littéraire. Ce n'est pas la peine de se mettre en frais pour eux.

Je vis bien que M. Perrin ne me croyait pas. Il donna

Turcaret qui n'eut aucun succès, j'entends aucun succès d'argent. Il ne s'obstina point et retira la pièce, qui lui avait coûté beaucoup de soins et d'études.

Je lui sus un gré infini de cette initiative. Mais c'est de ce jour qu'il s'éleva chez moi comme un pressentiment confus de la querelle qui ne tarderait pas à éclater entre M. Perrin et moi.

Il ne haïssait pas l'ancien répertoire, mais il comptait pour le ranimer sur des éléments de succès extrinsèques : le décor, le costume, la mise en scène. Et surtout et avant tout, il voulait que ce succès se traduisît par l'empressement du public, par de grosses recettes.

Tout cela flottait encore dans mon esprit, comme aussi peut-être dans celui de M. Perrin enveloppé d'un brouillard d'appréhensions vagues ; mais le dissentiment n'en existait déjà pas moins à l'état latent. M. Perrin penchait vers « *l'accessoire* » où son goût l'emportait, et il avait une secrète propension à tout sacrifier au plaisir des belles recettes.

Je tenais au contraire que le répertoire devait être aimé pour lui-même, et qu'il fallait se soucier médiocrement du plus ou moins de profit qu'on en pouvait tirer, la subvention n'étant donnée justement que pour combler le déficit creusé dans la caisse par le culte désintéressé du grand art.

Nous n'en continuâmes pas moins, M. Perrin et moi, à vivre fort longtemps en bonne intelligence. C'est qu'il n'est allé que pas à pas jusqu'au bout de son système et ne m'a rejeté qu'assez tard à l'extrême du mien. Nous ressemblions à ces ménages, où les caractères sont opposés et les humeurs différentes mais où les deux époux se font longtemps des concessions réciproques. On évite les occasions de querelles et, si un dissentiment se produit, on cherche à l'étouffer.

Je me souviens encore d'une autre circonstance où les deux systèmes furent en présence. M. Perrin avait engagé Mlle Sarah Bernhardt, qui ne possédait point encore l'autorité considérable qu'elle a conquise depuis si légitimement sur le public. Il avait fallu la lui imposer, et c'était — on l'a trop oublié — une sorte de coup d'État hardi qu'avait osé M. Perrin en ouvrant à dona Sol les portes de la Comédie-Française.

M. Perrin cherchait un rôle pour ses débuts, il était très préoccupé de l'accueil qu'on lui ferait. Il aimait les coup d'éclat et voulait que le succès de sa nouvelle protégée se traduisît tout de suite, en bruit pour elle, en argent pour le théâtre.

— Mais non, disais-je, faites-la jouer sans en rien dire à personne qu'à une douzaine d'amis, dans la tragédie racinienne où vous êtes sûr qu'elle sera admirable; qu'elle débute incognito dans *Aricie*, dans *Junie*, dans *Iphigénie*, nous crierons sur les toits qu'elle est merveilleuse, on viendra peu à peu et, un jour, elle s'emparera d'un grand rôle sans effaroucher personne.

Je possédais en ce temps-là quelque influence sur l'esprit de Mlle Sarah Bernhardt que j'avais toujours soutenue dans les traverses de sa vie accidentée. J'avais fini, non sans quelque peine, par la ramener à cet avis, qui était le plus sage, le plus conforme aux vieilles traditions de la maison de Molière.

Mais M. Perrin ne voulut entendre à rien. Il ne procédait que par grands coups; il ne lui déplaisait pas d'exhiber un phénomène. Étonner les gens pour faire de grosses recettes, tout cela rentrait dans son système. Car M. Perrin ne se faisait pas les raisonnements avec la netteté que je lui attribue. C'était une tendance de son esprit. Il était toujours préoccupé de la recette; la recette était pour lui l'étalon du succès, et ce qu'il y a de pis, du mérite.

Il voulut absolument que Mlle Sarah Bernhardt débutât dans *Mademoiselle de Belle-Isle*. J'en avais eu beaucoup de chagrin auparavant, ce fut un désespoir après.

Je vois encore l'éminente artiste dans mon cabinet le lendemain ou le surlendemain de la première représentation, tâchant, pour me convaincre, de rattraper ce qui avait surnagé de cette soirée néfaste.

— Ah! oui! lui disais-je, désolé, vous me mettez dans un bel embarras ; tout le monde va vous tomber dessus, cela est clair ; et moi, je serai obligé de vous défendre. Comme c'est amusant, n'est-ce pas? Qui voulez-vous qui me croie?

Et elle, dépitée, mais riant à travers sa fureur :

— Ce n'est pas moi, s'écriait-elle, c'est M. Perrin!

Je n'ajouterai pas : c'était en effet M. Perrin! parce que si elle avait bien voulu!... et puis, M. Perrin ne se trompait déjà pas tant en estimant qu'elle était fort capable de jouer très bien Mlle de Belle-Isle, comme de fait elle se rendit plus tard maîtresse du rôle. Mais je vis là une nouvelle preuve de cette défiance qu'il nourrissait contre le répertoire, de ce goût secret qu'il ressentait pour le tapage, de son penchant à tout sacrifier à la recette.

Ces instincts s'accentuèrent tous les jours chez M. Perrin, à mesure qu'il devenait maître plus absolu et tous les jours ils se traduisirent par de nouveaux faits et moi tous les jours, sans ombre de parti pris, je le jure, sans ressentiment particulier contre M. Perrin, je fus amené dans le journal à signaler ces tendances, à blâmer ces agissements, et la campagne s'ouvrit sans que j'y eusse pensé.

Je ne voyais plus du tout M. Perrin ; mais je ne me considérais point — et je ne me considère pas encore — comme son ennemi.

Un jour, j'entrai chez Verteuil, le secrétaire de la Comédie-Française, demander un renseignement.

— M. Perrin, me dit-il, est dans son cabinet. Je suis sûr qu'il aurait plaisir à causer avec vous. Voulez-vous l'aller voir?

Je n'avais aucune raison de refuser cette invitation, n'ayant jamais, que je croie, écrit sur lui un seul mot qu'un homme du monde ne pût entendre.

Nous eûmes avec M. Perrin une explication qui fut la dernière. Il me reprocha quelques erreurs de détail que je reconnus de bonne grâce. Il va sans dire que n'ayant pas à mon service les documents officiels, je me trompe quelquefois sur un chiffre, sur une date ou même sur un fait. Mais ce qui importe en ces discussions, c'est moins le fait en lui-même que l'esprit qui s'en dégage.

Il n'est personne qui ne se trompe sur un fait, et toutes les fois que j'ai commis quelqu'une de ces erreurs, je m'empresse de la reconnaître publiquement et de la réparer. Mais ce qui nous sépare à cette heure, M. Perrin et moi, ce n'est plus tel ou tel fait, plus ou moins important, sur lequel nous nous trouverions en dissentiment par hasard; nous ne tarderions guère, s'il en était ainsi, à nous entendre et à reprendre en commun la même besogne. C'est ce qui m'est arrivé plus d'une fois avec M. Thierry.

Non, c'est sur le fond général des choses que nous sommes en désaccord, c'est un système qui nous divise.

Ce système est allé d'année en année s'accusant, s'aggravant. Moi, de mon côté, je ne me suis plus senti le même goût à faire des concessions, et alors je me suis trouvé amené, ne pouvant faire dans chaque feuilleton des exposés de principe, à prendre jour à jour les menus faits par lesquels se traduisait et se manifestait ce système. C'est le

15.

procédé ordinaire des polémistes du *Journal.* Je l'ai pris, parce qu'il n'y en a pas d'autre possible.

30 avril 1883.

IV

LA COMÉDIE-FRANÇAISE EN 1898

Je demande à tous ceux qui attaquent sans cesse la Comédie-Française et son organisation, qui cherchent à la ruiner et à la démolir au nom de la liberté... — ah! oui, elle en a fait de belles, la liberté des théâtres, parlons-en! — je leur demande où est le théâtre, je ne dis pas en France, mais en Europe et dans le monde, qui pourrait ainsi varier son affiche, jouer tour à tour de l'ancien et du moderne, des vers et de la prose, et renvoyer le public toujours satisfait, quelquefois charmé!

Eh! oui, sans doute, il y a, dans cette organisation, des abus, des défaillances, des trous. J'en note moi-même quelques-uns au passage. Je voudrais bien que l'on me montrât, dans quelque genre que ce soit, une administration parfaite. La Comédie-Française n'est pas plus parfaite que les autres; elle l'est moins, si vous voulez. Elle a un grand mérite, c'est d'exister. Si on la jette par terre, il sera impossible, soyez-en sûr, de la rebâtir jamais. Il faut donc la garder, sans trop s'inquiéter des petits, ni même des grands abus qu'on y remarque.

C'est un vice ou deux qui font l'honnête homme,

dit le vers-proverbe. Il n'en faut pas trop; un vice ou deux, rien de plus, tenons-nous-en là. Quelle est l'affaire où il n'y ait pas un cheveu; l'abus commence à la perruque.

Une des querelles les moins sensées que l'on fasse à la Comédie-Française, c'est quand on lui reproche de n'avoir pas d'acteur de premier ordre pour tenir tel ou tel emploi. On ne prend pas garde que le théâtre, j'entends l'art dramatique, suit le mouvement des mœurs, qui vont se renouvelant sans cesse. Vous vous plaignez que la Comédie-Française n'ait plus de grands jeunes premiers qui sachent tomber aux genoux d'une femme et lui adresser une déclaration brûlante à la mode de Louis-Philippe. Mais est-ce qu'il y en a maintenant dans le monde, des grands jeunes premiers? Ils ont passé, comme les chevaliers à jabot et les marquis à talons rouges. Les modèles n'existent plus; nos jeunes gens parlent aux femmes d'autre façon; aussi, avez-vous les Le Bargy, les Guitry, les Mayer; ce sont d'excellents comédiens, qui portent sur la scène les manières, les façons de sentir et de dire de leur temps.

Leur serait-il interdit, pour cela, de reprendre les rôles afférents de l'ancien répertoire, ou même de Scribe et de son école? Point du tout; ils les accommoderaient du mieux qu'ils pourraient, et à l'air de leur visage et au goût du public qui les écoute. Ce serait autre chose, et ça pourrait être tout aussi bien. C'est une mauvaise chicane de faire un crime à la Comédie-Française de ne pas trouver ce qui n'existe plus.

C'est comme la grande coquette. Il est clair que la grande coquette s'en va. Il faut garder précieusement celles qu'on possède et qui conservent quelques bribes de la tradition. Car il ne s'en fera plus. Non, vous n'aurez plus d'Araminthe, ni de Silvia; vous n'aurez plus même de Célimène, bien qu'il y ait plus d'éternelle humanité dans les créations de Molière que dans celles de Marivaux. Les actrices qui sortent en ce moment du Conservatoire auront peut-être, un jour, la velléité ou l'occasion de s'essayer dans ces rôles,

Elles les joueront avec les procédés modernes, avec les procédés appropriés à leur nature et aux mœurs ambiantes.

Tenez! il a pris fantaisie, un jour, à Mⁱˡᵉ Bartet de jouer Silvia. Mⁱˡᵉ Bartet est la première comédienne de ce temps; personne ne joue comme elle Francillon, qui est fille de Dumas; on peut bien le lui dire, car cette constatation ne saurait porter aucun préjudice à sa renommée : elle n'était pas Silvia, elle ne pouvait pas l'être. Et celles qui viendront après elle, eussent-elles plus de talent qu'elle, ce qui n'est pas probable, ne seront pas plus qu'elle la Silvia de Marivaux.

Est-ce à dire qu'il faille laisser dormir Silvia et les autres dans la poussière du répertoire aboli? Point du tout. Il faudra renouveler Silvia en faisant, du mieux que l'on pourra, un compromis tel quel entre la tradition et les nécessités de l'art nouveau.

Ce sera un autre théâtre, et voilà tout!

Il faut bien se mettre dans la tête que les vieux *emplois* n'existent plus en réalité. C'est une survivance, une superstition de l'ancien théâtre. Si l'on créait des *emplois* à présent, il y en aurait un qui s'appellerait les demi-vierges (les Yahne); un autre, les amoureuses fin de siècle (les Bartet, les Réjane); un autre, les *struggle for lifeur*, etc. Qui ne voit que ces dénominations ne répondraient qu'à un état précaire et passager de nos mœurs actuelles et qu'il faudrait les changer en 1925? Eh bien! pourquoi voulez-vous que les *emplois* des siècles précédents imposent encore leurs catégories inflexibles aux artistes d'aujourd'hui?

Vous n'avez plus Bressant; vous ne l'aurez plus; et encore, Bressant était-il déjà plus moderne que Leroux, qui n'était qu'un pâle reflet des Molé du vieux temps. Vous n'avez plus Delaunay, l'amoureux de Musset; il y a gros à parier que vous ne l'aurez plus. Les hommes de ma génération et des deux ou trois qui ont suivi la mienne auront beau s'écrier : « Ah! si vous aviez vu Delaunay dans Fortunio! » Prenez-en votre parti ; vous ne le reverrez plus dans Fortunio ni dans Perdican. Le Bargy, à cette heure, joue Perdican. Ce n'est plus ça ; qu'importe, si c'est quelque chose d'aussi bon?

Non, certains emplois ne sont plus tenus, à la Comédie-Française. Et encore y aurait-il à faire des réserves sur ce point ; car, grâce à la perpétuité et à la force de la tradition, grâce au grand nom de Molière, qui garde son répertoire jeune et vivant, les emplois sont toujours plus ou moins bien occupés, même ceux qui ont disparu des mœurs contemporaines.

Il n'y a plus de soubrettes dans la vie : vous en avez trois ou quatre, à la Comédie-Française, qui ne sont pas indifférentes. Sans compter qu'on vient d'engager Mlle Kolb, qui a beaucoup, mais beaucoup de talent. L'emploi des *manteaux* n'existe plus. Peut-être même ce nom dont je me sers vous est-il nouveau, tant il est ancien et démodé. Les rôles à manteaux, ou plus brièvement les manteaux, sont ceux que joue à présent Laugier.

La tradition ne s'en perdra pas, tant qu'il y aura une Comédie-Française. Laugier, qui est un bon comédien, n'est pas, je crois, un artiste de premier ordre. Mais les grands acteurs sont toujours rares. Dans cet emploi, Laugier succède à Thiron et à Barré, qui, chacun dans son genre, étaient des artistes supérieurs. Ils avaient pris la place de Talbot, qui était de second ordre.

Je me souviens que, quand je débutai dans la critique, allant, comme je faisais presque tous les soirs, à la Comédie-Française, j'avais pris en grippe cet excellent Talbot, qui était au moins un comédien convaincu, soigneux, tout imprégné de la tradition, et qui avait le mérite d'adorer son art. Mais j'étais jeune, peu instruit et, par cela même, fort intransigeant. Ça m'ennuyait de le voir, trois ou quatre fois par semaine, abattre ses huit actes : car il jouait souvent dans deux pièces, l'*Avare* et le *Malade imaginaire*, par exemple, le même soir. J'exprimais mon chagrin sans mesure et sans justice, m'étonnant qu'un emploi à la Comédie-Française fût tenu de façon si médiocre. Oh! mon Dieu! oui, j'ai dit, en mon temps, toutes les bêtises que je retrouve aujourd'hui sous la plume de mes jeunes confrères. A mesure que j'ai vu davantage, mieux appris et plus réfléchi, je suis devenu plus indulgent : autant leur en pend à l'oreille.

Guillard, qui était, en ce temps-là, le bras droit des directeurs et l'un des hommes qui savaient le mieux l'histoire du théâtre, me rappelait à la modération et me disait :

— Savez-vous un autre acteur, en ce moment, qui tiendrait mieux l'emploi? Pouvez-vous l'indiquer? Il faut que les emplois soient occupés, puisque l'on continue à jouer les pièces où ils ont leur place. Ils le sont tantôt par un grand artiste et tantôt par un acteur suffisant, qui est le chaînon de la tradition. Avant Talbot, nous avions le père Provost, qui était un comédien supérieur. Provost succédait à Grandmesnil, qui fut, en son temps, une médiocrité honorable. Il a bien fallu que les contemporains s'en contentassent : il n'y en avait pas d'autre. Si l'on vous écoutait et que l'on proscrivît les Talbot et les Grandmesnil, il y aurait de larges solutions de continuité; que deviendrait alors la perpétuité de la tradition? que deviendrait la Comédie-Française?

Ainsi me parlait cet homme sage, et l'expérience m'a prouvé qu'il avait cent fois raison.

Gardons la Comédie-Française.

Gardons le Conservatoire.

8 août 1898.

LA QUESTION D'ARGENT

I

LES SACRIFICES NÉCESSAIRES AU VIEUX RÉPERTOIRE

Ce qui m'inquiète et me gêne dans l'administration de la Comédie-Française, telle que je la vois se comporter depuis quelques années, c'est que la question d'argent semble avoir pris le pas sur les questions d'art. On semble ne plus se préoccuper dans la maison de Molière que des grosses recettes.

— Nous faisons sept mille ce soir !

Cela répond à tout, c'est le *sans dot* de l'*Avare*. Et, comme on ne fait pas sept mille sans quelques concessions au gros public, on s'arrange pour s'accommoder en effet à toutes ses fantaisies.

Le public qui est routinier, aime de certains noms, auxquels s'est familiarisée son oreille. Ces noms-là reviendront sans cesse sur l'affiche ; cinq ou six artistes, qui se sont formés sous un autre régime, qui ont fini, grâce à un autre système, par conquérir la célébrité, sont condamnés à tourner quotidiennement et à perpétuité cette meule du succès d'argent.

Et quand on représente doucement au directeur que ces cinq ou six artistes ne sont pas immortels, qu'on use et qu'on affaiblit leur prestige à s'en servir tous les jours, que derrière eux il ne se forme point de nouveaux talents, M. Perrin répond tout uniment : que voulez-vous ? le public est habitué aux visages de ses comédiens. Il n'en veut pas d'autres. Il faut bien le servir à sa fantaisie.

Le public n'en veut pas d'autres parce qu'on ne lui présente jamais que ceux-là. La vérité est qu'il s'est habitué à ces visages ; mais le public est immortel et ces visages ne le sont pas. Quand ces visages se seront détériorés, ou même qu'ils auront définitivement pris leur retraite, le public qui est lui toujours jeune, s'en ira d'un logis où il n'aura plus d'habitudes.

Et déjà, tenez ! j'ai quelque ennui à faire ces révélations, mais si nous attendons à parler, il ne sera bientôt plus temps : voilà déjà que la Comédie-Française, avec son système à outrance de grosses recettes, ne fait plus autant d'argent qu'autrefois. Les recettes baissent. Sauf de rares exceptions, elles sont tombées, en ces derniers temps, de sept mille à quatre mille et même au-dessous encore.

Qu'y a-t-il là d'étonnant? Le répertoire courant se compose d'une demi-douzaine de pièces qui ont, il est vrai, cet avantage de montrer la fleur du sociétariat, mais qui sont connues et usées jusqu'à la corde. *Hernani* et *Ruy Blas* sont des chefs-d'œuvre ; le *Marquis de la Seiglière* et le *Gendre de M. Poirier* sont des chefs-d'œuvre ; le *Philosophe sans le savoir* et le *Mariage de Victorine* sont des œuvres aimables; les *Jeux de l'Amour et du Hasard* et l'*Étincelle* sont des œuvres aimables; le *Mariage de Figaro* est une grande œuvre ; mais quand une fois on a fait le tour de cette série, et quand on y a ajouté l'*Étrangère*, un excellent mélodrame de l'Ambigu, égaré rue Richelieu, il faut la reprendre et la dévider à nouveau. C'est comme dans la fameuse chanson d'atelier :

> Ça commence à vous s'ennuyer,
> Eh bien! je vais recommencer.

Et l'on ne joue que deux ou trois pièces de Molière et encore par intervalles ! et pas une de Regnard, et rien, absolument rien du répertoire de second ordre ; et pas l'ombre d'une pièce nouvelle. La tragédie, je n'en parle pas ! S'il n'y avait pas la matinée du dimanche, elle aurait presque disparu de l'affiche.

Ah ! c'est que le répertoire ne fait pas sept mille !

Avec ça que maintenant le *Mariage de Victorine* fait sept mille ! que *Ruy Blas* fait sept mille ! que le *Mariage de Figaro* remonté à neuf, fait sept mille ! Mais si l'on donne une subvention à la Comédie-Française, c'est apparemment parce que l'on suppose qu'à jouer certaines grandes œuvres, elle ne peut pas faire sept mille tous les soirs. Si le chiffre normal de ses recettes était sept mille, nous demanderions que l'on transportât à une autre scène la subvention devenue inutile. L'honneur de la Comédie-Française, c'est de ne faire sept mille que par exception.

Elle se trouve en ce moment acculée à un petit nombre de pièces qu'elle joue sans cesse, et elle est condamnée à les rejouer sans cesse parce qu'elle n'en a pas d'autres prêtes.

Non, elle n'en a pas d'autres.

On prépare en ce moment la reprise du *Cid*. Notez que le *Cid* a été remis à neuf il y a cinq ans environ. Voilà cinquante ou soixante répétitions que l'on perd autour de cette tragédie qui devrait se pouvoir jouer couramment, au pied levé. Ce sont des histoires de tous les diables pour les costumes et les décors. Eh ! grand Dieu ! habillez-nous-les en singes, mais qu'ils nous disent les vers de Corneille car cela finit par devenir agaçant, insupportable, cette question de la mise en scène. En faut-il donc tant pour crier : *Rodrigue, as-tu du cœur... meurs ou tue ... Paraissez, Navarrois, Maures et Castillans ... Cette obscure clarté qui tombe des étoiles ... Il a tué mon père ... Il a vengé le sien...* etc. Flanquez-leur sur le dos, si vous n'avez rien autre, les oripeaux de l'ancienne distribution, mais ne perdez pas quatre mois à monter le *Cid*.

..... Mais Mlle Dudlay ne peut pas venir à bout de son rôle... ! Eh bien ! retirez le rôle à Mlle Dudlay. Aussi bien, Mlle Dudlay est-elle jugée à cette heure. Cherchez-en une autre.

C'est qu'à la fin je suis énervé de tout cela. On passe des journées entières à dresser des artistes comme des chiens savants à qui l'on apprend à donner la patte ; on les tient sur un mot, sur une intonation qu'on fait répéter cinquante fois, et puis quand le jour de la première représentation arrive, tous les amateurs se récrient : ah ça ! qu'est-ce qui m'a donné des acteurs comme ça, qui ne se doutent pas du vieux répertoire ? Pour habillés, ils le sont ; eh bien ! il n'y a rien à dire. Mais ils n'entendent rien à leurs rôles ; ils ont perdu toutes les traditions.

Et comment ne les perdraient-ils pas ? Les anciens ne jouent plus du répertoire, les jeunes n'en voient plus jouer. Ils ne font rien, les jeunes. Les jeunes se croisent les bras et tournent leurs pouces, tandis que les vieux parlent de s'en aller. La machine se détraque ; c'est le commencement de la fin.

Il paraît qu'il était l'autre jour question de remonter le *Bourgeois gentilhomme*.

— Oui, dit M. Perrin, mais c'est que ma cérémonie coûtera au moins 50.000 fr.

Je ne puis entendre de pareils discours sans bouillir. Eh! prenez-moi dans le magasin des accessoires les souquenilles que vous y trouverez; est-ce que le *Bourgeois gentilhomme* vaut par sa cérémonie? Mais cette cérémonie, c'est la concession faite par Molière aux habitudes de la comédie-ballet. Il y a dans cette pièce une demi-douzaine de scènes immortelles, jouez-nous-les et laissez-nous en repos avec la cérémonie.

Et ces scènes, il n'y aura pas besoin de pâlir six mois dessus. Prenez-moi avec deux ou trois sociétaires quatre ou cinq jeunes gens à qui vous direz : Il est vrai que nous ne ferons que quatre mille, mais la pièce restera au répertoire, nous la jouerons de temps à autre, et vous demeurerez en possession de vos rôles. Soyez tranquilles, ils pourront y être hésitants le premier soir, ils y seront bons un peu plus tard, excellents par la suite.

Et du *Bourgeois gentilhomme*, monté en quinze jours, vous passerez aux *Ménechmes*, au *Distrait*, au *Retour imprévu* de Regnard, que vous mettrez tout aussi rapidement sur ses pieds. Toujours des recettes de quatre mille et des pièces jouées une quinzaine de fois. Mais un répertoire varié, mais une jeune troupe qui s'exerce, mais un public qui s'intéresse!

Quand on pense que, lorsqu'il s'est agi de remettre à la scène, pour les débuts de Mlle Frémaux, l'*Épreuve nouvelle* de Marivaux, on s'est donné beaucoup de mal et on a fait de la dépense. L'*Épreuve nouvelle!* Mais on devrait jouer cela comme *Iphigénie*, comme *Polyeucte*, comme l'*École des femmes*, comme tout le répertoire, sans y mettre tant d'importance, sans en faire tant d'embarras!

La France change plus aisément de ministère que le Théâtre-Français son affiche. *Daniel Rochat* aura coûté trois mois de travail. Et quel travail! Depuis 11 heures du matin jusqu'à 5 heures du soir, tous les jours. Je ne veux point parler de ce que je sais sur une pièce en cours de répétition, mais il est évident que le système est exécrable. Si j'en crois des récits qui me paraissent dignes de foi, on a répété trois jours de suite *les meubles de la pièce nouvelle :* c'est-à-dire qu'une personne lisant le texte, les acteurs se plaçaient à tel ou tel mot devant ou derrière tel ou tel accessoire. Mais, encore une fois, je n'ai point à critiquer ce qui se fait pour la mise en scène des pièces nouvelles. Sardou est maître de son œuvre, il la monte comme il l'entend ; nous n'avons qu'à juger du résultat.

J'espère, et tout le monde m'assure qu'il sera excellent. Allons ! tant mieux, car la Comédie-Française a grand besoin d'un succès.

Mais le vieux répertoire doit, sauf de rares exceptions, se jouer couramment dans la maison de Molière. Il faut y employer les pensionnaires, dont on laisse à plaisir s'évaporer et s'éteindre l'ardeur. Les jeunes gens ne songent plus qu'à joindre à leur art qui ne les occupe pas, un métier plus lucratif qui leur assure l'avenir. Quant aux anciens, quelques-uns n'ont d'autre préoccupation que de gagner de l'argent en dehors du théâtre qui ne suffit pas à leur activité.

La Comédie-Française me fait l'effet d'un de ces bureaux de grande administration où chaque employé, après avoir expédié sa besogne du jour, quand par hasard il y en a, emploie le papier de l'administration à écrire des romans ou des vaudevilles. Il n'y a plus de feu sacré. Supposez par hasard que *Daniel Rochat* n'obtînt pas le succès qu'on en attend, ce serait une déplorable débâcle. De sourds craquements se font entendre.

26 janvier 1880.

II

LES GROSSES RECETTES ET L'AVIDITÉ DES COMÉDIENS

J'ai traversé les directions de M. Empis et de M. Thierry. C'était un temps où l'on jouait couramment le répertoire, où il y avait de cinquante à soixante pièces toujours montées et toujours prêtes ; j'allais au moins trois fois par semaine à la Comédie-Française où m'attirait la variété des spectacles incessamment renouvelés. J'ai donc vu, non pas une fois, mais vingt fois, mais cent fois se produire un incident pareil à celui que je raconte.

Le directeur mandait un ou une des pensionnaires qui jouait au pied levé. Si elle avait du succès, elle trouvait, au bout du mois, une gratification sur la feuille d'émargement. La seconde fois qu'elle jouait, on invitait les trois ou quatre journalistes amis de la maison, et tout était dit. C'est à peu près ainsi que la plupart des pensionnaires ont fait leur trou.

Les choses ont bien changé !

Mlle Reichemberg est malade ; on s'adresse à Mlle Baretta, Mlle Barretta ne sait pas le rôle !... Ah ! ma chère enfant, si pareille chose fût arrivée en 1868, non, vous n'imaginez pas quel feuilleton vous fût tombé sur la tête ! mais, je le reconnais, ce n'est pas de votre faute. Jadis, un rôle du vieux répertoire (c'était l'ordre) devait être su de tous ceux qui tenaient l'emploi, car tous étaient appelés à le jouer à tour de rôle. Mais M. Perrin, qui ne vise qu'aux grosses recettes se soucie des pensionnaires qui n'ont pas encore de nom comme un poisson d'une pomme. On sait qu'avec lui jamais un rôle, confié à un sociétaire aimé du public, ne tombera aux mains de la doublure, à moins de circonstances absolument improbables. Personne ne se met en règle.

Mlle Baretta n'y était point. Il est vrai que Mlle Frémaux, toute fraîche émoulue du Conservatoire, savait le rôle et s'offrit pour le jouer. On ne le permit point, mais ici, il y a deux versions.

L'une prétend que l'un des sociétaires aurait marqué un certain ennui de jouer avec une petite fille qui n'avait pas encore conquis ses éperons. Je ne la crois pas vraie. L'autre affirme que M. Perrin, entre l'horrible inconvénient de laisser paraître devant le public une jeune fille sans nom et celui de donner le rôle à une actrice connue qui n'en savait pas le premier mot, avait préféré le second.

Mlle Baretta a donc lu le rôle !

Un rôle lu à la Comédie-Française ! dans une comédie du vieux répertoire ! dans une comédie qui était depuis trois mois en répétition et qui s'est joué déjà une vingtaine de fois ! c'est un comble !

Mlle Frémaux a rengainé son chagrin. Et ici, pardonnez-moi une parenthèse. On s'imagine toujours, quand je prends texte de ces aventures pour faire des critiques générales, que je me fais l'interprète de rancunes personnelles. Je serais désolé de causer le moindre tort à Mlle Frémaux. Je crois devoir affirmer que jamais, au grand jamais, je n'ai causé avec elle, ni ne l'ai vue autrement qu'au bout de ma lorgnette. Elle est tout à fait innocente de mes réflexions qu'elle ignore... comme les ignorent la plupart de ces malheureux jeunes gens dont je prends la défense. Ils s'éloignent de moi comme d'un pestiféré. Et peut-être, après tout, ont-ils raison.

La vérité est qu'on ne les emploie pas. Les uns, on ne les fait pas débuter ; les autres, après un début plus ou moins heureux, on les abandonne à tous les ennuis d'une inaction énervante. On nous montre Le Bargy dans Clitandre des *Femmes savantes*, il y a un mois et demi, deux mois peut-être. Je n'ai plus au juste la date présente. Il n'a plus joué le rôle depuis lors. Il restera peut-être une année sans paraître devant le public.

Et pourquoi ?

Pourquoi ? oh ! mon Dieu ! un sociétaire va vous le dire : il s'enquérait de la recette du soir. La représentation était composée de deux pièces de Molière : 3.500 francs. La veille, on avait fait 4.400 francs avec l'*Étrangère*. Il fit le rapprochement et dans un élan parti du cœur :

— Ah ! çà, s'écria-t-il, est-ce qu'on n'en aura pas bientôt fini avec ce... de Molière.

A lui, mon Dieu ! je ne lui en veux pas. Mais si le gouvernement impose un directeur à ces messieurs, comme rançon de la subvention qu'il leur alloue, c'est précisément pour que ce directeur se mette en travers de ces appétits fort naturels et que, lui, à qui la question d'argent est ou devrait être indifférente, rappelle de temps à autre à ces messieurs ces vérités trop méconnues. On ne leur donne un des plus beaux théâtres de Paris et une large subvention que pour qu'ils soient tenus à faire de temps à autre 3.500 francs. S'ils devaient tous les jours encaisser sept mille avec la comédie contemporaine, il serait tout à fait inutile de les dédommager d'un préjudice qu'ils n'auraient point subi.

C'est une campagne à laquelle nous sommes très résolus et je suis convaincu que beaucoup de mes confrères s'y associeront. Il faut ou que les mœurs changent ou que l'on retranche la subvention qui devient par le fait absolument inutile.

C'est une tradition au Théâtre-Français, comme dans

beaucoup d'administrations, que le directeur distribue au personnel des gratifications, qui sont naturellement plus ou moins fortes selon les services que chacun a rendus.

Mais ce qui n'appartient qu'à la Comédie-Française, ce qui est une des drôleries les plus réjouissantes dont j'aie entendu parler, c'est que les sociétaires ne s'excluent pas eux-mêmes de cette distribution. Remarquez-le ; les sociétaires sont les maîtres de la maison. Ils s'en partagent les bénéfices. Tout ce qui n'est pas donné au personnel leur revient de droit. Que font-ils ? Ils s'entendent avec le directeur et disent au personnel assemblé, pensionnaires et employés de toutes sortes : Mes amis, nous allons distribuer quarante mille francs de gratification.

Tout le personnel se frotte les mains.

— Oui, mes amis, nous allons prendre quarante mille francs sur nos pauvres bénéfices pour récompenser ceux qui ont fait marcher la maison. Et qui sont ceux qui ont fait marcher la maison ? C'est nous sans aucun doute. Vous ne seriez pas assez impolis pour contester cette vérité. Nous commencerons donc par en prendre 35.000 ; partagez-vous le reste.

Un maître d'usine se donnant à lui-même des étrennes, est-ce que ce n'est pas à pouffer de rire ?

Et alors... non, je ne veux pas entrer dans le détail, parce qu'ici la légende s'en mêle, et que les chiffres des gratifications attribués à tel ou tel des employés deviennent, en passant de bouche en bouche, d'un dérisoire extravagant.

Ah ! la Comédie-Française est en train de se faire dans le public un joli renom d'avarice. Il me semble entendre maître Jacques dire à son maître :

— Monsieur, je vous dirai franchement qu'on se moque partout de vous, qu'on nous jette de tous côtés cent brocards à votre sujet, et que l'on n'est pas plus ravi que de faire sans cesse des contes de votre lésine... Enfin, voulez-vous que je vous dise? on ne saurait aller nulle part où l'on ne vous entende accommoder de toutes pièces. Vous êtes la fable et la risée de tout le monde, et jamais on ne parle de vous que sous les noms de ladre, de vilain, de fesse-Mathieu...

Il est certain que la Comédie-Française se distingue par une âpreté au gain, que jamais nous ne lui avons connue. Il est fort probable que les comédiens ont toujours et de tout temps eu le goût des grosses recettes, mais ils étaient tenus en bride par une direction qui savait bien que, si l'argent est une considération importante, l'honneur en est une autre. Ce sera là, je crois, le grand vice de l'administration de M. Perrin. Il a fait, je me suis toujours plu à le reconnaître, beaucoup de bonnes choses. Mais il a aidé, autant qu'il a pu, à développer dans la maison de Molière cet amour de l'argent qui en est aujourd'hui la caractéristique.

De combien est la recette?

Cela répond à tout, comme le *sans dot* d'Harpagon. Et voilà pourquoi M. Perrin tord jusqu'à la dernière goutte le succès d'un artiste aimé; pourquoi il le surmène, tandis que les jeunes gens se morfondent à attendre une occasion qui ne vient jamais d'apprendre leur métier.

24 janvier 1881.

III

LES SOCIÉTAIRES EN TOURNÉES

On ne parle actuellement que de tournées! La tournée qui fait actuellement le plus de bruit est celle qu'organisé notre ami Coquelin pour les pays étrangers. Je vois que ceux qui trouvent cette expédition regrettable à tous les points de vue s'en prennent à la faiblesse de l'administration de la Comédie-Française.

Ce n'est pas sa faute, et je crois qu'elle est toute la première fort ennuyée et de la chose même et du tapage qui se fait autour d'elle. Mais elle a les mains liées, Coquelin est dans une situation particulière.

Quant il eut achevé, il y a deux ou trois ans, ses vingt années réglementaires de sociétariat, il manifesta l'intention de prendre sa retraite. Il pensait qu'il trouverait plus d'avantages à user de sa liberté recouvrée pour s'exploiter lui-même à travers l'Europe.

On avait besoin de ses services à la Comédie-Française; on fit des instances pour l'y retenir. Il ne consentit à se rengager que sous certaines conditions, dont l'une fut qu'il aurait deux mois de congé, qu'il lui serait loisible de les prendre en bloc ou par fractions, à sa convenance, et sans s'inquiéter de celle du théâtre.

J'ignore si les stipulations furent aussi précises, ni même si elles furent écrites : ce qu'il y a de certain, c'est que Coquelin a droit à un certain nombre de jours de congé dans l'année, et c'est ainsi qu'il avait pu signer avec tel ou tel imprésario des contrats à échéance fixe, sans en demander l'autorisation à l'administration, sans même se soucier de ce qu'elle en penserait; c'est ainsi qu'il lui est permis aujourd'hui de raccoler une troupe et de s'en aller en Russie, en Pologne, et autres lieux promener son répertoire.

C'est donc légalement son droit.

Mais le droit de la Comédie-Française est de n'être qu'à demi contente, et, si j'en crois les bruits qui me reviennent de différents côtés, elle use largement de ce droit.

Elle a des raisons pour ne voir qu'avec chagrin ces expéditions.

D'abord il faut bien avouer qu'elles se font dans un moment où elles entravent singulièrement la marche des représentations. Il est de tradition que l'été est réservé aux débuts des pensionnaires, et que pendant l'hiver, qui est la bonne saison du théâtre, ce sont plutôt les sociétaires qui portent le poids du répertoire.

La Comédie ne peut donc être bien aise d'être quittée juste au mois de novembre par un des artistes qui exercent sur le public la plus légitime et la plus vive attraction. L'an dernier déjà, ou il y a deux ans, le départ de Coquelin jeta un grand désarroi dans les représentations, et ce fut une grosse perte d'argent pour le théâtre, obligé de renoncer à l'improviste à des spectacles très fructueux.

On est prévenu aujourd'hui ; ce n'en sera pas moins un moment dur à passer ; et l'on eût préféré, assurément, que Coquelin, selon l'usage, choisît plutôt parmi les mois de juin, de juillet et d'août, pour tenter son expédition.

Mais cette expédition même, en quelque saison qu'elle se fût produite, n'aurait pas été vue d'un bon œil par la Comédie-Française.

Il est certain que Coquelin réunissant autour de lui un certain nombre d'artistes pris à divers théâtres, ne va pas à l'étranger comme représentant de la Comédie-Française ; il n'emporte pas la maison de Molière à la semelle de ses souliers. Le succès ou les échecs qu'il peut rencontrer là-bas doivent être portés à son compte personnel.

Et cependant !... Comment se dissimuler que la grande renommée de la Comédie-Française est, en quelque façon, engagée dans cette entreprise toute particulière. Quoi qu'on dise ou qu'on fasse, on n'empêchera pas, qu'au nom de M. Coquelin ne soit invinciblement liée, dans l'opinion de tous les publics d'Europe, l'idée de la Comédie-Française. C'est son répertoire qui sera joué là-bas ! Comment le sera-t-il ? Merveilleusement, dans certaines parties, puisque Coquelin sera là, et que parmi les artistes qui l'accompagnent quelques-uns sont remarquables. Mais la maison de Molière vaut surtout par l'ensemble.

Ce qui maintient si haut sa réputation, c'est que chez elle les moindres rôles sont tenus par des comédiens sachant leur métier et respectueux de leur art. On peut à coup sûr faire des critiques sur le jeu de tel ou tel acteur ; l'ensemble est et doit toujours être irréprochable.

Quand la Comédie-Française se transporta tout entière à Londres, c'est précisément cette qualité d'un ensemble parfait qui frappa extrêmement le public anglais. C'est même de ce moment que date chez nos voisins la campagne, qui s'ouvrit en faveur d'un Conservatoire et d'un théâtre national, subventionné ou non, qui serait formé sur le patron de la Comédie.

Cet ensemble est-il réalisable avec une troupe de raccroc ? Pour la plupart des artistes réunis autour de Coquelin le répertoire est nouveau, ils n'en ont pas l'habitude.

Ils n'ont pas leurs rôles, comme on dit en argot de coulisse, dans les bras et dans les jambes. L'attrait de la représentation sera non dans la pièce, non dans l'ensemble, mais dans la personnalité de Coquelin, qui s'exhibera comme un phénomène.

La Comédie-Française songe, non sans quelque mélancolie, que si l'on court aujourd'hui voir Coquelin, comme un phénomène de la foire, dans les diverses capitales du monde civilisé, une part de cet engouement est due sans doute à son extrême mérite, mais l'autre part... nous pouvons bien le dire sans risquer de blesser l'amour-propre de l'éminent comédien, qui relève par une modestie très connue toutes ses qualités d'artiste... oui, l'autre part doit être mise au compte de la Comédie-Française, qui lui a fourni des rôles incomparables, qui lui a donné des partenaires dignes de lui. Eh bien ! c'est cette part-là que Coquelin peut compromettre, tout comme l'autre, qui lui appartient en propre, au hasard de ces aventures.

Il est fort probable que Coquelin réussira et je souhaite de tout mon cœur qu'il réussisse pour la Comédie-Française autant que pour lui. Mais enfin le succès n'est pas assuré. Le succès d'argent, je ne dis pas. On en gagnera toujours, la curiosité et la réclame aidant. Mais le succès véritable, celui qui se traduit par l'estime des connaisseurs, par le bon renom laissé dans les lieux où l'on passe, celui-là n'est rien moins que certain.

Coquelin lui-même peut se rappeler que telle tournée en Hollande n'a pas tourné suivant ses désirs et ses espérances. Si pareille mésaventure, ce qu'à Dieu ne plaise, devait lui être infligée, il s'en consolerait aisément en contemplant les beaux yeux de sa cassette. Mais où serait la consolation de la Comédie-Française ?

Nous voyons avec peine s'y acclimater ces mœurs qui sont tout à fait nouvelles.

Il est vrai qu'autrefois les grands artistes usaient de leurs congés réguliers pour faire des excursions dans les départements. Mais ce n'était point avec cet apparat, et surtout, ils s'arrangeaient pour ne pas désorganiser le service des théâtres auxquels ils avaient l'honneur d'appartenir.

Je ne vois dans le passé d'entreprise comparable à celle de Coquelin que les tournées à grand orchestre de Rachel et de Mlle Sarah Bernhardt. Mais c'étaient des femmes......, et si les hommes viennent à s'en mêler ! Il en sera bientôt de la maison de Molière comme des théâtres de chant où passe une étoile ; le public accourt et ne tient nul compte de l'entourage. Il vient entendre chanter une cavatine ou lancer un *ut* dièze. L'art n'a rien à voir dans tout cela. Ce sont de simples curiosités, des phénomènes, comme je disais tout à l'heure.

Oserai-je le dire ? Je ne vois pas même sans appréhension se développer chaque année davantage le goût que les artistes de la Comédie-Française manifestent à jouer de côté et d'autre, en province et dans les salons. Déjà, deux ou trois fois, il est arrivé qu'un acteur ou une actrice se trouvant subitement indisposé et faisant prévenir dans l'après-midi, on court chez un pensionnaire : il est à Fontainebleau ; chez un autre : il est à Bruxelles ! il faut changer le spectacle, et, avec une troupe aussi nombreuse que l'est celle de la rue Richelieu, il devient très difficile de composer une affiche !

Je ferai remarquer que parmi les comédiens, ceux qui jouissent de la plus haute et de la plus sérieuse estime sont restés fidèles aux vieilles traditions. Got donne toutes ses forces à son théâtre; Delaunay ne va pas colporter son talent de ville en ville, de salon en salon. Je n'ai pas leurs confidences, mais je serais bien étonné s'ils ne voyaient avec tristesse monter le flot des mœurs nouvelles.

Il n'y a dans la troupe du Théâtre-Français que les jeunes pensionnaires à qui je passerais volontiers ces escapades. Je crois que, sur ce point, je me trouve être de l'avis de M. Perrin, qui ferme volontiers les yeux sur ces infractions au règlement. Ces jeunes gens trouvent rarement l'occasion de jouer à la Comédie-Française, où ils sont engagés. Ils souffrent tous de rôles rentrés. Je ne vois pas grand mal à ce qu'ils s'échappent un soir que leur service ne les réclame pas — hélas ! leur service ne les réclame presque jamais ! — et qu'ils s'en aillent incognito, sans bruit, contribuer au spectacle de quelque ville circonvoisine. Peut-être vaudrait-il mieux encore leur tailler plus de besogne au logis, et les nommer sociétaires quand ils auraient, à force de travail, mérité cet honneur.

13 novembre 1884.

SOCIÉTAIRES ET PENSIONNAIRES

I

LES VÉTÉRANS ET LES DÉBUTANTS

Les jeunes pensionnaires ne jouent pas assez. Ce n'est certes pas la faute de M. Thierry ; il y a là une organisation mauvaise.

Non, cent fois non, il n'est pas bon que les chefs d'emploi aient le droit de mettre la main, comme il leur plaît, sur les rôles du vieux répertoire et d'en chasser leurs jeunes camarades. Cet absurde privilège est le dernier vestige d'un temps où florissait le privilège ; il faut qu'il disparaisse comme sont déjà partis tant d'autres abus.

Le public n'en sait plus rien aujourd'hui. Mais il y avait autrefois entre messieurs les sociétaires de la Comédie-Française et les malheureux pensionnaires, chargés de les suppléer, la même distance qu'il y a entre un planteur et son nègre. Les pensionnaires avaient leur foyer à part, comme aujourd'hui les figurants et les choristes, et les sociétaires s'amusaient à jouer des tours pendables à ces parias de l'art dramatique.

Vous avez entendu parler des *brimades*, qui étaient, il y a seulement quelques années, si fort en honneur à l'école de Saint-Cyr. On eût retrouvé quelque chose de pareil à la Comédie-Française. Les sociétaires *brimaient* les artistes de première année. Il n'y a pas un acteur qui n'ait là-dessus ses anecdotes à conter.

C'est un jour Mlle Contat qui passe devant le foyer des pensionnaires, qui flaire avec affectation, et, tournant la tête avec un air de dédain : « Pouah ! qu'est-ce que ça sent donc ici ? » s'écrie-t-elle ; et elle s'en va, se bouchant le nez. Une autre fois, c'est Mlle Levert qui, se trompant de porte, entre dans cet appartement de réprouvés. Tous les sièges étaient occupés, et il lui plaît de s'asseoir. Elle va droit à une jeune fille, qui n'avait guère que quinze ou seize ans : « Allons, petite, lui dit-elle, lève-toi, je suis lasse. »

La petite était Mlle Allan, qui devint célèbre plus tard, autant par le sel de ses réparties mordantes que par son jeu fin et savant. « Mademoiselle, répondit-elle avec beaucoup de sang-froid, si vous m'aviez demandé poliment ma place, j'aurais rendu ce que je dois à l'âge ; mais du moment que vous le prenez sur ce ton, je suis ici avant vous et j'y reste. » Mlle Levert en fut cette fois pour ses frais d'impertinence ; mais Mlle Allan fut obligée d'aller en Russie chercher une réputation qu'elle n'aurait jamais acquise en France.

Vous savez peut-être qu'il n'était pas d'usage alors de mettre sur l'affiche le nom des acteurs qui devaient jouer dans la représentation. On n'annonçait que la pièce. Les sociétaires arrivaient au théâtre, ils regardaient par le trou du rideau si la salle était pleine ou vide, et ne jouaient que lorsqu'ils en avaient envie. Les malheureux pensionnaires étaient obligés de venir tous les soirs à la Comédie-Française ; les trois quarts du temps, ils y venaient pour rien ; et quand par hasard on leur accordait de jouer, c'était toujours sans répétition préalable, à la fortune du pot.

On avait annoncé un soir le *Mariage de Figaro*. L'assistance était peu nombreuse. Cartigny devait jouer Figaro ; c'était le chef d'emploi. Il s'habille, voit par le trou du rideau que le public n'est pas tel qu'il l'espérait ; il se tourne vers le petit Samson (M. Samson était alors le petit Samson), et, lui tapant amicalement sur la joue : « Une bonne occasion pour toi, petit, lui dit-il ; va t'habiller. C'est toi qui joueras Figaro. »

Voilà Samson ivre de plaisir ; il monte à sa loge, s'habille en toute hâte ; car le public commençait à s'impatienter ; et descend tout palpitant d'espoir et de crainte. Il rencontre Monrose (Monrose père, bien entendu), dans les coulisses du théâtre.

Monrose n'était point encore sociétaire ; mais il était l'ancien de Samson, et partant il avait le droit de réclamer pour lui le rôle qu'abandonnait le chef d'emploi.

— Eh ! où vas-tu donc, comme cela ?
— Jouer Figaro, dont Cartigny ne veut pas ce soir.
— Ah ! vraiment. Eh bien ! rentre chez toi te déshabiller : c'est moi qui jouerai Figaro.

Et s'adressant à l'homme de service :
— Attendez que je sois prêt pour lever la toile.

Et cependant le public trépignait de fureur.

Voilà Samson bien désappointé ; il pleure, il s'arrache les cheveux ; il rencontre Cartigny, qui lui demande avec intérêt la cause de son chagrin. Le jeune homme lui conte l'affaire.

— Ah ! c'est ainsi, s'écrie Cartigny. Attends voir.

Il court aussitôt à la scène, il y trouve Monrose.

— Va te déshabiller, lui dit-il, c'est moi qui jouerai Figaro.

Et se tournant vers l'homme de service :
— Ne lève pas encore la toile, je remonte mettre mon costume.

Je voudrais bien pouvoir vous dire qu'il fut sifflé ; mais l'histoire est muette là-dessus, et l'on sait que le public parisien a toujours été, par excellence, un public bon enfant.

Voilà comment les choses se passaient en 1810 et auparavant. On me dira sans doute que les acteurs n'en étaient pas moins bons, et plût à Dieu que nous eussions aujourd'hui une troupe qui fût égale à celle qu'ont applaudie nos pères ! Mais c'est qu'il y avait alors, pour contre-balancer les effets désastreux d'un pareil système, une chose qui n'existe plus du tout à présent : un public d'habitués.

Nous sommes à peine cent cinquante ou deux cents habitués aujourd'hui, et nous ne faisons plus la loi. Le grand public, qui se renouvelle incessamment, ne s'inquiète guère de la façon plus ou moins remarquable dont les différents rôles sont joués ; il vient à la Comédie-Française comme on va dans un restaurant où l'on ne doit plus retourner. Si les plats sont bons, on est content ; mais s'il y en a de manqués, on ne s'avise pas de réclamer ; à quoi bon ? on n'y reviendra plus.

Il suffisait en ce temps-là, au bon temps, qu'un jeune homme se distinguât une seule fois pour qu'il fût adopté du parterre, pour qu'on le suivît avec intérêt. Tous ceux qui allaient au théâtre étaient mêlés aux mystères des coulisses, et si un ancien acteur avait mis à profit son âge et sa position pour traverser le succès d'un débutant, on lui eût fait payer cher ses mauvais procédés.

Les sociétaires ont moins de pouvoir maintenant ; ils sont bien plus soumis au directeur. Les pensionnaires, en revanche, n'ont plus de public où s'appuyer. Ils peuvent débuter quatre ans de suite, et aller de succès en succès sans que personne en sache rien. La critique est rarement là ; on ne la voit guère qu'aux premières représentations. Et pour le public, il se compose d'Allemands et d'Anglais qui emportent leurs impressions aux quatre coins du monde quand, par aventure, ils ont une impression.

Rien n'est plus facile aujourd'hui à un artiste qui est en pied à la Comédie-Française que de mettre des bâtons dans les roues de son héritier. Il faut rendre justice aux hommes, ils ont rarement recours à ces petits moyens, et, en tout cas, ils n'en usent qu'avec une certaine pudeur.

Vous avez vu M. Coquelin arriver avec une rapidité extraordinaire : c'est qu'il n'avait affaire qu'à des hommes. M. Samson s'est retiré de la lutte ; M. Régnier protégeait son élève ; M. Got est un artiste de trop de talent et de trop d'esprit pour ne pas accepter franchement toute concurrence, et M. Monrose n'a fait non plus aucune démarche pour entraver les premiers pas de ce jeune homme.

Soyez sûrs que si M. Coquelin, au lieu de porter le chapeau rond et l'épée de Crispin, avait été destiné par la nature à porter la cornette, il serait encore à demander un bout de rôle. Les femmes sont d'une âpreté terrible. Celles mêmes qui n'aiment point le théâtre joueraient tous les soirs pour le seul plaisir d'être désagréables à leurs compagnes. Il est bien entendu que je parle en général, il y a des exceptions, et chacune de ces dames pourra s'y mettre, si bon lui semble.

Nous n'aurions pas trop à nous plaindre, si les sociétaires étaient toutes des comédiennes d'un grand talent. Mlle Augustine Brohan voudrait jouer tous les soirs, cela serait peut-être fâcheux pour l'avenir de la Comédie-Française, mais j'avoue que je m'en consolerais aisément. Après nous, le déluge ! Le malheur, c'est que la plupart de ces dames n'ont aucun talent, et se mettent en travers des jeunes actrices qui pourraient en avoir.

6 octobre 1862.

II

LES AVANTAGES DU SOCIÉTARIAT

Le public ne sait pas assez ce qu'est le *sociétariat* à la Comédie-Française, et pourquoi il est proposé à tous les comédiens comme le dernier terme de leur ambition. Ce n'est pas pour l'argent qu'il rapporte ; les sociétaires qui sont le mieux traités ne touchent que douze mille francs d'appointements. Il est vrai qu'ils ont aussi une part éventuelle dans les bénéfices ; mais cette part a été de rien durant trente années et plus. Il n'y a guère que cinq ou six ans que la Comédie-Française s'est mise, elle aussi, à gagner de l'argent. Le plus beau dividende a été, je crois, celui de 1860 ; il a donné huit mille francs environ.

Chaque sociétaire a donc touché, cette fois-là, une vingtaine de mille francs.

Qui doute que Got, par exemple, ou Delaunay, s'il consentait à entrer dans un théâtre de genre, n'y ait aussitôt trente mille francs d'appointements, avec trois mois de congé. Les congés de la Comédie-Française ne rapportent que fort peu de chose aux sociétaires. On ne joue point la grande comédie en province, et dans le répertoire moderne même, les pièces ne sont pas faites pour un seul artiste. Supposez Got au Vaudeville ; il emporterait son répertoire avec lui ; il le promènerait à Lyon, à Marseille, à Bordeaux, partout fêté, partout payé.

Il préfère rester au Théâtre-Français, et pourquoi ? C'est que, si en effet les profits y sont moindres, il regagne en considération et en liberté ce qu'il perd en pièces de cent sous. Il ne dépend point des fantaisies du directeur, et même, dans une certaine mesure, il est au-dessus des injustes caprices du parterre. Il a une part dans le gouvernement de sa république, une part bien faible sans doute, et qui s'en va tous les jours diminuant ; mais elle suffit encore à le consoler des Mélingue ou des Dumaine qui gagnent plus que lui. La perspective du sociétariat est si séduisante qu'elle retient à la Comédie-Française bien des pensionnaires, qui pourraient ailleurs exiger de plus beaux appointements.

Que de fois j'ai vu Mlle Jouassain, dégoûtée du long noviciat qu'on lui imposait, près de rompre avec la Comédie-Française! Six mille francs est le dernier terme où puisse aspirer l'ambition d'une pensionnaire. Il est certain qu'on l'eût payée davantage au Gymnase ou au Vaudeville, où son emploi n'est pas tenu. Elle est sociétaire aujourd'hui, tout est oublié.

Le jour où Coquelin voudra, il trouvera douze mille francs d'appointements et un Sardou pour lui faire des pièces, et un public pour l'y applaudir. La tentation est forte. Il reste, cependant ; et pourquoi ? C'est qu'il espère qu'après de longues années de patience, après s'être escrimé de son mieux dans ce terrible vieux répertoire, le désespoir et l'honneur des comédiens, il aura, lui aussi, son tour, il passera sociétaire. Il était quelqu'un, il deviendra quelque chose.

Est-il convenable de jeter au hasard un titre si envié, qu'il est impossible ensuite de reprendre ?

2 février 1863.

III

DEVOIRS DE LA CRITIQUE ENVERS LES JEUNES COMÉDIENS

Vous pensez bien que n'étant sollicité par aucun autre théâtre, je suis allé tous les soirs à la Comédie-Française. Je vous ai dit l'autre jour comme elle était désemparée en ce moment et quel trouble avait apporté dans le fonctionnement régulier de la maison les soirées d'Orange. Quelques journaux ont pris un malin plaisir à compter le nombre des artistes en congé et à signaler leurs noms.

Pour quelques-uns, ces congés sont de droit ; pour d'autres, ils sont justifiés par les fatigues des expéditions à Orange ou à Pézénas.

Peut-être y en a-t-il aussi de pure complaisance, qui sont, comme diraient les théologiens, voluptuaires. Mais j'engage ceux qui se livrent malignement à cette énumération et qui la soulignent de plaisanteries faciles, à faire ce que je fais moi-même, à venir tous les soirs voir ceux qui sont restés sur la brèche. Ils seront étonnés d'abord de constater comment, en dépit de ces défaillances et de ces trous, la Comédie se tient par la force même de son institution, et puis ils auront l'agrément, qui n'est pas mince, d'aider quelques-uns d'entre ces jeunes pensionnaires à imposer leur nom au public.

Il n'y a rien de plus long aujourd'hui, pour un comédien — j'entends pour un comédien sérieux, — que d'arriver à la réputation.

A moins d'un accident fortuit, comme est, par exemple, la bonne fortune d'un rôle heureux dans une pièce qui réussit, il faut dix ans, quinze ans, vingt ans d'efforts constamment poursuivis pour conquérir un peu d'autorité.

Ce n'est pas seulement parce que dans ce métier (sauf des exceptions très rares, si rares que je n'en connais pas une seule) on n'arrive à y passer maître que lentement, en étudiant toujours; c'est surtout parce qu'il n'y a plus de public.

Au temps jadis, quand le public était presque exclusivement parisien et par cela même homogène, se composant de spectateurs familiers les uns aux autres et qui, comme on dit, se sentaient les coudes, c'était lui qui devinait les talents, qui choisissait ses favoris, qui les ceignait d'une auréole. Il ne prenait point le *la* dans les journaux, par l'excellente raison que la critique s'occupait des œuvres plus que des interprètes et que souvent même elle les passait sous silence. Lisez les anciens feuilletons dramatiques; ils sont des plus sobres sur les comédiens. Les plus grands y sont nommés et jugés en quelques lignes. Pas un mot des autres. Le reportage n'existait pas encore et ne pouvait suppléer à cette frugalité de renseignements.

Mais peu importait au public. C'étaient des assidus, tous amateurs, qui distinguaient un artiste, qui le suivaient dans tous ses essais, qui l'encourageaient, qui le formaient. Ces mœurs, vous le savez, ont disparu. Le public, sauf les jours de première et de seconde représentation, est des plus mêlés. Ceux qui le composent se renouvellent sans cesse et ne peuvent plus s'entendre. Ils emportent, chacun de son côté, leur impression, et cette impression dispersée aux quatre vents ne fait plus balle.

Les journalistes, de leur côté, depuis qu'ils rendent compte des nouveautés le lendemain même de la première représentation, ont pris l'habitude de ne plus parler que de ces premières. Ils ne vont point aux soirées de répertoire à la Comédie-Française, non plus qu'à l'Odéon, non plus même que dans les théâtres de genre, quand par hasard ils en donnent. C'est là pourtant que se produisent et s'affirment les talents nouveaux; c'est là qu'ils luttent obscurément contre l'indifférence de la foule. Ils n'ont rien à attendre du public, lequel se désagrège pour se recomposer tous les soirs, et qui n'est qu'une poussière au vent. Les critiques ne s'occupent pas d'eux, parce qu'avec eux il n'y a pas (sauf exception) d'article du lendemain à faire; en sorte qu'ils s'épuisent, comme auraient dit nos pères, à rouler le rocher de Sisyphe.

Je causais l'autre jour avec un acteur que je ne veux pas nommer.

— Monsieur, me disait-il, je joue en ce moment presque tous les soirs, et des rôles différents. Le public de chaque jour me paraît fort satisfait, et mes amis me disent qu'il l'est effectivement. Vous-même vous avez bien voulu constater à diverses reprises le résultat de mes efforts. Avec tout cela, je ne sors pas de la pénombre. Il me faudrait le hasard d'une création bruyante. Mais ce hasard comment le provoquer? on ne peut que l'attendre.

Et je me disais à part moi, l'écoutant se plaindre sans aigreur aucune d'ailleurs, en honnête homme fermement décidé à faire son devoir, coûte que coûte :

— Il a raison, ce garçon. C'est nous, critiques, qui sommes dans notre tort. Puisqu'il n'y a plus de public, c'est nous qui devrions en tenir lieu aux acteurs. C'est nous qui devrions les imposer lentement à la foule, qui s'est malheureusement désintéressée du soin de les choisir.

Vous souvenez-vous, mon cher Jules Lemaître, d'une conversation que nous eûmes, un soir, à ce propos, dans le temps que vous étiez encore, aux *Débats*, de l'Église militante? Je vous grondais doucement, comme un oncle indulgent. Je vous querellais de ne parler des artistes qu'avec indifférence, et souvent même de n'en point parler du tout.

— C'est si ennuyeux, me disiez-vous, de chercher des épithètes qui soient justes et qui ne les blessent point ? Et puis, à quoi bon ? ils n'en seront pas meilleurs...

Et moi, je vous représentais chaudement quel plaisir c'était de prendre un inconnu par la main, de le tirer lentement à la réputation, et, en revanche, quelle joie il y avait à désencombrer son chemin de renommées, comme il s'en fabrique tant aujourd'hui, usurpées à grands coups de réclame.

— Vous êtes jeune encore dans la critique, vous disais-je. Vous ne vous doutez pas du réconfort qu'apporte à un pauvre diable qui a travaillé trois mois un rôle ingrat dix lignes de feuilleton où il sent une approbation vraie et une sympathie sincère. Une fois arrivé, une fois en pied dans son théâtre, il vous oublie ; qu'est-ce que cela fait ? Est-ce que c'est pour être payé de reconnaissance qu'on écrit quand on aime le théâtre ? C'est pour son plaisir, c'est parce qu'on aime à voir la comédie bien jouée, et qu'elle l'est toujours mal par les faux grands artistes.

Et je vous conviais à nous associer pour cette œuvre commune, en gardant chacun, bien entendu, la liberté de nos appréciations. Mais il était si rare que nous fussions d'un avis différent. Le diable, c'est que, pour tenir cet emploi d'avertisseur, il faut rester à Paris tout l'été ; car il n'y a qu'en été qu'on joue souvent du répertoire et qu'on y exerce les talents ignorés.

Et encore ! et encore ! ah ! mon ami, les jeunes échappés du Conservatoire sont bien roublards à cette heure. Ils ont parfaitement vu que jouer pendant l'été des rôles extrêmement difficiles, dans des œuvres magistrales, devant des publics internationaux, ça ne menait à rien que d'être discutés dans le feuilleton du *Temps :* alors, ils ont, eux aussi, demandé des congés durant la saison chaude. Si je pouvais leur dire : « Vous aurez dix lignes de Jules Lemaître », peut-être dresseraient-ils l'oreille, mais moi..., ils prennent l'arme de la fuite.

Vous connaissez le mot du général de l'empire : A la guerre, ce sont toujours les mêmes qui se font tuer. Il n'en va pas autrement au théâtre. Il y en a qui aiment jouer pour jouer, qui sont toujours là. Il y en d'autres qui sont fortement pénétrés de l'idée du devoir professionnel et qui se tiennent toujours prêts. Mais le nombre de ces enragés va se rétrécissant d'année en année. Les débutants ne veulent plus jouer que les beaux rôles dans les belles pièces et en belle saison. J'en sais qui, aux offres de leur directeur... Mais je ne veux pas dire tout ce que je sais. Mieux vaut payer d'un remerciement les excellents artistes qui nous assurent encore à nous des soirées agréables rue Richelieu et qui maintiennent de leur mieux devant les étrangers la vieille gloire de la Comédie-Française.

16 août 1897.

IV

LES DÉBUTS D'ARTISTES, AUTREFOIS ET AUJOURD'HUI

Permettez-moi de vous faire observer ici combien les mœurs de la Comédie-Française ont changé depuis quelque vingt-cinq ans.

Jadis, quand un jeune homme était engagé à la Comédie-Française et qu'il devait faire ses premières armes dans une pièce du répertoire, voici comment les choses se passaient. Deux ou trois jours auparavant, parfois la veille, on l'avertissait de se tenir prêt; on lui accordait une de ces répétitions sommaires, qui ont reçu dans l'argot théâtral le nom de raccord.

Il entrait tout naturellement dans la pièce, qui était depuis longtemps montée, et, pour me servir du terme consacré, au répertoire courant. Il se trouvait ainsi *encadré* dans la vieille troupe, comme au régiment une recrue entre des grognards. Il était pour cela même soutenu, assuré contre ses propres défaillances. Il lui était bien difficile de déparer un ensemble excellent; il reprenait courage et il était, comme disent les Grecs, meilleur que lui-même.

Au reste, on ne convoquait point la presse. Pourquoi l'eût-on conviée, avec un grand fracas, à un repas qui n'était pas de cérémonie, où elle n'eût rencontré que la fortune du pot? Le débutant ou la débutante s'en allait, de son pied léger, chez les deux ou trois critiques qui passaient pour avoir le goût du vieux répertoire et leur disait : Venez donc ce soir; vous me ferez plaisir. — Ou : Je vous en supplie, ne vous dérangez pas; je crains de manquer mon affaire. Je vous préviendrai quand je serai affermie dans le rôle.

Le reportage — c'est à peine s'il existait en ce temps-là — ne soufflait mot de ces essais, qui se faisaient, pour ainsi dire en famille, et j'étais à peu près le seul qui le lundi suivant distribuât, selon l'occurrence, quelques mots d'encouragement ou de blâme au néophyte. Le public apprenait ainsi peu à peu son nom, et le jour où il paraissait dans une création, tout le monde le connaissait sans trop savoir où il avait commencé à faire sa réputation

Ce n'est plus du tout ça. Les débuts ont pris à la Comédie-Française une importance extraordinaire. Quand un petit jeune homme, frais émoulu de ses classes, prend possession d'un rôle, la chose se fait avec autant de solennité que s'il s'agissait d'un archevêque officiant sa première messe dans la cathédrale, où le Pape vient de l'envoyer par belles lettres patentes.

Le reportage y va de toutes ses cloches, qui sonnent à grandes volées ! On convie, à grand renfort de tambour et de musique, toute la garnison de la ville, je veux dire le ban et l'arrière-ban des amateurs. Et quel recueillement dans la salle à l'offertoire, pardon ! aux premiers mots du jeune lévite... Ah ! non, ce n'est pas cela ; je m'embrouille dans les archevêques et les comédiens : ça ne se ressemble pas du tout, si ce n'est que les comédiens portent leur tête à cette heure comme si c'était le saint sacrement ; et ils sont sérieux, et ils se prennent au sérieux et on les prend au sérieux !... Ah ! Seigneur Dieu ! les prend-on assez au sérieux !...

Oui, c'est flatteur, mais voilà l'inconvénient, car tout se paye en ce monde. Autrefois, nous faisions crédit aux jeunes artistes qui débutaient dans la carrière. Nous ne demandions pas que des collégiens émancipés, qui avaient dans la poche de quoi nous payer un dîner à vingt-deux sous par tête, nous fissent servir des truffes et des écrevisses bordelaises. Ils nous invitaient à la bonne franquette, et nous nous mettions sans façon à table avec eux. Mais un dîner prié, c'est un dîner prié. Quand on nous a, depuis huit jours, dans les soirées théâtrales, crié avec accompagnement de grosse caisse et de cymbales que M. Garnier débute avec Mlle Rosamond, laquelle débute avec M. Garnier ; quand on nous a, dans une foule de boniments plus ou moins spirituels, conté par le menu le détail des aventures qui ont amené ce prodige extraordinaire de Mlle Rosamond débutant avec Garnier, et de Garnier débutant avec Mlle Rosamond, tous deux flanqués de Laroche par devant et de Mlle Fayolle en serrefile; quand notre attente et celle du public ont été ainsi, durant plusieurs semaines, excitées et surexcitées par tous les coups de trompette de la publicité parisienne, il nous est bien difficile, avouez-le, de nous contenter du petit menu qui nous eût suffi autrefois. Nous arrivons, c'est le cas de le dire, la bouche enfarinée. Et dame! si l'on ne nous donne que du son!...

C'est ce qui explique un peu la déception que nous avons éprouvée l'autre soir à la Comédie-Française. Quelques-uns de mes confrères sont allés jusqu'à dire que la représentation avait été indigne de la maison de Molière. C'est pousser les choses bien loin. Non, mais on éprouvera toujours je ne sais quel dépit, qui rend injuste, à voir les montagnes accoucher d'une souris. Garnier et Mlle Rosamond, Mlle Rosamond et Garnier... C'était trop d'un. Il eût fallu les séparer. On aurait dû mettre Garnier dans une case et Mlle Rosamond dans l'autre. Ils étaient trop neufs tous les deux pour se prêter assistance l'un à l'autre.

Il n'y a rien de plus moral que la fable de l'aveugle et du paralytique. Mais que voulez-vous? Ce n'est pas au théâtre que la morale triomphe. Est-ce Mlle Rosamond qui a prêté ses yeux (et elle aurait eu tort, car elle les a fort beaux) à Garnier? Est-ce Garnier qui a mis ses jambes au service de Mlle Rosamond? Mais il eût mieux valu pour l'un et pour l'autre d'avoir chacun un partenaire complet. Parce que, voyez-vous, dans ces cas, voici ce qui arrive : c'est que c'est le paralytique qui marche, et c'est l'aveugle qui conduit, et dame! alors!

16 janvier 1882.

V

LE RÉGISSEUR GÉNÉRAL

Je parle souvent à mes lecteurs des vieux habitués du Théâtre-Français, avec qui j'ai causé dans ma jeunesse, et qui m'ont mis au courant de l'ancien répertoire. Il n'y en a aucun dont la conversation m'eût été d'un plus grand fruit que celle de Guillard. J'étais en ce temps-là beaucoup moins absorbé que je ne suis par toutes sortes de travaux : tous les jours je montais chez l'aimable Verteuil, qui était alors secrétaire de la Comédie-Française. J'y passais une heure à causer avec tous ceux qui venaient là. Guillard s'y trouvait toujours. C'était lui qui, officiellement, était chargé des archives et de la bibliothèque. Mais la bibliothèque de la Comédie-Française est perchée dans les combles, et c'était grand hasard quand il s'y rendait un visiteur. Guillard tenait ses assises chez Verteuil, ou dans le cabinet de l'administrateur.

Je le vois encore, la calotte sur la tête, la tête penchée, le regard fin, une voix douce et railleuse, contant sur chaque nom qui passait dans la conversation les anecdotes et les souvenirs dont sa mémoire était pleine. C'est de lui que je tiens à peu près tout ce que je sais sur les temps qui ont précédé mon entrée dans la critique. Il avait tout de suite vu que j'étais un fanatique, et cette communauté de sentiments avait immédiatement établi entre nous deux une liaison que des conversations quotidiennes rendirent plus affectueuse.

J'ai moins pratiqué Davesnes, qui était toujours occupé aux répétitions, car il était de par ses fonctions second régisseur. Mais quel est l'amateur du Théâtre-Français, qui n'a pas ouï parler du bon, de l'excellent, du judicieux Davesnes? Davesnes était l'homme de la tradition. Il avait vu les grands artistes dans toutes leurs créations, et il en avait gardé un souvenir très fidèle. C'était d'ailleurs un homme très lettré, très intelligent, qui, en sa jeunesse, je crois, avait voulu devenir comédien, mais s'était aperçu vite comme Michonnet, que s'il avait l'intelligence, l'instruction, le goût, il lui manquait les dons naturels : il s'était donc rabattu à n'être plus que la meule qui aiguise le couteau, ne pouvant être le couteau lui-même.

Il y a dans le *Frou-Frou* de Meilhac et Halévy une phrase charmante, dont je n'ai pas le texte exact sous les yeux ; mais je m'en rappelle le sens. Frou-Frou a fait venir un pauvre hère, souffleur de son état au Palais-Royal, pour surveiller les répétitions d'une pièce, qu'elle veut jouer au profit des pauvres. Elle cause avec ce brave homme, et elle est étonnée de lui trouver du sens, de l'esprit et des connaissances.

— Ah ! lui dit-il, avec un mélange de fierté et de modestie, vous ne vous doutez pas de tout ce qu'il faut savoir pour être souffleur !

Eh bien ! vous ne vous doutez pas de tout ce qu'il faut savoir pour être régisseur, ne fût-on que second régisseur.

Savez-vous bien que Davesnes était consulté par les plus grands artistes de la Comédie-Française, et que ses avis, toujours présentés d'un ton modeste, avec une humilité fuyante, étaient toujours écoutés et faisaient loi. J'ai vu Mlle Favart, embarrassée de l'expression à donner à un passage, dire, en désespoir de cause :

— Je demanderai à Davesnes.

Davesnes avait plus d'autorité, en ces matières, que n'importe quel semainier, et je dirais presque : que le directeur lui-même. Car M. Edouard Thierry, qui savait quel fond on pouvait faire sur un tel homme, se reposait sur lui de beaucoup de détails.

Vous le dirai-je ! Vous entendrez parfois les critiques se plaindre qu'il n'y a plus d'acteurs. Rien n'est plus faux. On a encore, et l'on aura toujours des acteurs; peut-être pas des acteurs de génie, le génie étant une exception rare, mais des acteurs de talent, des acteurs égaux à leur besogne. Ce qui manque aujourd'hui et ce qui manque de plus en plus, c'est le régisseur.

Sachez-le : sans régisseur, pas d'acteur. L'acteur (sauf exceptions, cela est entendu toujours) est une machine dont le ressort est le régisseur. Le régisseur, c'est l'âme d'un théâtre. Il va sans dire que le directeur fait souvent office de régisseur; je prends le mot de régisseur dans sa plus large acception : il désigne le metteur en scène, quelque soit son titre officiel.

Montigny était à la fois directeur et régisseur; comme il avait l'esprit despotique, Derval, qui eût été pourtant un conseiller utile, ne possédait aucune initiative. Il exécutait en tremblant ce qu'avait ordonné le maître. Cette autocratie n'a pas eu d'inconvénients tant que M. Montigny a été dans la force de l'âge et la plénitude de son talent. Plus tard, il n'a pas eu à se louer de ne plus trouver de contrepoids dans ses subalternes.

On en peut dire autant de M. Perrin. Son malheur, c'est de n'avoir pas rencontré un Davesnes. Il est vrai de reconnaître que, s'il l'eût trouvé à la Comédie-Française, il l'eût annihilé ou brisé. Au moins était-il, lui, un remarquable metteur en scène : il agissait en vertu de principes qui ne sont pas les miens. N'importe ! c'était dans le métier un homme de premier ordre.

Mais la race des grands metteurs en scène disparaît.

Les acteurs, aujourd'hui surtout que le métier est si peu connu, ont besoin d'être incessamment conseillés, soutenus, dirigés, surveillés et surtout et avant tout commandés. Il n'y a plus de directeurs ni de régisseurs. Aux Édouard Thierry il faut des Davesnes; il n'y a plus, hélas! ni Davesnes, ni Édouard Thierry.

10 août 1885.

LE COMITÉ DE LECTURE

Me voici libre maintenant de revenir à cette question des comités de lecture, qui est toujours pendante devant l'opinion publique. Les lecteurs se rappellent, j'imagine, la très vive philippique de M. Charles Edmond, qui a paru ici même; il n'en est pas sans doute qui n'aient lu dans le *Figaro* la lettre de M. Latour Saint-Ibars et celle de M. Edouard Fournier. Ils connaissent donc les pièces du procès. A mon tour de dire mon avis, et de donner mes raisons.

Il y a dans toute cette affaire un point que personne, absolument personne, n'a touché, et qui me semble être pourtant le nœud de la discussion.

Juger une œuvre de théâtre après qu'elle s'est produite à la rampe, si cela est difficile et délicat, au moins ne l'est-ce pas plus que de critiquer toute autre œuvre d'art, un roman, un tableau, une statue. Il y faut assurément du goût, des connaissances spéciales, un amour de la chose; il n'y faut pas un génie particulier.

C'est une toute autre affaire de donner son avis sur une pièce qui est encore manuscrite. Dumas fils dit, dans une de ses préfaces, que l'art du dramaturge consiste à voir le monde, non pas sous son angle véritable, mais sous un angle qui paraîtra vrai à quinze cents personnes assemblées. De même l'art du critique, qui lit une comédie avant la représentation, consiste à prévoir ce qui, dans la pièce, bien que faux peut-être en soi, et absurde à ne considérer que la logique ordinaire des choses, est néanmoins tourné de façon à faire sur le public office de vérité. J'avoue que cette théorie, si rapidement exposée, étonnera peut-être le gros public. Je suis convaincu que tous les hommes qui ont fait du théâtre, ou qui s'en sont occupés, me comprendront à demi-mot. Oui, il y a derrière la rampe une logique qui se moque de la vraie logique, de la logique de la vie : oui, il y a des combinaisons que la raison déclare absurdes, des mots que le goût ordinaire réprouve, et qui, portés sur la scène, éclairés des feux du gaz, exciteront les larmes ou le rire de deux mille personnes.

Où est la règle pour juger de cette sorte de mérite ? Il n'y en a point ! C'est un don. Voilà votre portier, votre charbonnier votre valet de chambre : ils l'ont peut-être. Et vous, qui avez fait vos classes, vous à qui une longue éducation et de nombreuses études comparatives ont épuré le goût, vous ne l'avez pas, vous ne l'aurez jamais.

Je n'oserais pas dire que c'est affaire de génie; il faut garder ces grands mots pour les choses qui en valent la peine, c'est affaire d'instinct. Tel homme est né avec ce flair dramatique. Il met juste le doigt sur la scène qui soulèvera l'indignation du public et fera chavirer la pièce : ne lui demandez pas le pourquoi, il n'en sait rien, il ne pourrait répondre.

Cet instinct est fort rare. Il est suppléé chez ceux que leur métier oblige à choisir des pièces, par l'étude, par la comparaison incessante, par la réflexion. J'avoue qu'à moi personnellement, la nature me l'a refusé. Mais voilà longtemps que je m'occupe passionnément du Théâtre, que je vois certaines scènes qui réussissent et d'autres qui tombent, que j'en cherche et que j'en trouve la raison ; je juge par analogie, et, bien que cette façon de juger soit des plus sujettes à l'erreur, je puis encore, en bien des cas, donner un conseil utile, ou hasarder une prédiction qui a chance de se réaliser. Je n'en répondrais certes pas : au lieu qu'après voir lu un roman en manuscrit, j'en pourrais presque à coup sûr porter un jugement que l'événement ne démentirait guère ; je serais très incertain, après la même épreuve sur une œuvre de théâtre. Mais enfin il faut bien reconnaître qu'à défaut de ce don spécial, que possèdent un très petit nombre d'hommes, ceux-là seuls sont les meilleurs juges des comédies, qui en ont beaucoup vu, chez qui la pratique quotidienne supplée à l'instinct absent.

Voilà, ce me semble, la question à peu près résolue. Dans les théâtres où un directeur est seul maître et répond de son industrie, c'est à lui d'être cet homme de génie, ou de le choisir parmi ses amis ou employés. S'il se trompe, c'est à ses risques et périls ; et personne n'a de reproches à lui faire. Cette théorie, la seule vraie, explique en même temps et les erreurs étranges des directeurs, qui refusent une œuvre que l'événement prouve ensuite être excellente, ou qui acceptent des inepties que le public siffle avec indignation. Le jugement des œuvres à représenter est obscur et plein d'incertitudes, comme tout ce qui relève de l'instinct pur. Tandis que M. Montigny joue, malgré lui, le *Fils de Famille*, qui doit l'enrichir ; que le directeur du Vaudeville fait faire durant des années le pied de grue à la *Dame aux Camélias*, qui renouvellera le théâtre moderne, tel autre impresario recevra avec enthousiasme et représentera avec conviction les *Chanteurs ambulants*, ou les *Dettes de cœur* ; il y a dans tout cela du flair ; il y a du hasard. Eussiez-vous, à la place de M. Moreau-Sainti, reçu l'*Œil crevé*, si on vous l'avait apporté? Vous, peut-être; pas moi, et par toutes sortes de raisons qui eussent été excellentes. J'aurais, au nom de la logique, repoussé ma fortune.

Parmi les théâtres subventionnés, les uns ont remis tous les pouvoirs à un directeur; et je n'ai rien à dire contre cette solution, si le directeur a le flair dont nous parlons, et si, de plus, il est indépendant et intègre, mais un homme fait sur ce modèle, c'est le merle blanc à rencontrer. Êtes-vous certain de mettre la main dessus? Si oui, prenez-le : de toutes les combinaisons possibles, c'est à coup sûr la meilleure. Mais cet oiseau rare, où l'avez-vous déjà trouvé?

Admettons pour un instant que vous ayez eu la chance de tomber sur un connaisseur qui ait le flair dramatique, sera-t-il sans passions et sans préjugés? Donnez-lui un grain, je ne dirai pas de servilité, mais tout simplement de complaisance; c'est le maréchal Vaillant qui recevra les pièces, ou à son défaut quelque chef de division. Supposez-lui de l'aménité de caractère et le goût du monde, il acceptera de toutes mains pour ne désobliger personne, et chargera, sans compter, l'avenir de la Comédie-Française, pour s'éviter l'ennui de voir un visage chagrin. Ne peut-on pas craindre encore qu'il n'ait des partis pris de personnes ou d'école? Un homme, après tout, n'est pas un ange; il a ses préférences et ses dégoûts qui altèrent à son insu la netteté de son jugement. En savez-vous un qui soit exempt de ces faiblesses humaines? Oh! si vous le connaissez, nommez-le et la discussion est close.

Mais si vous vous défiez, et non sans quelque raison, d'un administrateur irresponsable; si vous pensez qu'il est plus prudent de tempérer son omnipotence, en lui enjoignant de prendre l'avis de quelques personnes, il nous faut un comité de lecture. De qui le composerons-nous? D'hommes qui aient l'instinct dramatique. Mon Dieu! je ne demande pas mieux assurément. Mais où sont-ils ceux-là ? prenez les noms les plus célèbres dans la critique théâtrale. Vous y trouverez des écrivains très distingués, des causeurs de beaucoup d'esprit, toutes les qualités possibles de l'homme de lettres ; mais le flair du théâtre, l'auront-ils ? J'en doute. Voulez-vous que je vous dise ceux chez qui je l'ai rencontré ; Dumas qui le possède à un degré prodigieux, et qui l'a éguisé par la réflexion ; Sardou chez qui il est plus spontané ; Émile Augier qui le raisonne davantage, et d'autres encore que je connais moins particulièrement, mais tous écrivains dramatiques, composent des pièces pour leur propre compte, et la raison en est bien simple ; c'est que possédant une faculté si rare, ils l'appliquent plus volontiers à pratiquer l'art pour eux-mêmes, qu'à juger les productions des autres. Comprenez-vous un jury d'auteurs pour décider le rejet ou l'admission des pièces ? Vous voyez d'ici les objections se dresser en foule ? et la première, c'est qu'ils refuseraient tous avec ensemble d'être membres de ce comité.

Prendrez-vous des journalistes ou des gens du monde ? mais posséderont-ils les qualités nécessaires ? Et quand même vous auriez eu l'incroyable bonheur de constituer un jury qui eût à la fois l'instinct et l'instruction, êtes-vous certains que ces messieurs apporteraient à leurs fonctions le zèle nécessaire ; qu'ils n'accepteraient pas tout indifféremment, par facilité de mœurs, par goût de bonne compagnie, pour ne point contrister des écrivains à qui ils serrent la main dans les salons ? Le théâtre des Variétés a eu jadis un comité de lecture ainsi composé : trois ans après, ses cartons regorgeaient de pièces reçues, et qu'il fallait jouer sous peine de dédit.

Un jury de comédiens n'est pas sujet à ces complaisances. Il sait que, s'il accepte une comédie, il lui faudra la représenter, et cette considération l'arrête. Je veux que tous les comédiens n'aient pas cet instinct de divination, sans lequel il n'y a pas de bons juges des manuscrits, et je crois qu'en effet, la plupart ne l'ont point. On ne saurait, en revanche, leur refuser la connaissance de la scène, une étude attentive des dispositions du public, l'expérience que leur donne ce nombre infini de comparaisons par où ils ont pu se dresser à prévoir juste.

Là-dessus on pousse des cris d'horreur. Soumettre une œuvre de poëte au jugement d'un acteur! Il faudrait pourtant bien s'entendre sur ce point délicat. La différence est plutôt entre les hommes qui exercent les arts, qu'entre les arts eux-mêmes. Frédérick Lemaître était fort supérieur à la plupart des dramaturges dont il voulait bien jouer les pièces, comme Feuillet ou Sardou l'emporte infiniment sur Félix.

Le comédien doit, sans doute, aux répétitions, se mettre et rester aux ordres du poëte : mais c'est par cette simple raison qu'un traducteur demande à l'auteur original le sens d'un passage difficile ; il est clair que l'art du comédien, ainsi que l'a fort bien remarqué M. Charles Edmond, n'exige pas les études diverses qui sont nécessaires à l'écrivain. Mais ces études, qui sont indispensables pour composer un bon drame, ne le sont aucunement pour en juger la valeur ou en prévoir le résultat. A défaut d'instinct, il n'est besoin là que de beaucoup d'habitude, et c'est précisément ce qu'ont les comédiens.

Cela est si vrai, que la plupart de nos écrivains dramatiques consultent journellement leurs futurs interprètes, et demandent leur avis. Ils ne font pas cet honneur à tous; mais n'y a-t-il aussi parmi les auteurs que des gens d'esprit? On peut dire qu'à la Comédie-Française notamment, le nombre des comédiens instruits, intelligents, et qui ont réfléchi sur leur art est considérable. Est-ce que Samson, Régnier, Got, ne sont pas fort capables de donner un bon conseil, et de porter un jugement sain? Ils se sont trompés souvent; mais qui donc n'a jamais failli? Est-ce que nous tous nous ne commettons pas de ces erreurs? Comment! il m'arrive, à moi, après la première représentation d'une pièce, d'hésiter et de donner à gauche, et je m'étonnerais que d'autres, avant cette épreuve, se fussent laissé abuser, soit en bien soit en mal!

Mais ils ont des préjugés, des jalousies, de petites passions qui corrompent la netteté de leur jugement. Ils en ont, cela est certain. Vous dites que des acteurs n'aiment pas à recevoir une pièce où leur camarade espère un beau rôle, et je le crois comme vous. Vous dites qu'ils exercent de mesquines vengeances contre tel ou tel écrivain qui les a blessés, et j'en suis convaincu également. Eh bien! après? Trouverez-vous jamais des hommes exempts d'amitiés ou de haines, libres de toutes préventions, qui planent au-dessus des désirs ou des craintes?

Vous connaissez donc, en ce cas, des hommes qui ne seraient pas des hommes. Les acteurs sont hommes, mais tous ceux que vous mettrez à leur place le seront également, et ils ne seront pas retenus dans leur déni de justice, par cette considération, que l'intérêt de la maison, le leur, après tout, exige le sacrifice de certaines rancunes. Croyez bien que des comédiens auront toujours quelque peine à refuser, de parti pris, une pièce nouvelle, qu'ils trouveront très bonne; c'est qu'ils entendent la voix de la caisse affamée qui crie.

M. Charles Edmond les accuse, il est vrai, de sacrifier le grand art à cet intérêt particulier de la recette. Je dois dire que je ne sais pas trop au juste ce qu'on entend par *grand art*. Rien ne m'a semblé plus topique que cette conversation relatée par Villemot, entre deux claqueurs de l'Odéon.

« Vois-tu, disait l'un des deux à son camarade, c'est un théâtre très difficile, ici, parce que quand une pièce n'est pas embêtante, ils disent qu'elle n'est pas littéraire, et quand elle est littéraire, ils trouvent qu'elle est embêtante. » Le grand art ne consiste point du tout, mais du tout, à ne tenir aucun compte des goûts du public actuel, à remettre en honneur, d'une façon plus ou moins distinguée, les formes qui ont été consacrées par les maîtres, et à faire solennellement du vieux. Molière et Corneille ont donné à leur siècle des œuvres qui étaient appropriées à ses mœurs, à ses idées, au tour de son esprit ; le grand art serait de faire pour nous ce qu'ils ont fait pour leurs contemporains.

La Comédie-Française a donc toute raison de chercher des œuvres d'un souffle et d'une facture toute moderne, qui soient propres à séduire le public de 1868. Quelques personnes prétendent en faire un musée rétrospectif. C'est bien peu comprendre, ce me semble, les conditions de l'art dramatique. Il ne vit qu'à la condition de marcher toujours en avant. Croyez-vous que ces chefs-d'œuvre mêmes, qui forment le répertoire de notre premier théâtre, demeurent immuables comme des sphinx d'Égypte? Ils suivent les modifications de goût qu'apporte chaque révolution de siècle ; la façon de les comprendre et de les interpréter change tous les cent ans, et c'est ce qui en renouvelle l'aspect et la saveur. C'est en jouant du moderne que les comédiens apprennent à donner aux anciens une couleur plus en harmonie avec les mœurs actuelles. S'ils se confinaient dans l'étude du passé, ce ne seraient bientôt plus que des hiérophantes, accomplissant par tradition et sans les comprendre les rites d'une religion morte. C'est ainsi que les peintres byzantins reproduisent, depuis des siècles, par des procédés transmis de génération en génération, le même saint, vêtu du même habit, et dans la même attitude.

Ils font de l'art sacré. Le grand art, tel que l'entendent mes contradicteurs, me paraît lui ressembler terriblement. Tous deux sont de l'art mort. C'est bientôt dit que les comédiens refusent des chefs-d'œuvre. Et si je répondais qu'aucun ouvrage littéraire ne naît chef-d'œuvre, qu'il lui faut, comme au monument, comme à la statue, la patine du temps ; que si le poëte commence un chef-d'œuvre, c'est la critique et le temps qui l'achèvent.

Peut-être avons-nous en ce moment, dans notre littérature actuelle, trois ou quatre chefs-d'œuvre. Où sont-ils ? Nous n'en savons rien. Ils attendent le coup de pouce de la postérité. C'est la critique qui, à force de faire le tour d'une œuvre, qui, en l'envisageant sous tous ses aspects, en y découvrant sans cesse des beautés nouvelles, et les mettant en saillie, en habituant les hommes à se prosterner d'admiration, en les pliant jour à jour au respect même des défaillances et des imperfections, constitue le chef-d'œuvre, qui, avant elle, n'existait point ou du moins qu'on n'eût pas vu sans elle. Nous sommes de moitié dans tous les chefs-d'œuvre que vous adorez.

La Comédie-Française ne refuse donc pas de chef-d'œuvre, par la bonne raison qu'il n'y en a point que centenaires. Elle garde de son mieux le grand art, quand elle donne au public des connaisseurs et des délicats des œuvres qui sont accommodées à son goût présent. Les écrivains qui se plaignent d'avoir été refusés par elle, font toujours un raisonnement dont la majeure n'est rien moins que prouvée. Ils partent de cet axiome :

— Ma Comédie est excellente ; on me l'a refusée, donc...

Votre comédie est excellente ! Mais, qu'en savez-vous ?

C'est précisément la chose en question. Le comité la refuse, justement parce qu'il ne la trouve pas excellente. Son argumentation est irréprochable :

— La comédie qu'on vient de nous lire est exécrable ; nous la refusons ; donc.....

C'est cette diable de majeure qui reste en litige.

Les auteurs dramatiques n'ont qu'un moyen d'avoir enfin raison contre le comité de lecture de la rue Richelieu, c'est de se faire jouer soit à l'Odéon, soit à Cluny, et d'y obtenir un grand succès, qu'augmente encore la malignité publique.

Tout le monde alors passe de leur côté, et c'est une grêle de moqueries qui tombe dru sur la Comédie-Française. Elle n'a rien à répondre ; elle est dans son tort ; car on n'a pas le droit de se tromper, quand on exerce un pouvoir discrétionnaire et absolu. Mais, jusque-là, c'est elle qui est dans la logique et dans le vrai.

En résumé, le comité de lecture, tel qu'il est organisé, a ses défauts, qui sont inhérents à toute institution humaine. Mais ce n'est pas tout de le détruire ; il faudra le remplacer. Et tout ce qu'on inventera, tout ce qu'on a essayé, expose encore à plus de chances d'erreurs, de préventions et de parti pris. Conservons-le donc, non comme parfait, la perfection n'est pas de ce monde, mais parce qu'il est pour le moment impossible de rien trouver de mieux.

16 novembre 1868.

LES ABONNÉS DU MARDI

I

Heureux, les théâtres qui se font un répertoire. La Comédie-Française en possède un, qui est le plus riche du monde. C'est ce qui lui permet d'inaugurer une innovation qui exercera, je crois, une excellente influence sur l'avenir du théâtre et sur le goût du public.

Tout le monde sait que les Italiens sont fermés pour le moment, et qu'alors même qu'ils parviendraient à rouvrir, il leur serait impossible de rappeler leur vieille clientèle, d'offrir à la bonne compagnie parisienne le lieu de rendez-vous consacré qu'il était autrefois.

Ce sont deux soirées, le mardi et le jeudi, qui restent libres pour les anciens habitués. On n'ignore pas non plus que les grands dîners, les bals et en général les réunions de plaisir sont plus rares depuis nos désastres : il est donc tombé sur les bras des personnes riches une quantité de loisirs, auxquels elles n'étaient point faites.

M. Perrin a résolu de mettre à profit ces circonstances particulières qui aidaient si heureusement le retour du goût public vers les chefs-d'œuvre du vieux répertoire. Il avait cet avantage, que n'aurait eu au même degré nul autre directeur, d'être connu et estimé de tous les abonnés de l'Opéra, d'avoir entretenu avec ce personnel de gens distingués les meilleures et les plus sympathiques relations.

Il s'est entendu avec eux, et il est convenu que le mardi et le jeudi on donnera des spectacles qui seront appropriés à cet auditoire aristocratique.

Déjà pour les représentations du mardi, toute une partie de la salle est louée par des hommes du monde, qui ont pris l'habitude d'y venir en toilette d'Opéra ou d'Italiens, et qui y mènent leurs femmes en costume de gala. Ils ont loué chacun une ou plusieurs places pour tous les mardis ou pour tous les jeudis de la saison jusque fin avril. La location pour les jeudis ne fait que commencer, et elle n'a guère encore pris que les loges du premier rang, celle des mardis est déjà considérable ; des loges, elle a débordé sur le balcon et jusque sur l'orchestre.

Je suis, pour ma part, enchanté de ce mouvement des esprits, et je souhaite qu'il s'accentue davantage. Je conseille à tous les jeunes gens, qui ont le porte-monnaie garni, de profiter de cette occasion, et de s'assurer par avance d'un fauteuil pour la série entière de ces représentations. Pour ceux qui n'auraient pas tout de suite la somme, ils feront bien de choisir ce jour-là pour aller au Théâtre-Français, et y voir mardi à mardi, jeudi à jeudi, défiler tout le répertoire.

Voici le plan de M. Perrin qui me semble fort bon.

Dans une douzaine de jours, quinze au plus, on va donner *Marion Delorme*. On compte sur un grand succès, un succès de curiosité tout au moins, qui sera assez durable. On donnera la pièce nouvelle, une fois le mardi, une fois le jeudi ; cela fait, on ne la jouera plus jamais que les quatre autres jours de la semaine ; et alors le mardi et le jeudi seront consacrés à des spectacles variés, dont le répertoire ancien et moderne feront tous les frais.

Ce n'est pas une petite affaire que d'organiser ces spectacles. Quelque riche que soit la troupe de la Comédie-Française, et bien qu'elle ait à son répertoire courant un nombre assez considérable de chefs-d'œuvre, donner une quinzaine de représentations qui aient à la fois l'attrait de la variété et le mérite de l'exécution, c'est chose malaisée, et je puis assurer qu'elle préoccupe vivement et le directeur et les comédiens. Tous ont embrassé cette idée avec ardeur et j'espère qu'ils se tireront à leur honneur de cette difficulté.

Ai-je besoin de faire ressortir les avantages de cette combinaison ? Il se formera un public homogène, qui prendra le goût de ces grandes œuvres, suivra les acteurs, et ne les applaudira qu'aux bons endroits, quand ils méritent de l'être.

Ces représentations seront très soignées par les artistes. Quel que soit leur respect pour Corneille et Molière, il leur arrive parfois de s'abandonner devant un public indifférent et peu nombreux ; ils se sentiront mieux tenus et joueront avec plus de zèle. Le gros du public lui-même, quand il saura que les soirées du mardi et du jeudi, sans coûter plus cher, sont meilleures et joignent au plaisir du spectacle celui de la bonne compagnie, affluera dans la salle et donnera plus d'éclat à ces représentations classiques. Je les recommande à tous les amateurs de théâtre.

J'ai assisté à celle de mardi dernier, qui n'a pas laissé d'être brillante. On jouait le *Misanthrope* et le *Chandelier*, spectacle mal composé, à mon avis, et j'en parle d'autant plus librement, que c'était l'avis du directeur lui-même qui avait eu la main forcée par une maladie d'artiste.

Il me semble qu'il faut partir de ce principe dans les représentations du mardi et du jeudi : c'est que le public spécial qui les fréquentera ne tient pas à la quantité ; peu lui suffit, pourvu que cela soit exquis. Il n'arrive guère au théâtre que vers neuf heures. Il ne faut donc jamais donner qu'un acte pour l'attendre jusqu'à neuf heures et demie. Le cœur me saignait à voir toutes les loges du premier rang absolument vides, durant les quatre premiers actes du *Misanthrope*.

Il est fâcheux de donner une grande pièce comme le *Misanthrope* en lever de rideau : cela est fâcheux pour ceux qui ne la voient pas, et plus encore pour ceux qui assistent à la représentation. L'habitude est de jouer les cinq actes tout d'une tire, sans baisser le rideau. On gagne vingt minutes à ce procédé; mais au prix de quelle souffrance pour le spectateur.

Nous n'avons plus la capacité d'attention que possédaient nos pères. Ou plutôt ils avaient l'esprit plus libre, plus alerte, n'allant au spectacle qu'avant souper, quand l'estomac vide encore permet aux yeux de rester ouverts. Demander à des gens qui sortent de table, qui sont venus en toute hâte, et qui peut-être même ont pris une voiture, d'écouter durant deux heures d'horloge, sans désemparer, sans une minute de relâche, cinq actes de conversation en vers, c'est trop en vérité.

Il y faut une habitude qui manque aux gens du monde.

Au sortir du *Misanthrope*, j'entendais devant moi deux gilets en cœur qui causaient :

— Ah ! bien ! disait l'un, si tu m'y reprends ! Une autre fois, je viendrai après la première pièce.

Il est bon que le *Misanthrope* soit joué devant ce public, mais comme pièce principale, de dix heures à minuit, avec un fort intervalle de repos entre le second et le troisième acte. C'était, d'ailleurs, le système antique. Une comédie ou une tragédie en cinq actes ne se jouait jamais qu'avec une pièce légère en un acte et si l'on poussait jusqu'aux trois actes, il fallait qu'ils fussent très courts et très gais.

27 janvier 1873.

II

C'est la meilleure compagnie de France qui est là : soit ; mais c'est aussi la moins instruite de nos chefs-d'œuvre classiques.

Ils savent un tas de choses que nous ignorons, je ne dis pas ; ils se connaissent en chevaux, en voitures, en toilettes, peut-être en tableaux et en opéras ; mais pour Molière, c'est une autre affaire ; ils n'y entendent rien, parce qu'il ne suffit pas d'un goût naturel pour se plaire aux grandes œuvres du temps passé, il y faut encore de l'instruction, de l'étude, et une certaine familiarité avec les siècles où elles se sont produites.

Si encore ce monde, à défaut de savoir, apportait la naïveté d'impression et la foi jeune de l'ignorance. Mais non ; ils se donnent des airs, ils font des haut-le-corps, ils mettent leurs mains devant leurs bouches..... Allons donc ! pas tant de manières. Les Sévigné et les Du Deffant avaient bien autant d'esprit que vous, n'est-ce pas ?

Quand je pense que c'est pour vous — oui, pour vous seules — que l'on a coupé à tort et à travers dans l'*École des Femmes !* Et, ce qu'il y a de plus singulier, c'est que vous l'avez encore trouvée indécente ! Ah ! ça, c'est le dernier coup...

Mais savez-vous bien que nous autres hommes, à treize ou quatorze ans, nous commençons à lire Molière, que nous le savons par cœur à vingt, que nous l'étudions comme un dévot fait sa Bible, qu'il s'incorpore en quelque sorte à nous, et qu'à tous les instants de notre vie un vers ou un mot de Molière se dresse devant notre mémoire, nous indiquant la faute à éviter et le chemin à suivre ! Que Molière est un compagnon, un ami, un mentor, et je ne sais que La Fontaine qui partage avec lui ce privilège. Vous savez un peu mieux Lafontaine parce que ses fables ont accès au Sacré-Cœur! Mais Molière! il a écrit le *Tartuffe : Vade retro, Satanas!*

Quelle drôle de chose que l'on fasse deux nations dans une, que les hommes et les femmes y coulent parallèlement comme deux fleuves qui ne mêleraient jamais leurs eaux! Quand donc y aura-t-il une mère assez intelligente pour mettre bravement entre les mains de sa fille un Molière, un Molière expurgé si elle veut, mais un Molière!

Bien des gens s'imaginent que Molière est très connu en France. Son nom, oui; ses œuvres, non pas. On affirme qu'en Angleterre Shakespeare a passé en quelque sorte dans les veines de la nation; qu'en Allemagne les cuisinières tournent leur broche en lisant de l'autre main les poésies de Gœthe et de Schiller; qu'en Italie, les bateliers chantent en frappant l'eau de leurs rames les vers d'Aristote et du Tasse : je n'ose pas trop m'avancer, quand il s'agit des peuples étrangers. Ils croient sur nous tant de choses fausses, que nous pouvons bien, nous aussi, être trompés sur eux par l'éloignement.

Mais je sais bien ce qui se passe en France, à Paris tout au moins, et je puis affirmer que ce Molière dont tout le monde respecte si fort le nom est ignoré à un point que l'on ne saurait croire, en haut et en bas, dans la très bonne compagnie et dans la classe populaire. La classe moyenne le connaît mieux : mais ceux qui s'en sont pénétrés, imprégnés, sont encore plus rares que l'on ne pense. Molière est adoré comme les idoles, devant lesquelles on se met à genoux, sans les regarder jamais.

Nos femmes, et j'entends surtout les femmes du meilleur monde, ne l'ont point lu. Où l'auraient-elles pu faire?

Ce n'est pas au couvent, ni dans ces pensionnats modèles où elles ont reçu une éducation si convenable.

L'auteur du *Tartuffe* et du *Cocu imaginaire* y est proscrit, et l'on se signerait à voir le seul titre d'une des œuvres de l'écrivain dont Bossuet a dit : Malheur à ceux qui rient ! Plus tard, elles se sont mariées, elles ont eu bien d'autres chiens à fouetter ! Si elles ont ouvert un livre, c'est le roman du jour ; elles savent bien qu'il a existé un Molière et qu'il faut avoir l'air d'en parler avec admiration ; mais elles ne le connaissent point, ne l'aiment point et ne sauraient l'aimer.

Ces fameuses représentations du mardi et du jeudi que M. Perrin a inaugurées avec tant d'éclat à la Comédie-Française, nous ont été à cet égard une navrante révélation. Il n'y en eut jamais de plus froides, parce qu'il n'y en eut jamais qui s'adressassent à un public moins instruit, moins en état de l'être. Toutes ces belles dames s'imaginent sans doute qu'elles sont les arbitres des élégances et du goût, et les jeunes gens qu'elles traînent à leur suite sont de leur avis. Il faut que les uns et les autres apprennent qu'ils y entendent moins qu'une simple bourgeoise, dont le mari est un estimable employé ou un petit professeur.

J'ai observé plus d'une fois ce public particulier aux représentations classiques. J'ose dire qu'il avait l'air de n'y rien comprendre, qu'il y bâillait à bouche close, et que les jugements, dont je surprenais les lambeaux dans les couloirs, m'étonnaient non par leur tour paradoxal, mais par l'ignorance profonde, absolue, dont ils témoignaient. Il était évident que ces vieilles pièces étaient nouvelles à tout ce monde, et qu'elles lui faisaient l'effet d'hiéroglyphes, dont il ne saisissait le sens qu'à demi.

Voulez-vous que je vous dise ? Depuis douze ans que je

suis assidûment les théâtres, ce n'est pas à la Comédie-Française que j'ai vu se produire les belles représentations de Molière. C'est là, j'en conviens, que le Molière est le mieux joué, incomparablement. C'est là que vous trouverez (sauf des cas particuliers très rares) le public le plus détestable : inintelligent ? non pas : mais ignorant ou dégoûté.

Où j'ai eu le plus de plaisir, c'est à l'Odéon, du temps que Larounat donnait ses soins au répertoire. Mon Dieu, non ! cela n'était pas rendu avec la perfection qu'on y porte à la Comédie-Française. Il y avait des défaillances de toutes sortes dans l'interprétation. Mais quel public ! jeune, amoureux, ardent. Des étudiants tout chauds de leurs études classiques, toute cette population si instruite de la rive gauche qui savait par avance ce qu'elle allait voir, qui s'y intéressait, dont les cheveux se fussent dressés sur la tête, si on lui eût dit que le *Misanthrope* était démodé.

Ces gens-là amenaient leurs femmes et leurs filles, qui ne faisaient point de moues, qui ne se dérobaient point sous l'éventail, qui riaient à belles dents de ce qui n'était que risible, une forte éducation et l'accoutumance ayant désarmé ces situations et ces mots de ce qui s'y trouve de choquant pour d'autres.

« Pour une femme du monde, dit Labruyère, un maçon est un maçon ; pour une béguine de couvent, un maçon est un homme. »

Et moi, je dirai : Pour une femme instruite, Molière est un peintre de mœurs ; pour une ignorante, Molière est un polisson. Rien n'égale la bégueulerie de l'ignorance.

19 mai 1873.

III

Nous avons senti quelque humiliation à écouter le récit de ce qui s'est passé au dernier mardi de la Comédie-Française. On m'a conté — car je n'y étais pas — que la comédie des *Corbeaux*, qui était pour la première fois donnée à ce public spécial, avait été outrageusement sifflée, et cela de parti pris, dès le premier acte, si bien que le directeur reculant devant cette manifestation, n'avait pas osé redonner la pièce le jeudi suivant, qui est, comme on sait, le second jour de l'abonnement hebdomadaire.

Eh bien ! voilà M. Perrin joliment payé de ses peines ! Il croit, lui, ancien directeur de l'Opéra, à ce public du « high-life » et il a tout fait pour l'attirer chez lui. Vous nous rendrez cette justice, vous qui me faites l'honneur de suivre ces feuilletons, que, la première épreuve faite, nous avons toujours dénoncé cette innovation comme une des causes les plus actives de la décadence du Théâtre-Français.

De tous les publics que l'on connaisse, j'ose dire que c'est (en son ensemble, bien entendu, et sauf exception) le moins intelligent, le moins instruit, le moins attentif, le moins amoureux d'art qu'il y ait au monde. Ce public-là, voyez-vous, c'est un tas de gens « très chics » qui ne viennent que pour se saluer. A l'Opéra, ça ne me regarde pas, et d'ailleurs ça m'est égal. S'il me prend envie d'entendre une heure de musique, je me fourre dans un petit coin, et ne me soucie pas de l'inattention et de l'ennui des loges. Au Théâtre-Français, je sens comme un grand écœurement à voir qu'on jette le théâtre en pâture à tout ce monde qui fait du genre.

Je ne veux pas reprendre mes anciens thèmes; ce n'est pas du tout parce qu'ils me traitent de Prudhomme. Ah! s'ils savaient le cas que je fais de leur jugement! non, c'est que j'éprouve quelque scrupule à me répéter.

Mais cette fois!... Enfin, voyons ? Si les *Corbeaux* eussent dû trouver un peu de sympathie quelque part, c'est précisément chez ce public de raffinés et de blasés, qui affecte de mépriser les préjugés bourgeois. Il n'y a pas à dire; elle est pleine de talent, cette pièce des *Corbeaux*. Je m'étais bien dit, en la voyant : Diable, diable! quand on en viendra au public de la rue Saint-Denis, il y aura du tirage, et j'avais fait mes réserves, en vue de ce public.

Mais c'est justement le public qui se croit et qui se dit le public parisien par excellence, c'est celui-là qui témoigne de la même étroitesse d'esprit, de la même énergie de préjugés, tranchons le mot : de la même sottise.

Et vous ne voulez pas que ma bile s'échauffe! Mais, au moins, les « pourris » de la fin du dix-huitième siècle avaient-ils conservé, comme un héritage de famille, et l'indépendance du jugement, et un grand goût d'art, et l'amour de l'esprit. Les « pourris » de notre temps n'ont plus d'autre idée au monde que de s'amuser, et ils ne s'amusent plus de rien qui soit noble ou délicat. Ils s'en vont des *Corbeaux* en criant : C'est infect! et ils courent à une opérette.

Je ne sais; mais, à supposer qu'ils n'eussent pris qu'un médiocre plaisir aux *Corbeaux*, c'était leur devoir — oui, entendez-vous bien, c'était votre devoir, à vous qui avez la prétention de donner le ton et de marcher en avant — c'était donc votre devoir de sentir l'originalité de cette pièce et d'encourager au moins d'une approbation tacite le débutant qui l'avait signée.

Et s'il est vrai que M. Perrin a reculé, s'il est vrai que c'est par crainte de nouveaux sifflets qu'il n'a pas donné aux abonnés du jeudi la pièce qu'avaient réprouvée ceux du mardi, eh bien! il a eu plus tort que vous encore. Il n'a pas consulté l'auteur; je connais Becque, c'est un vaillant; il n'eût demandé, lui, qu'à lutter jusqu'au bout. Il faut croire que M. Perrin est moins crâne.

Mais que donnera-t-il à ses abonnés? Cette fleur d'aristocrates s'ennuie à Corneille, bâille à Molière, écoute d'une oreille distraite le répertoire moderne, n'a de goût pour rien. M. Perrin me répondra qu'elle ne vient à la Comédie-Française que pour les entr'actes. Cela est vrai; mais alors pourquoi s'ingère-t-elle de siffler quand on joue? Est-ce que ces choses-là la regardent?

Ah! il faut voir comme ça amuse nos comédiens de jouer devant ce public! Ils ne connaissent pas de corvée plus pénible et plus désagréable. Ils vont là comme à la guillotine. Ils se gardent bien, quand ces jolis messieurs se répandent au foyer des artistes, tout fleuris de compliments et abondants en louanges banales, ils se gardent bien de leur dire ce qu'ils pensent de leur goût. Mais j'en ai vu d'enragés contre cette nonchalance d'attention, contre ces airs de dédain ennuyé, contre ces causeries à mi-voix, qui bourdonnent sur le rebord des loges.

Ces prétendus dilettantes n'ont pas même cette idée, qui fit l'honneur des gentilshommes d'autrefois : que c'est à ceux qui composent ce que l'on appelle aujourd'hui les classes dirigeantes qu'il appartenait de distinguer les jeunes talents, de les protéger, de les imposer. Du même fond d'esprit mesquin et intolérant dont ils ont sifflé Becque, ils refusent d'admettre dans les distributions qu'on leur soumet le nom d'un pensionnaire. Ils ne veulent que les comédiens éprouvés, qui portent depuis longtemps l'estampille du succès. Ils ne connaissent point ce plaisir délicat et charmant de découvrir dans un rôle, moins savamment tenu en son ensemble, un vers bien dit, un trait original, une espérance d'avenir.

Et c'est à eux que M. Perrin sacrifie la Comédie-Française. Ils sont riches : ils payent. L'argent, c'est l'*ultima ratio !*

1ᵉʳ janvier 1883.

IV

La Comédie-Française s'en va, en dépit de ses fameux mardis, et qui sait ? peut-être aussi un peu à cause de ses fameux mardis.

Permettez-moi de revenir sur cette question, qui a fait plus de bruit que je n'eusse jamais supposé. Ce n'était pas mon intention à coup sûr ; mais parmi les nombreuses lettres que j'ai reçues — qui m'eût dit que ce public avait l'épiderme si chatouilleux ? — il s'en est trouvé une si courtoise, si sensée, si spirituelle, que je me sens le besoin de m'expliquer avec l'auteur, quel qu'il soit, ou plutôt, quelle qu'elle soit ; car la lettre part certainement d'une main de femme.

La personne qui me fait l'honneur de m'écrire pour se plaindre à moi de l'âpreté et, ajoute-t-elle, de l'injustice de mes reproches, m'allègue que ce public des mardis n'est pas si incompétent que j'ai bien voulu le dire. Elle me passe en revue les conditions sociales qu'il représente, et elle me demande s'il n'y a pas là un concours d'intelligences, tel qu'on en trouverait malaisément un semblable, réuni dans aucun autre théâtre.

Je me suis mal expliqué ou ma correspondante m'a mal compris. Je ne mets pas en doute l'intelligence de ce public spécial. Il a, au contraire, l'esprit très affiné. Ce qui m'irrite chez lui, c'est qu'il n'a pas le goût de la chose. Il n'aime pas. En art, voyez-vous, comprendre n'est pas grand'chose : sentir est tout. Eh bien ! ce public-là ne vient pas à la Comédie-Française avec l'intention de s'y amuser, et il ne s'y amuse pas. Intelligent, tant que vous voudrez, Madame, mais il pense à autre chose.

Voilà la vérité.

Et ne me dites pas que je me trompe. Je l'ai vu, de mes yeux vu, et cela dix fois, vingt fois. Tous les artistes que j'ai pu consulter en conviennent, et je vous affirme, sans crainte d'être démenti par aucun, que de toutes les corvées, la plus déplaisante qui lui incombe est celle de jouer devant vous. Ils ne se sentent pas dans un milieu attentif et sympathique.

Je suis d'autant moins suspect en disant ces vérités qu'avant l'épreuve j'avais applaudi à l'initiative de M. Perrin. A l'époque où il a inauguré ces mardis de malheur, j'avais le plaisir de causer quelquefois avec lui des intérêts et de la gloire de la Comédie-Française, pour lesquelles nous sommes l'un et l'autre, malgré nos dissentiments littéraires, également passionnés ; j'ai fort approuvé l'institution et j'en espérais les meilleurs résultats.

C'était une erreur. Je ne connaissais point ce monde que M. Perrin allait attirer chez lui. Je me suis vite aperçu de ma méprise. Les premières représentations ont été bonnes. Mais cette lune de miel n'a pas duré. Il a tout de suite été clair pour moi, comme pour tous les artistes, comme pour les amateurs, que ce public venait non pour les œuvres où il était convié, mais pour lui-même.

Savez-vous bien que je n'ai jamais, sur ce public dont j'ai pourtant si souvent parlé sans enthousiasme, rien dit d'aussi vif, d'aussi malin, d'aussi désagréable que le Moniteur officiel des élégances mondaines, *la Vie parisienne*, qui nous a peint plus d'une fois, d'un crayon léger et spirituel, cette société frivole causant et badinant dans un fond de loge, tandis qu'on récite du Molière sur la scène.

Savez-vous bien qu'il n'y a pas quinze jours les artistes prièrent un des amis de la maison, qui fait partie de ce public — je pourrais le nommer — d'aller présenter dans une loge où l'on n'avait cessé de causer et de rire à haute voix une supplique des comédiens employés dans la pièce en cours de représentation. On désirait que les locataires de la loge, ou parlassent plus bas, si cela leur était possible, ou, s'ils ne pouvaient prendre sur eux de se taire, qu'ils élevassent assez la voix pour être écoutés en public et faire la représentation à eux tous seuls.

Tenez! Madame, voulez-vous faire une comparaison curieuse. Allez-vous en un lundi à l'Odéon, le jour où l'on représentera quelque pièce du vieux répertoire. Oh! dame! là, vous ne trouverez pas de beau monde; vous ne pourrez pas causer avec vos amis dans la loge à côté, ni saluer vos connaissances dans la loge d'en face. Il n'y a là, je vous en préviens, que du petit monde : des étudiants, des professeurs, de médiocre bourgeoisie, les commerçants du quartier, les élèves du Conservatoire; pas un homme ni une femme *chics*.

Mais quel public sérieux! convaincu! Comme il s'amuse! comme il rit! comme il bat des mains! Ah! c'est qu'il aime, celui-là! S'il a payé ses trois francs, ce n'est pas du tout pour exhiber son gilet, ou faire les yeux blancs à la propriétaire d'une baignoire, c'est pour écouter des vers de Molière plus ou moins bien dits.

Ils ne les sent pas toujours bien, je le sais; et avec cela, voyez-vous, je me divertis mieux, moi qui vous parle, à l'Odéon qu'à la Comédie-Française, parce que je suis plongé dans un milieu plus sympathique; parce que les acteurs, quoique moins expérimentés, ont plus de feu et surtout plus de confiance dans leur public.

Et voulez-vous, Madame, faire une autre expérience ?

Allez-vous-en à Saint-Cloud, à Etampes, à Chartres, un soir que vous verrez affichée une pièce de Molière, jouée par une de ces troupes à la diable, qui vont exploiter les banlieues et apprendre leur métier aux dépens de qui il appartiendra, comme dit le maître.

Vous reculez d'horreur ! cet essai répugne à votre délicatesse. Pas à la mienne, Madame, et voilà pourquoi je sais mieux toutes ces choses-là que vous. On trouve là, sachez-le, un public plus neuf, qui souvent ne sait pas ce dont il est question, mais qui, ne faisant pas de genre, ne feint pas de le savoir et d'en être dégoûté. Il est naïf, il est primesautier, il se récrie, il éclate de rire, il applaudit à tout rompre. Ah ! le bon public ! l'aimable public !

Le vôtre, Madame, est un public insupportable. Il goûte tout de cette dent superbe et dédaigneuse dont parle Horace. Il ne s'émeut de rien, il ne s'amuse de rien !

Est-il beaucoup plus instruit que les autres ? Eh ? Eh ? j'en doute fort, pour ma part. Je ne suis pas très convaincu que toutes ces belles dames du monde aient lu leur Molière ; qu'elles soient familières avec le dix-septième et le dix-huitième siècle. Et comme disait La Fontaine :

> Et je sais même sur ce point,
> Bon nombre d'hommes qui sont femmes.

M. Perrin commence à être fort embarrassé lui-même vis-à-vis de ce public qu'il a formé, qu'il a choyé, qui est sa création, son honneur, sa joie. Il ne sait plus que lui donner.

Et pourquoi ?

C'est que ce public-là ne vient que pour son plaisir et n'en prend à rien.

L'autre jour, je me plaignais qu'au dernier mardi, Delaunay jouât dans deux pièces. Devinez ce qu'on m'a répondu :

— Eh ! mais le public des mardis ne souffrirait pas, quand on lui donne une pièce, qu'elle ne fût pas jouée par les meilleurs comédiens, par les chefs d'emploi.

Ainsi ce public ne connaît pas, n'apprécie pas cette joie délicate et charmante, cette joie qui était celle des vieux abonnés d'autrefois, de voir un jeune homme, de l'encourager, de le former. Non, il lui faut du plaisir tout fait et de la meilleure marque, de la marque à la mode.

> Quand c'est du Mozart,
> Pour que je jouisse,
> O gens du grand art,
> Que l'on m'avertisse.

Le nom de Delaunay le rassure ! Delaunay, c'est du Rœderer, et sur la foi du bouchon, ils boivent en pensant à n'importe quoi !

Et voilà comment ils ont sifflé les *Corbeaux* de Becque.

Ma correspondante me prend à partie sur l'indignation que j'ai témoignée.

— Eh mais ! s'écrie-t-elle, n'avez-vous pas vous-même trouvé dans cette pièce beaucoup de choses mauvaises ? Pourquoi vous gendarmer que nous vous donnions raison ?

— Eh oui ! j'ai fait bien des restrictions. Et j'eusse volontiers excusé un public ordinaire d'être plus frappé de certains défauts voyants que des grandes qualités de l'œuvre.

Mais ce public des mardis, c'est (par hypothèse) le public intelligent, le public lettré, le public de bonne compagnie ;

il est la résultante de ce qu'on appelle, dans l'abominable jargon d'aujourd'hui : les classes dirigeantes.

Le propre d'une classe dirigeante, c'est de diriger. Vous ne pouvez, sans forfaiture, vous soustraire à ce devoir de diriger. Je ne m'occupe ici ni de politique ni d'administration, ni d'aucune autre branche de l'activité humaine. Je ne me soucie que du théâtre.

Eh bien! au théâtre, le devoir de la classe dirigeante, votre devoir, Madame, celui de vos amis, c'est, quand on vous donne Delaunay dans deux pièces, de vous fâcher et de demander Le Bargy ; c'est, quand un auteur, sinon inconnu, nouveau tout au moins rue Richelieu, et plein de talent comme Becque donne une œuvre après tout remarquable et abondante en promesses, de ne pas la siffler brutalement, sans même l'avoir entendue.

Sans l'avoir entendue. Je n'étais pas à cette représentation néfaste ; mais tout le monde me l'a contée ; et c'était à la Comédie contre vous, contre les vôtres, une indignation générale. Au dernier acte, le rideau se lève sur ce misérable intérieur, que M. Perrin avait mis en scène avec un goût exquis ; on a sifflé le décor, on a sifflé ce déjeuner silencieux et navré qui le premier avait fait éclater les applaudissements de la salle.

Et maintenant, Madame, puisque que vous paraissez y tenir, je retire le mot *pourris*. Aussi bien était-ce un de ces mots que Henri Monnier appelait des mots d'auteurs. Il ne faut s'en servir qu'avec les gens qui ont lu leurs auteurs. Les autres les prennent tout de travers.

15 janvier 1883.

V

Mardi dernier, j'ai vu notre doyen, l'ancien administrateur de la Comédie-Française, le critique du *Moniteur universel* M. Édouard Thierry, errer dans les couloirs en quête d'un strapontin, qu'il ne trouvait pas. Il était sur le point de s'en retourner, quand un des habitués du mardi, avec une délicatesse charmante lui offrit sa place : et c'était justement un de ceux qui auraient eu plaisir à suivre la représentation. Pour moi, je grimpai tout en haut, tout en haut, et je dus à l'obligeance d'un élève du Conservatoire qui fit serrer ses camarades, d'avoir un bout de place d'où il me fut possible d'entendre, sinon de voir, car j'ai de fort mauvais yeux, Delaunay dans l'*École des Femmes*.

On me reproche, je le sais, mon horreur de ce public des mardis. Mais voyons ! est-ce que j'ai si tort ? De ce haut perchoir où j'étais juché, j'apercevais, à l'aide d'une forte lorgnette, des rangs d'orchestre à peu près vides. Mais sacrebleu ! occupez-les, ces places ; c'est votre seule excuse pour en priver les autres !

Je suis descendu, dans un entr'acte, au couloir des premières. J'ai entendu, de mes oreilles entendu... Oui, je vous jure que j'ai entendu ce dialogue s'échanger entre deux jeunes gens :

— Tiens ! vous ici, ce soir, un jour de Molière ?

— Que voulez-vous ? je sais bien qu'on s'embête (*textuel*), mais c'est un lieu de rendez-vous !

Non, ce que le sang me bouillait dans les veines ; ce que j'avais envie de me retourner et de lui dire :

— Mais si tu t'embêtes, puisque embêter il y a, donne-moi ton billet ! ou si ce n'est à moi, parce que, après tout, moi je trouve encore, vaille que vaille, à me placer n'importe où, donne-le à quelqu'un que ça n'embête pas. Car cela fait saigner le cœur de voir des perles jetées ainsi devant des gommeux.

Je supplie Delaunay de réserver quelques-unes de ses représentations au public ordinaire, à celui qui l'a toujours compris, soutenu et aimé. Il n'ignore pas que le public des mardis et des jeudis est, je ne dis pas le moins intelligent, mais le moins amoureux d'art qu'il y ait au monde. Tous ses camarades s'en plaignent, et, si je ne le mets pas du nombre, c'est que je n'ai pas l'honneur de ses confidences et ne voudrais pas d'ailleurs risquer de le brouiller avec des gens tout disposés à l'applaudir, par genre, du bout de leurs gants.

Delaunay a donc joué ce soir l'Horace de l'*École des Femmes*. Jamais il n'a été si jeune et si brillant! Il est incomparable dans ces amoureux de l'ancien répertoire : Horace, Valère, Mario. Il y réunit deux qualités qui semblent s'exclure : la verve de la vingtième année et un détaillé de diction absolument exquis.

C'est l'idéal de la perfection, et il en sera de ces rôles comme de ceux de Silvia et d'Araminthe ; Mme Plessy a emporté dans un pan de sa robe les jeunes premières de Marivaux ; après Delaunay, ces aimables jeunes gens n'auront plus d'interprète. Ce sera un art perdu. Delaunay l'avait recueilli de Firmin ; mais les traditions sont en train de disparaître. La chaine des temps se rompt à la Comédie-Française, comme presque partout.

16 avril 1883.

LA COMÉDIE-FRANÇAISE EN PROVINCE

I

LE PREMIER VOYAGE : DIJON ET LYON

Causons un peu du voyage de la Comédie-Française à travers la province. Aussi bien, viens-je seulement de la quitter, et ne saurais-je guère parler d'autre chose.

Lyon était après Dijon sa première étape. Quel accueil allait-on trouver dans cette grande cité ? Le succès de Dijon ne préjugeait rien. Il était tout naturel qu'une ville, dépourvue de théâtre sérieux, se fût jetée sur cette occasion unique d'entendre de la bonne comédie supérieurement jouée. Mais Lyon possède trois ou quatre théâtres continuellement ouverts ; le meilleur de la population émigre, aux approches de la canicule et se sauve, comme les Parisiens, à la campagne ou aux eaux. Les pronostics n'étaient pas rassurants : les gens qui s'y connaissaient le mieux affirmaient que l'on aurait grand'peine à faire demi-salle ; d'autres offraient de parier qu'on jouerait devant les banquettes. Tous citaient des exemples : c'était un tel qui n'avait pas fait un sou, l'année précédente ; c'était telle représentation d'une comédie de Molière, qui, à telle époque, avait parfaitement échoué devant l'indifférence du public lyonnais. Le *Misanthrope!* L'*Avare!* mais il n'en fallait pas davantage pour le mettre en fuite.

On écoutait tout cela; on le croyait à moitié; on n'en allait pas moins de l'avant. Ce qu'il y a justement de si piquant dans cette excursion, c'est l'imprévu du lendemain, la lutte, gaiement acceptée, vaillamment soutenue. A Paris, une fois la première représentation lancée, les choses vont leur train ordinaire, sans accident ni péripéties. Les recettes montent ou décroissent par une proportion qu'il est facile de calculer; on se trouve chaque soir devant un public connu, dont on sait presque à coup sûr d'avance les dispositions et l'esprit.

Ici, rien de pareil. A qui aura-t-on affaire? On l'ignore. La salle sera-t-elle vide ou pleine? Impossible de le prévoir, même approximativement. C'est l'inconnu. Aussi, de quel cœur ému ne s'interrogeait-on pas les uns les autres : aurons-nous du monde ce soir? Combien y a-t-il de location?

Et ne croyez pas qu'il entrât aucune pensée d'intérêt dans cette perpétuelle curiosité de la recette. Je l'ai déjà dit, et ne saurais trop le répéter, puisque, avec leur infernale habitude de blague, les Parisiens ont déjà trouvé moyen de tourner ce désintéressement en ridicule : des quatre artistes qui forment le fond de la troupe, Delaunay, Got, Coquelin et Mlle Favart, il n'en est pas un qui ne gagnât beaucoup plus, et avec infiniment moins de mal à courir la Belgique ou les villes d'eaux. Quelque puisse être le succès de ce voyage, jamais leur part dans les bénéfices n'égalera ce que chacun d'eux eût obtenu d'un entrepreneur.

C'est donc un sacrifice qu'ils ont fait, et librement fait; car on n'a forcé personne; ils l'ont fait par point d'honneur; ils ont été séduits par le plaisir de donner des spectacles antiques à des publics nouveaux, par un je ne sais quel goût de répandre les classiques en province, et de recommencer, après deux cents ans, et dans de tout autres conditions, le roman de Molière. Ils étaient persuadés, pour la plupart, qu'on ne ferait pas ses frais; qu'ils en seraient peut-être réduits à y mettre du leur; ils sont partis cependant, et c'est bien le moins, il me semble, qu'on leur en sache gré.

La Compagnie (vous savez que c'était le terme officiel au dernier siècle) arriva à Lyon le samedi. Le samedi et le dimanche sont là-bas, comme ici, de très mauvais jours pour les théâtres. Tous ceux que leurs affaires retiennent en ville pendant la semaine s'échappent le samedi, à quatre heures, pour ne rentrer que le lundi. Les rues de Lyon sont aussi désertes le dimanche en été que peuvent l'être nos boulevards.

Ajoutez que le thermomètre marquait 36 degrés, et que la Comédie-Française, par un scrupule peut-être exagéré, ne s'était fait précéder d'aucune réclame; il lui avait paru plus digne de ne point battre la caisse autour de son arrivée. Les deux premières soirées ne pouvaient donc être fort brillantes; on joua pour la première fois le *Misanthrope* et les *Fourberies de Scapin*; la recette ne fut que de 2,400 francs; elle baissa le lendemain de deux cents francs; le *Duc Job* était sur l'affiche.

Lundi était le grand jour. C'était ce soir-là que devait se décider le destin de la campagne. Quel spectacle donner? les timides, un peu effrayés du demi-succès des représentations précédentes, inclinaient pour qu'on choisît une pièce moderne, arrosée de quelque piment, *Paul Forestier* par exemple, dont ils supposaient que l'attraction serait plus grande. Mais M. Thierry, soutenu en cela de l'avis des plus sages, déclara qu'on n'était point venu en province pour faire de l'argent, qu'il n'y avait aucune honte à jouer les classiques devant une salle vide, et que si l'on devait périr, il fallait périr avec Molière. On afficha bravement : *l'Avare, les Plaideurs,* et l'on attendit.

A deux heures, la location était de 1.500 fr.; de 1.800 à quatre heures; la recette monta à 4.300 dans une salle où le maximum, qui n'a jamais été atteint, est de 4.900. J'ai quelque confiance au vieux répertoire; j'avoue pourtant que je fus, comme tout le monde, étourdi du résultat. Cet empressement pour voir deux comédies, qui sont si parfaitement connues, déconcertait toutes les prévisions. Ainsi donc, ceux-là étaient dans le vrai, qui n'avaient cessé de soutenir que, pour attirer le public des départements, c'était précisément Molière, Corneille et Racine qu'il fallait leur apporter. Cette province, qu'on se plaisait à peindre si détachée de tout goût littéraire, si enfoncée dans le culte des intérêts matériels, avait conservé l'amour de ces grandes œuvres! On lui promettait Harpagon et Perrin Dandin, et elle accourait!

Ah! que j'ai eu de plaisir! et quelle belle soirée!

Nos premières représentations d'hiver, à l'Opéra ou dans quelque théâtre important peuvent seules donner une idée de cette salle, si pleine, si brillante, si animée! Tout Lyon était là; et que de jolies femmes, et en toilette! et tout ce monde attentif, plein d'entrain et prêt à applaudir!

Et les acteurs! Non, on ne nous donne pas à Paris le répertoire ainsi joué. Delaunay faisait Cléanthe; Mlle Favart, Élise; Got, maître Jacques; et Coquelin, la Flèche; Talbot jouait Harpagon, comme à son ordinaire. C'est un de ses meilleurs rôles : il en a le visage ingrat, les allures soupçonneuses, l'œil inquiet et fureteur; il le rend d'habitude assez convenablement. A Lyon, il s'est surpassé. Il a été pour un jour au-dessus de lui-même. Il s'est laissé gagner à la contagion d'une salle enthousiaste, il a dit son grand monologue comme jamais nous ne l'avions entendu dire. Il a été rappelé au milieu d'acclamations. Ce jour, dont il ne retrouvera que bien rarement le pareil, marquera dans sa vie d'artiste.

Les *Plaideurs* n'ont fait qu'un effet médiocre. Il faut dire que ce n'est pas la faute des Lyonnais, dont j'ai, durant ces cinq jours, admiré le goût exquis ; la pièce était médiocrement montée, et sauf Coquelin, qui, à coups de verve et de bonne humeur, a emporté le succès, elle a été jouée par des acteurs insuffisants et las. Talbot, morne dans Perrin Daudin ; Mlle Dinah Félix, maigre dans la comtesse de Pimbêche, un rôle qui n'est pas de son emploi, et qu'elle remplissait par complaisance ; Barré et Garraud, pâles, l'un dans Chicaneau et l'autre dans Valère. C'est une pièce à rayer du répertoire de la troupe en voyage, il ne faut donner aux hôtes que des spectacles parfaits.

La représentation du lendemain fut encore plus belle. C'est Musset (Musset n'est-il pas entré dans l'immortalité ? Son théâtre n'est-il pas déjà du vieux répertoire ?) c'est Musset qui en faisait les frais : *Il ne faut jurer de rien* et la *Nuit d'octobre*. Ces deux pièces précédées d'une jolie bluette de M. Pailleron, *le Dernier quartier*, dont l'effet est beaucoup plus vif encore en province, qu'il n'a été chez nous. La recette avait monté de deux cents francs, et rien ne peut rendre la joie des comédiens devant cette affluence inespérée.

La chaleur était écrasante, et je ne crois pas de ma vie en avoir autant souffert. Mais en dépit de cette atmosphère accablante, il y avait dans la salle une singulière animation. Les acteurs craignaient un peu le scandale que pouvait produire dans une population, qui passe pour religieuse et prude, certains vers de la *Nuit d'octobre*. Mais point; tout a passé, sans ombre de résistance.

Et si vous saviez comme Delaunay et Mlle Favart ont déclamé ces beaux vers!

Cette représentation devait être la dernière. Mais beaucoup de gens, à Lyon, désiraient voir le drame nouveau, qui avait fait tant de bruit, *Paul Forestier*, de M. Émile Augier. On demanda aux comédiens de le donner avant leur départ. Ils s'y résolurent; ils croyaient tous que l'empressement du public serait encore bien plus vif que les deux jours précédents. Et comment ne pas le croire? une pièce qui avait le piquant de la nouveauté! que l'on disait si scabreuse! que tant de personnes témoignaient l'envie d'applaudir.

La recette tomba de mille francs. On fit trois mille trois cents francs. J'en demande pardon à Émile Augier que j'aime infiniment; j'aurais sauté au cou du caissier, quand il me fit part de ce résultat. C'était donc bien pour Molière et Musset qu'on était venu la veille et l'avant-veille! Il ne fallait pas chercher d'autre explication; le public était le même, semblable la chaleur, pareilles toutes les circonstances extrinsèques. Il n'y avait qu'une chose de changée, l'affiche; le doute n'était plus possible : c'est le vieux répertoire qui tenait la corde.

Un de ces messieurs résuma la discussion qui s'était élevée à ce sujet, sous une forme très amusante, et qui la termina par un éclat de rire : « Toute la question est là, dit-il d'un ton pénétré : Vaut-il mieux faire quatre mille francs en jouant les chefs-d'œuvre de Molière que deux mille en jouant le *Duc Job?* La poser, c'est la résoudre, comme dit M. Émile de Girardin. » C'est qu'au fond, cette boutade, humoristique, c'est la vérité. J'étais parti convaincu que le vieux répertoire serait pour les départements d'un attrait bien plus vif que toutes les pièces modernes. Les faits sont là qui montrent si j'avais raison. Non, ces vieux maîtres ne sont pas si délaissés que l'on croit : il y a dans toutes les villes de France une infinité de gens instruits, qui seront toujours enchantés de se retremper, quand l'occasion se présentera, à ces sources de belle littérature. Les femmes (je le dis à regret, mais c'est la vérité), les femmes de province lisent plus que les nôtres, et ont plus le temps de réfléchir. Elles sont peut-être moins au courant des niaiseries du jour ; mais à l'époque où j'habitais Grenoble, j'aurais pu citer dix femmes qui donnaient de deux ou trois heures par jour à la lecture ; et je ne connaissais qu'un petit cercle ; ce sont elles qui feront le succès de ces représentations en province.

Celle de *Paul Forestier* a été fort animée, quoique le public fût moins nombreux, et, à ce qu'il m'a semblé, moins aristocratique que les deux jours qui avaient précédé. Le succès de Mlle Favart a été immense, et les Lyonnais l'ont rappelée deux fois, après le troisième acte, avec son partenaire Delaunay. Coquelin ne s'était point présenté à ce rappel, il a fallu qu'il revînt ensuite. Je vous dis que, pour retrouver cette vivacité d'impression, il faut se reporter à nos premières représentations parisiennes.

La raison en est simple. C'est que chez nous, passé les trois ou quatre premières représentations d'un ouvrage le public est composé d'éléments hétérogènes, qui ont quelque peine à se fondre ensemble. Comme on ne se connaît pas les uns les autres, comme on n'a pas les nerfs tendus au même degré, on ne vibre pas aisément aux mêmes mots. Il y a des publics dont rien ne saurait fondre la glace. Ce sont précisément ceux qui ne se sont pas mis d'accord.

Il suffisait au Théâtre-Français de trois ou quatre spectateurs grincheux, assis à l'orchestre, pour faire tomber la grande scène du récit de Beaubourg, dans *Paul Forestier*. Ils ramassaient en eux toute la mauvaise humeur répandue dans la salle; ils lui donnaient une voix, ils emportaient par une sorte de magnétisme inexplicable, mais mille fois constaté, quinze cents personnes qui se fussent amusées un autre jour, dans un même courant de dépit et de colère. C'est qu'ils agissaient sur des gens désunis, qui ne se sentaient pas les coudes les uns aux autres.

Il faut compter encore à Paris sur cet élément étranger qu'apporte aux représentations l'institution de la claque. Il y a grande chance pour que cent romains, bien disciplinés, partant tous ensemble au même instant, aient raison d'un public qui ne se connaît pas, qui n'a pas eu le temps de s'organiser, qui, le plus souvent, ne songe pas à faire résistance.

Les salles de province sont tout autres; composées, comme celles de nos premières représentations, de gens qui s'entendent, se soutiennent, entre qui s'établit dès le premier mot une sorte de communication électrique. Point de claque : les artistes de la Comédie en ont formellement demandé la suppression dans toutes les villes où ils passeraient ; et ce n'est que par surprise qu'ils en ont eu le premier soir une à Lyon. Le public est donc libre de ses préférences et de ses manifestations, et rien n'est plus amusant que de l'étudier, et de surprendre ainsi le secret de ses goûts.

A Dijon, la population est bien plus vive ; elle a, sinon l'intelligence, au moins la main plus rapide. Les effets avaient là leur contre-coup dans la salle avec une vivacité incroyable. Les Lyonnais sont gens plus rassis : ils attendent, « comme on dit que font les Allemands, » la fin de l'acte pour applaudir, mais alors ce sont des tonnerres de bravos. Du reste, ce silence prolongé n'a rien de désagréable aux acteurs : on y sent une telle ferveur d'attention, une sympathie si profonde, que les comédiens en sont enveloppés comme d'un fluide réconfortant.

Un petit fait (il n'y a rien de tel que les petits faits pour éclaircir les questions générales) prouvera mieux que toutes les considérations du monde, la différence des deux publics dijonnais et lyonnais. Vous vous souvenez de cet endroit de *Paul Forestier*, où la jeune femme dit à Paul :

> Je voudrais être laide et te paraître belle.

Son mari la regarde un instant, et d'un ton de douce raillerie :

> Les dieux ont exaucé la moitié de vos vœux,

répond-il. La réplique est charmante. A Dijon, il s'est élevé à ce mot un frémissement de plaisir qui a couru toute la salle. A Lyon, le vers est tombé, sans que personne eût l'air d'y prendre garde ; mais au moment où la jeune femme, se posant devant son mari, lui demande avec une câlinerie moqueuse :

> Mais laquelle des deux ?

la salle s'est éveillée : elle avait compris : un Ah ! de satisfaction a circulé de l'orchestre aux loges.

Le dernier acte de *Paul Forestier* n'a pas été plus goûté à Dijon ni à Lyon, qu'il n'avait été à Paris. Il faut, pour le sauver, l'emportement de passion et la grâce de Delaunay, la simplicité pleine de grandeur et de force de Got.

Avec tout cela l'effet est médiocre. Le public, qui avait été transporté après le troisième acte, s'est retiré froid et dépité. Le grand récit de Beaubourg, dont on craignait le scandale, a passé beaucoup plus lestement à Lyon qu'à Dijon. Explique qui pourra cette différence, où personne ne se fût attendu.

C'est en tout cas matière à discussion. Ce sera là un des avantages de cette tournée dramatique. La Comédie-Française laisse à son départ, dans chaque ville, de longs sujets d'entretien.

Elle a remué des idées, elle a jeté en passant une pierre dans cette eau dormante de la vie provinciale, et les ronds iront longtemps encore en s'élargissant.

N'est-ce pas là un service rendu à des gens qui, après tout, payant une part de la subvention accordée aux théâtres impériaux, ont bien le droit de leur demander en échange quelques jours de plaisir.

On leur a donné au prix même de leurs théâtres, car la Comédie-Française n'a rien voulu changer au tarif ordinaire, des spectacles comme ils n'en ont jamais eus chez eux, comme ils ne les auraient pas même à Paris : car, au cas où l'on pourrait réunir pour une même pièce le même nombre de sociétaires illustres, ce qui manquerait à l'effet de la soirée, ce serait le public, ce public si chaud, si électrique, si heureux de s'amuser. Pour moi, je déclare, depuis dix ans que je suis avec assiduité la Comédie-Française, je n'ai jamais vu une aussi belle série de représentations que dans ces huit jours.

27 juillet 1868.

II

A ORANGE

Cette soirée unique, inoubliable, m'a révélé toute la grandeur d'un art que je n'avais fait que soupçonner, à travers les commentaires de nos professeurs en général et du digne M. Patin en particulier, sur le théâtre antique.

La représentation de gala que l'on nous avait offerte il y a quelques années à l'Opéra, où l'on nous avait joué, avec le costume antique et sous le masque, des fragments de tragédie grecque, m'avait laissé insensible.

Je vois encore Garnier, tout échauffé d'admiration, s'asseoir près de moi et me dire : Hein, est-ce assez beau ! est-ce assez simple ! est-ce assez grand ! J'avoue que je restais froid, et tout le public autour de moi avait l'air de n'y rien comprendre ; on bâillait respectueusement.

C'est qu'il ne suffisait pas de nous rendre le costume et le masque ; il eût fallu nous rendre également les conditions qui faisaient ce masque et ce costume nécessaires. J'étais là aux premiers rangs de l'orchestre, dans cette salle de l'Opéra qui, si vaste qu'elle soit, n'excède pas la portée ordinaire de l'œil, surtout quand cet œil est armé d'une lorgnette. A quoi bon, alors, me dérober le visage sous ce masque qui me paraissait affreux en son immobilité ? pourquoi me grandir les personnages qui évoluaient dans les décors faits pour des hommes de taille ordinaire ? Cette restitution du spectacle antique n'avait rien dit à mon imagination. Je n'en avais emporté que beaucoup d'étonnement et un peu d'ennui.

A Orange, c'est une toute autre affaire. La salle de spectacle est assez vaste pour contenir de 6 à 8.000 personnes, qui s'étagent de gradins en gradins jusqu'à une colline qui borne l'horizon. Cette colline même prolonge le théâtre, car elle peut se couvrir de spectateurs qui, de loin, forment amphithéâtre et regardent la scène. On a, dès l'entrée, la sensation de l'immensité. Cette prodigieuse salle n'est éclairée que par l'incertaine lumière de la lune et l'obscure clarté qui tombe des étoiles. On sent autour de soi la multitude, plus qu'on ne la voit ; c'est un fourmillement sombre d'où se dégage je ne sais quelle électricité d'attention sans que la curiosité puisse jamais être détournée ni distraite par un détail de toilette ou de visage. On ne peut que regarder le théâtre.

La scène a soixante mètres de largeur : quarante-cinq mètres de plus que celle du nouvel Opéra. Le fond représente un palais d'une architecture magnifique ; mais ce fond n'est pas, comme chez nous, une toile qui change selon le lieu où le drame se transporte ; non, la décoration est fixe : c'est un véritable palais avec de vraies colonnes de pierre ou de marbre, montant les unes par-dessus les autres, jusqu'à une hauteur extraordinaire. C'est dans cette immuable décoration formée par le palais, que se jouent toutes les pièces données sur le théâtre d'Orange.

Lorsque, en 1878, on nous a offert à l'Exposition universelle, une réduction du théâtre d'Orange tel qu'il a été restauré par le célèbre architecte Caristie, on avait placé sur la scène une manière de petite poupée, dont l'effet était bien singulier. Cette poupée était censée figurer un personnage en scène et rendre la sensation que l'acteur devait, au temps jadis, donner au public, comme forme et comme taille, dans le décor immense d'un palais prodigieusement élevé. Il nous avait semblé, à voir cette réduction, que les personnages qui se mouvaient autrefois sur le théâtre d'Orange devaient produire aux spectateurs l'effet que nous ferait un Lilliputien égaré dans le Palais de Cristal.

M. Heuzey, qui avait présidé à cette restauration, pensait qu'une transition était ménagée en de certains cas, entre la vaste architecture du fond de la scène et les soupçons de décor mobile que l'on y plantait, par un large emploi des tentures. Il alléguait un renseignement curieux qui parle d'étoffes et de toile que l'on disposait dans les théâtres grecs pour limiter le regard, et qui étaient blanches pour figurer le jour, et noires pour figurer la nuit. Dans plusieurs bas-reliefs représentant des scènes théâtrales on voit, en effet, des draperies tendues ainsi sur le fond du théâtre, en arrière des acteurs.

Mais pour expliquer le peu d'attention que le public du temps passé accordait à cette prodigieuse disproportion de l'acteur en scène avec les dimensions écrasantes de l'architecture qui l'encadrait, il est à peu près inutile de recourir à ces hypothèses. C'était une convention, et la convention suffit à rendre raison de tout.

Ne savons-nous pas que le même effet de disproportion — en sens contraire, il est vrai, — ne gênait pas davantage nos pères? Les décorateurs des deux derniers siècles n'avaient pas l'attention qu'ont les nôtres de ménager aux personnages des entrées par les premiers plans. Peut-être ne le pouvaient-ils pas, les deux côtés de la scène étaient occupés par les spectateurs de haute volée. Un acteur était donc forcé de passer juste devant le décor qui terminait l'horizon et sa tête dépassait de beaucoup la montagne figurée sur la toile dans un lointain énorme. L'acteur devait donc paraître, par comparaison, un géant monstrueux. Personne n'y prenait garde; c'était la convention, convention née, comme toutes les conventions en art, de l'impossibilité de faire autrement. La vertu propre de la convention, c'est d'empêcher que le ridicule des défauts qu'elle est chargée de voiler ne soit senti par personne. Les Romains redonnaient sans doute par la pensée sa taille naturelle à l'artiste en le grandissant, comme nos pères la lui rendaient en le rapetissant, malgré le témoignage de leurs yeux; disons mieux : ce témoignage n'existait plus pour des yeux trompés par l'habitude.

Il faut ajouter aussi que les anciens avaient corrigé

de leur mieux cette disproportion. Leurs acteurs se haussaient sur des chaussures dont les semelles étaient énormément hautes; ils se rembouraient les cuisses, les bras et le thorax; enfin ils se couvraient et s'amplifiaient le visage d'un masque qui signifiait à un public immense de dix mille personnes, soit un sentiment, soit un caractère. On en forçait donc les traits, s'inquiétant assez peu qu'ils fussent immobiles.

Comme il pouvait arriver que le sentiment qui animait un personnage se modifiât, on croit que le masque se pouvait retourner, à moins qu'il ne fût changé par un artifice quelconque, et n'exprimât alors une passion différente de la première. Ces masques étaient surmontés d'énormes chevelures qui contribuaient encore à grandir l'acteur en scène.

Conventions et engins ont disparu avec les causes qui les avaient fait naître. Je me demandais avec inquiétude ce qui allait advenir de nos artistes, jetés sur cette vaste scène, devant cette décoration immense, sans rien pour rehausser leur taille et grossir leur voix, en face d'un public dont les yeux n'étaient pas accoutumés à ces disproportions énormes.

L'architecte chargé de préparer la représentation d'*Œdipe roi* avait aménagé, dans le système de la décoration fixe : à droite, un palais avec marches; à gauche, quelques accidents plus en rapport avec la taille humaine. Ces arrangements s'étaient faits sans la participation de Mounet-Sully, et il en était désolé. Il eût souhaité de jouer Œdipe, dans ce prodigieux vaisseau tout nu, sans décor postiche d'aucune sorte. Il affirmait que l'effet n'en serait que plus grandiose.

J'étais bien de son avis, moi, par théorie, lui, servi par son instinct artistique. Je me disais, fidèle à mes principes, qu'une fois l'artiste en scène, le regard s'attacherait tout entier sur lui et que de cette prodigieuse décoration, vue auparavant, il ne resterait plus dans l'esprit qu'une impression générale de grandeur qui se reporterait sur l'acteur et le grandirait par un inévitable effet d'imagination. Mounet-Sully, je pense, ne se disait rien du tout, car les artistes ne raisonnent guère ; ils se laissent guider à ces raisons mystérieuses que la raison ne connaît pas.

C'était nous qui étions dans le vrai. Non, vous n'imaginez pas, vous n'imaginerez jamais l'émotion de ce public immense quand Mounet-Sully, dès la première scène, s'est avancé au seuil du palais pour parler à la foule des suppliants qui tendaient en silence des palmes vers lui, et que de sa voix profonde, rythmant chacun des mots qui composaient la phrase poétique, il a dit :

> Enfants du vieux Cadmus, jeune postérité,
> Pourquoi vers ce palais vos cris ont-ils monté,
> Et pourquoi ces rameaux suppliants, ces guirlandes ?

Il nous a semblé à tous que, par un inexplicable effet de magie poétique, nous étions transportés de deux mille ans en arrière, et que c'était la tragédie même de Sophocle qui se levait de son tombeau et se mettait à vivre sous nos yeux. Le propre de cet art grec, c'est précisément de ne présenter que de grandes lignes, correctes et superbes, que des attitudes nobles et harmonieuses, des mouvements d'un rythme élégant et magnifique, une poésie large et mélodieuse ; de ne donner que ce qu'il y a de général dans chacune de ces choses, et de supprimer le détail, qui est toujours étroit et mesquin.

A la Comédie-Française, il m'avait semblé que Mounet-Sully donnait peut-être un peu trop au vieux drame une allure hiératique, que le mouvement n'en était pas assez pressé, que certaines scènes auraient demandé des inflexions plus variées et se rapprochant plus de la réalité terre à terre. Toutes ces critiques ont là-bas été balayées d'un souffle.

A cette distance il n'y a plus que les grands traits, les traits vraiment généraux qui comptent. On ne songe plus au reste. On a ce plaisir noble, ce plaisir idéal d'être emporté, loin de la réalité vulgaire, dans un monde de formes harmonieuses et de phrases rythmées. L'impression est à la fois si douce et si puissante que je ne sais personne qui y puisse résister. Nous avions derrière nous deux jeunes femmes qu'à leur conversation j'ai su être de simples conturières à Lyon. Il est assez peu probable qu'elles fussent très familières avec les spéculations sur l'art, avec la légende d'Œdipe et les tragédies de Sophocle. Elles fondirent en larmes, et je suis convaincu que, dans cette foule de quatre ou cinq mille spectateurs, il n'y en a pas eu un seul qui ait gardé les yeux secs.

Si ce n'était que l'émotion du drame, cet effet se produirait sûrement à Paris, où l'œuvre de Sophocle est admirablement jouée et entourée de toute la pompe que peut fournir notre grande scène. Ce qui fait que la sensation est moindre, c'est que la reculée est moindre aussi ; c'est que nous touchons presque les personnages ; c'est que, malgré nous, nous nous intéressons au détail. Là-bas, c'étaient des figures lointaines et mystérieuses qui évoluaient lentement dans une marche à longs plis, et dont le langage merveilleusement rythmé arrivait à l'oreille, à travers la distance, avec des sonorités pénétrantes.

Pour la première fois, j'ai compris le théâtre grec.

Ces spectacles de pitié et de terreur sont si beaux dans la tragédie grecque ! J'ai encore, j'aurai longtemps l'esprit hanté de cette douloureuse et terrible apparition : Œdipe, les yeux crevés, serrant ses fils contre sa poitrine et poussant de lugubres lamentations qui se perdaient dans le lointain. C'était bien autre chose qu'à la Comédie-Française, et Mounet-Sully lui-même a, ce jour-là, senti le dieu qui lui prêtait des accents qu'il ne retrouvera jamais.

Cette représentation m'a fait changer d'avis sur un point d'interprétation. Il me semblait que le rôle de Créon était de grande comédie plutôt que de tragédie. Je me représentais Créon comme un prince tout plein de bon sens, aimable même, ne répondant, dans le second acte, aux accusations injustes d'Œdipe que par des raisons d'une justesse parfaite, exprimées d'un ton de spirituelle désinvolture. Je trouvais que ce Créon faisait preuve, au dernier acte, de sentiments humains et généreux, car il permettait à l'homme maudit d'embrasser ses enfants, et il lui promettait d'en prendre soin, et quand Œdipe lui disait :

> O Créon, donne-moi
> Ta main, ta noble main en guise de ta foi,

il la lui tendait, bien que dans les idées anciennes il courût, en touchant la main du vieux roi en proie aux vengeances du dieu, le risque d'appeler sur lui et d'y attacher le sombre chœur des malédictions.

C'était donc, à mon sens, dans cette noire tragédie, un rôle de demi-caractère qui devait dans l'idée de Sophocle éclaircir quelque peu l'horreur de cet affreux drame. C'est ainsi que je l'avais indiqué à Dupont-Vernon, avec qui j'avais eu le plaisir d'en causer. Mounet-Sully le comprenait tout autrement : il voulait que Créon fût dur, farouche, violent, un abominable homme, me disait-il. Les deux artistes s'étaient fort querellés sur cette interprétation, car Mounet-Sully veut tout régler à sa guise, et il n'aime pas qu'on lui résiste. Les éclats de cette discussion littéraire avaient, à un moment, franchi les murs de la Comédie-Française.

Je reste bien, si vous voulez, dans mon sentiment, mais je ne vois pas trop comment ces nuances de familiarité légère pourraient être rendues visibles en pareil lieu et devant un si énorme public. Le rôle de Créon était tenu là-bas par le jeune Albert Lambert fils, qui avait naturellement suivi avec docilité les indications de son chef de file. Il est certain que le rôle ainsi interprété est plus facile à jouer : d'abord, il porte davantage, ensuite, je crois bien que Mounet-Sully a eu raison contre moi à Orange ; il pourrait bien se faire qu'à Paris je n'eusse pas tort. Vérité en deçà des Pyrénées, erreur au delà.

C'est à Orange que l'on a pu apprécier ce qu'était la diction. On n'a pas perdu un mot quand Mounet parlait, ou Martel, ou Laroche, ou Mlle Hadamard : ce n'était pas que leur voix fût plus forte que celles de leurs camarades ; c'est qu'ils articulaient plus nettement, c'est qu'ils espaçaient davantage les syllabes, frappant avec plus d'intensité sur celles qui devaient sonner le mieux.

Il y a eu de temps à autre, dans la diction de leurs camarades, quelques passages qui n'arrivaient pas distincts à l'oreille. C'est que là rien ne se devine ; il faut que la diction, comme le jeu, soit d'une irréprochable loyauté. Quel dommage qu'on ne puisse pas établir le Conservatoire dans le théâtre d'Orange ; le professeur au bout de la salle, les élèves sur le théâtre ! Il faudrait bien que ces jeunes gens apprissent à élargir leur jeu et leur geste, à mépriser les petites tricheries d'un art mesquin.

Mounet-Sully a été le roi de cette soirée. Il a marché, durant les trois jours qui ont suivi, dans sa gloire, entendant répété sans cesse à ses oreilles ce cri : « Vive Mounet !

Vive Mounet ! » que poussait une population enthousiaste. Il s'est prodigué; il a dit des vers à toutes les cérémonies, et je ne sais comment sa voix y résiste. Je l'ai supplié de la ménager, et pour nous, et pour lui. Mais il est artiste, et ce soleil du Midi l'excitait à chanter.

20 août 1888.

III

A MARSEILLE

Voyez pourtant comme on se trompe au théâtre dans ses prévisions ! Quand Jules Claretie divisa la troupe en deux bandes, dont l'une porterait Corneille et l'autre Molière à la province, ce ne fut pas sans quelque appréhension sur le sort de celle à qui il remettait les destinées de la tragédie. Il craignait des mécomptes.

Mais il le faut ! disait-il : du moment que la Comédie-Française entreprend cette excursion en province, elle ne peut pas se désintéresser de la partie la plus glorieuse de son répertoire. Les recettes seront peut-être faibles : l'essentiel est que l'honneur soit sauf.

Mais il avait, de concert avec Boucher, qui est très expert et très ingénieux dans l'organisation de ces tournées, arrangé les choses de façon que la troupe comique précédât l'autre dans chaque ville. Le raisonnement était des plus simples : le public de province est long à s'émouvoir et prompt à se décourager. Si la tragédie commence, et qu'elle n'excite qu'une respectueuse attention voisine de l'ennui, chez quelques rares fidèles du grand art, la troupe comique qui viendra après elle souffrira du méchant bruit de ses premières représentations. Il vaut mieux faire donner d'abord la brillante avant-garde de Molière ; Augier et Dumas, Corneille et Bornier viendront après et bénéficieront du lancer.

L'événement a renversé ces calculs, c'est la tragédie qui partout a soulevé les populations, qui a ameuté les publics. Pour les autres villes, on me l'a dit ; mais pour Marseille, je l'ai vu, de mes yeux vu. Alors, il ne faut pas me dire que ce sont là des racontars, des blagues de comédiens en voyage, ou des boniments de journalistes. J'y étais, je vous dis que j'y étais.

Ce qu'il y a de plus singulier c'est qu'à Marseille, les amateurs de théâtre, ceux qui s'intéressaient le plus passionnément au succès de la tournée, avaient conçu les mêmes craintes que Claretie et n'étaient qu'à demi rassurés par le bruit des succès remportés dans les autres villes par nos tragédiens. J'ai eu le plaisir, à Marseille, de vivre quelques jours dans l'intimité de M. Rondel, un grand banquier de cette ville, et de M. Weil, un des avocats les plus connus de son barreau : tous deux adorent l'art dramatique, tous deux nourrissent l'espoir de le voir refleurir dans leur grande cité ; tous deux, avec autant d'ardeur que de désintéressement, s'occupent du détail de ses représentations. Chacun d'eux avait son avant-scène, l'un à droite, l'autre à gauche, où ils étaient comme les *chefs de chœur*.

Vous pensez de quel œil ils surveillaient la feuille de location. C'est ici comme à Paris, on peut prévoir en la consultant combien on fera le soir au bureau. La feuille de location pour la tragédie restait blanche ou à peu près. Ces Messieurs se désolaient. Si l'on retranchait un jour la tragédie pour faire donner la troupe comique une fois de plus ?

En effet, le succès de la comédie était allé croissant : de *Denise* au *Gendre de M. Poirier* et du *Gendre de M. Poirier* à *Francillon*. *Francillon* avait fait le maximum 6.000 francs.

Pourquoi ne pas suivre cette veine? Pourquoi Got et Mlle Bartet ne reviendraient-ils pas, après avoir rempli l'engagement pris à Lyon et à Saint-Étienne, donner deux ou trois représentations de plus à Marseille? La tragédie allait tout gâter; quel dommage!

Il devait y avoir deux jours d'intervalle entre la dernière représentation de la troupe comique et la première des tragédiens. Le premier de ces deux jours fut occupé à broyer du noir. On afficha la *Fille de Roland,* de M. Henri de Bornier, qui avait été, la veille, jouée à Nîmes avec un succès immense.

Mais ce succès ne dissipait point les sombres présages. M. Henri de Bornier est originaire de Nîmes et il était naturel que la ville fêtât la gloire d'un de ses enfants. Il paraît qu'on avait dû, pour répondre aux acclamations du public, traîner sur la scène le poète, qui, confus et ravi, se confondait en salutations. Il n'avait pas, par malheur, songé à passer son habit vert. Mais rarement, comme dit le fabuliste, faute d'un chardon, un festin demeure.

Voilà que, la veille du grand jour, je vois entrer dans ma chambre M. Rondel, le visage tout illuminé de joie:

— Victoire, me dit-il: les feuilles de location se couvrent; le feu y est. On fera 6.000. Allons déjeuner.

Il est souvent question de déjeuner et de dîner dans ces récits; que voulez-vous? J'ai l'estomac reconnaissant. Je ne sais pas de ville au monde où l'on fasse à si bon marché une chère aussi délicate. La cuisine y est exquise, et je suis convaincu que les Marseillais doivent une part de leur gaieté exubérante à la succulence des repas qu'ils se payent. Ils sont très fiers de leur supériorité dans ce genre. Je vous ai conté avec quel orgueil un des restaurateurs de Marseille nous avait servi un plat, sa dernière création! Je n'avais pas donné son nom dans le journal. Il s'est plaint doucement à moi de cet oubli, qui l'avait peiné, sincèrement peiné.

— Mon ami, lui ai-je dit (ici je suis l'ami de tout le monde). Vous êtes Marseillais, donc vous êtes modeste. J'aurais craint en imprimant votre nom dans le *Temps* de faire souffrir cette modestie.

— Elle eût souffert sans doute; mais voyez-vous, j'ai des envieux...

— Tous les grands hommes en ont.

— Et l'on pourrait attribuer à l'un de mes confrères ce que vous avez bien voulu dire de moi.

— Eh bien! mon cher Peyrard, c'est entendu. Nous rendons à Peyrard ce qui est à Peyrard.

Bornier lui-même n'était pas plus content et n'a pas salué avec plus de reconnaissance et d'onction. Je fais à Peyrard toutes mes excuses de le comparer à Bornier, qui n'est qu'un simple poëte. Il va sans dire qu'un beau vers ne vaudra jamais une bonne soupe au poisson. Oh! la soupe au poisson! un rêve! un délice! Mais il faut qu'un cuisinier y ait mis son cœur en même temps que sa science!

Ce n'est pas seulement chez deux ou trois maîtres de la cuisine qu'on mange bien en ce pays. Hier, nous sommes allés sur le vieux port dans une manière de gargotte qu'on nous avait indiquée. Est-ce qu'il faut que je dise que c'était chez Brégaillon? C'est qu'ils ont la tête près du bonnet dans la patrie du mistral et Brégaillon m'en voudra mal de mort d'avoir appelé son restaurant une gargotte. Je n'y ai pas mis de malice; c'est que je n'ai pas d'autre mot sous la main pour désigner un établissement de second ordre à l'usage des petites bourses. La cuisine y est de premier choix; la variété des poissons est merveilleuse. Ils ont, ici, je ne sais combien de manières de les accommoder, et toutes exquises. Les Parisiens s'imaginent toujours qu'à Marseille, tout est empoisonné d'ail. D'abord, ce n'est pas l'ail que ça sent à Marseille, non, ce n'est pas l'ail. Et puis ils n'en mettent pas tant que cela, même dans ce qu'ils mangent; une pointe tout au plus, et leur ail est discret, inoffensif. Brisson, qui est Bordelais d'origine, trouvait même qu'il n'y en avait pas assez. A Paris, on ne connaît que le cèpe à la Bordelaise, dont le parfum est, en effet, démusclé, bruyant et tenace; le cèpe marseillais qu'on nous a servi chez Brégaillon n'a qu'un fumet qui avive le goût sans empester l'haleine.

J'eus occasion, dans la journée, de voir Mounet-Sully et quelques-uns de ses camarades qui débarquaient du chemin de fer :

— Eh bien! leur dis-je, ça marche; vous allez ce soir avoir salle comble.

— Et eux, me répondirent-ils, est-ce qu'ils ont fait des recettes ?

Les deux troupes occupées chacune de son côté et ne se rencontrant que quand par hasard deux trains se croisent, n'ont pas de nouvelles l'une de l'autre. On n'a pas le temps de s'écrire : on n'a même pas le temps de lire les journaux du cru. Il faut faire ses malles, perdre de longues heures en chemin de fer, répéter dans la journée pour s'habituer à l'acoustique de la salle, jouer le soir, il ne reste plus une minute pour la causerie.

J'exposai rapidement à Mounet-Sully et à ses camarades les craintes que l'on avait eues et comment elles s'étaient, le matin même, heureusement dissipées.

— Vous devez être content, me dit Mounet-Sully; voilà qui confirme une de vos théories les plus chères. C'est que le Français aime, avant tout et par-dessus tout, le grand drame héroïque. Nous l'avons bien vu dans toutes les villes que nous venons de traverser. Ce n'est point par simple curiosité que l'on est venu : ce n'est pas même par une sorte de dévotion superstitieuse qui serait une forme de snobisme. Non, c'est pour entendre les beaux sentiments et les passions surhumaines s'exprimant en vers magnifiques. Ce sont les spectateurs des petites places qui étaient les plus nombreux et qui se laissaient le mieux prendre par les entrailles.

La conversation prit un tour plus amusant de badinage, et je ne pus m'empêcher de sourire plus d'une fois à leurs propos. Quand avec les comédiens j'avais causé de la troupe tragique dont ils n'avaient encore que des nouvelles incertaines, ils m'en avaient parlé avec je ne sais quel air de supériorité gouailleuse : c'était du bois mort que la comédie traînait derrière elle : Corneille mangerait tout ce qu'avait gagné Molière. On les plaignait, ces pauvres servants d'un art démodé ! On les plaignait, à moins que l'on ne s'irritât contre eux, qui coûtaient si cher, avec leurs prétentions au grand art.

C'était cette fois au tour des tragédiens de dauber sur leurs camarades de la comédie. Ils arrivaient chargés de lauriers et de billets de banque. C'étaient eux qui avaient sauvé la situation. A Londres, on leur avait rogné leur répertoire ; on les avait écartés du public anglais autant que l'on avait pu. En province on les reléguait au second rang, en réservant à la troupe comique les honneurs des premiers bravos et des premières recettes ; quant à eux, il ne leur restait plus qu'à boire un lait fortement écrémé et à ramasser les miettes. On les traitait de parias.

— Croiriez-vous, me disait non sans amertume Mounet-Sully, que je n'ai pas encore dans toute cette tournée vu M. Claretie, que je ne suis tenu au courant de rien ?

— Écoutez, lui répondis-je, il faut être de bon compte : Claretie ne peut pas être, à la fois, au four et au moulin. Il a été à La Rochelle, à Bordeaux, à Perpignan, à Toulouse ; il était ici, il y a quatre jours ; il est reparti pour Lyon et, après demain, je me rencontrerai avec lui à Valence où nous sommes invités aux fêtes célébrées en l'honneur d'Augier. Que souhaitez-vous qu'il fasse de plus ? Il lui serait difficile de se couper en deux. Voudriez-vous avoir deux Claretie ?

Il esquissa un geste vague d'indifférente lassitude.

— Permettez-moi de vous dire encore, ajoutai-je, que vous avez le tort de croire que les représentations de la troupe comique, qui vous précède, soient préjudiciables aux vôtres. Je sais comment les choses se sont passées dans les autres villes. Mais à Marseille, vous aurez à vous applaudir que Got, Worms et Mlle Bartet aient pour vous essuyé les plâtres. Ils ont vaincu des défiances dont vous n'aurez plus à souffrir.

Il me semble bien que c'était la raison qui parlait cette fois par ma bouche. Mais nos artistes (et je parle cette fois de l'une et l'autre troupe) m'ont paru surmenés, énervés, aigris, prompts aux récriminations et aux plaintes. Je ne vois guère que Got qui ait gardé l'intégrité de son bon sens robuste et de sa vaillante bonne humeur. Il y en a d'autres sans doute que n'a pas gagné cette contagion. Il est facile de remarquer chez presque tous une sorte de surexcitation morale dont Molière, j'imagine, se rappelait les effets lorsqu'il disait que les comédiens sont d'étranges animaux à mener.

La représentation de la *Fille de Roland* a été fort belle ; mais l'admiration du public s'est exprimée d'une façon plus paisible que je ne m'y serais attendu. Il semblait que la foule ne fût pas au courant de la légende ou qu'elle hésitât à se livrer. La chanson des deux épées n'a pas soulevé l'enthousiasme que nous espérions, à voir une salle si pleine.

Mounet-Sully l'a pourtant enlevée avec une extraordinaire énergie : il a été admirable. Pourquoi les Marseillais se sont-ils montrés réfractaires ? Je n'en sais trop rien. Comme la *Fille de Roland* est un spectacle permis aux jeunes filles, même les plus sévèrement élevées, toutes les loges étaient parées de frais visages, de toilettes d'une tonalité claire, qui égayait les yeux. C'était un spectacle charmant. Mais les jeunes personnes ont pour habitude, en France, d'observer toujours en public une grande réserve de gestes ; elles n'applaudissent que du bout des doigts et ne crient point. De là peut-être un peu de froideur dans l'aspect de la salle. Le drame a été pourtant joué d'une façon supérieure. Mounet remplissait, à côté de son frère, le rôle du vieux roi Charlemagne, il a une prestance admirable, de l'ampleur dans le geste et des sonorités de voix qui sont superbes dans les notes basses. Silvain a dit avec une émotion sincère et profonde la confession de Gannelon, et Mlle Dudlay a enlevé la salle avec le fameux cri : « Gérald est vainqueur ! »

Le public s'est retiré satisfait, mais il ne vibrait pas L'impression générale avait été confuse. C'est pourtant un beau drame que cette *Fille de Roland*, il est conduit avec une rare sûreté de main ; il se trouve, au troisième acte, une situation qui est d'un pathétique extraordinaire ; le dénouement est d'une tristesse grandiose, et Mounet-Sully a été vraiment tragique quand il s'en est allé, droit et muet, l'épée haute, avec une résignation superbe, vers les destinées obscures où l'a convié Charlemagne.

Ce qui manque à cette pièce, et je l'ai senti bien plus vivement à Marseille qu'à Paris, où la magnificence de la mise en scène faisait illusion sur le style, c'est la poésie du langage. Il s'y rencontre beaucoup de beaux vers laborieusement forgés et qui, se détachant de l'ensemble, reluisent d'un éclat solitaire. La trame générale en est faible et l'effort y est partout visible. L'imagination n'est pas éblouie ni les oreilles séduites. M. Henri de Bornier est un disciple de Victor Hugo et de Corneille, *longo sed proximus, intervallo.*

Nous avons vu le lendemain comme le maître — j'entends le vieux maître, le vrai Corneille — demeurait incomparablement supérieur. On jouait le *Cid*, et c'est, à coup sûr, une des plus belles, une des plus saisissantes représentations auxquelles j'aie assisté.

Toute la salle était louée d'avance, même le parterre. Mais comme les places du parterre ne sont point numérotées, on délivre autant de billets qu'on en demande ; c'est à chacun de se placer comme il pourra. Rien de plus curieux que le spectacle de cette foule serrée et tassée, les derniers rangs debout, dans les embrasures des portes. C'était un inexprimable grouillement de têtes, d'où s'échappaient de sourdes rumeurs coupées de cris tumultueux. Songez que le grand maximum est de 6.500 et qu'on avait encaissé plus de 7.000.

Dès la première scène, le public, devenu très houleux, n'y tint plus. Il y eut des explosions de colère. On appela le régisseur. Ce fut le vieux Martel qui se présenta sous le costume du comte.

— Messieurs, dit-il, je suis chargé par l'administration de vous demander le sujet de vos plaintes.

Des cris assourdissants partirent de tous les côtés du parterre.

— Messieurs, reprit Martel d'un ton tranquille, on m'a prié de vous dire que, selon l'usage, ceux d'entre vous qui n'auraient pas trouvé de place n'ont qu'à passer au contrôle ; on leur rendra leur argent.

A ces mots la tempête se calme ; il y a comme un flottement dans cette foule ; en se pressant encore on se case.

Je fais par curiosité le tour de la salle, que j'aperçois de dos par les portes restées exprès ouvertes. Je sens toute la force de l'expression si pittoresque d'Horace : *Densum humeris vulgus.*

La représentation commence. Oh ! quel étonnant chef-d'œuvre que ce *Cid*, qui, après deux siècles et demi, demeure aussi jeune, qui porte sur les foules illettrées, aussi bien que sur les connaisseurs, qui provoque chez ces publics neufs et naïfs de si prodigieuses explosions d'enthousiasme ! Mounet-Sully a été, ce soir-là, soulevé au-dessus de lui-même.

Il m'avait dit dans la journée, avec quelque mélancolie dans l'accent :

— Je continue à jouer ces personnages d'Hernani, de Gérald, du Cid, où il me faut donner l'illusion de la jeunesse ; mais ils me fatiguent extrêmement, parce qu'ils me condamnent à un effort prodigieux. Je voudrais pouvoir m'en retirer et me réduire aux rôles dont j'ai l'âge. Je ne sais pas comment je m'en tirerai ce soir et si j'en viendrai à bout.

Cette soirée comptera parmi les plus belles de sa glorieuse carrière. Il paraît au reste qu'à Marseille, Mounet-Sully, qui y est déjà venu plusieurs fois, est adoré du public. On le blague pour ses habituels prolongements de voix sur les finales et les ouvriers du port s'amusent à les reproduire, par manière de raillerie. Mais on l'admire de tout cœur et vous ne sauriez croire avec quelle ferveur d'attention tout ce monde a écouté le récit de la bataille, de quelle émotion il a transporté la salle quand il s'est écrié :

> Paraissez Navarrois, Maures et Castillans
> Et, tout ce que l'Espagne a nourri de vaillants.

Quand on pense que tous ces gens-là, depuis une

grande heure tassés dans ce four du parterre, quelques-uns debout, le corps fumant de chaud, le visage ruisselant de sueur, n'avaient pas bougé même aux entr'actes pour ne pas perdre leur place, et que l'énergie de leur enthousiasme ne s'était par détendue dans cette atmosphère, c'est ça qui donne une fière idée du public marseillais. Mais faut-il aussi que Mounet-Sully exerce sur les foules un irrésistible prestige! Je n'ai point à vous parler des autres artistes : Silvain, Martel, Dupont-Vernon et Mlle Dudlay. Vous les avez vus bien souvent à Paris dans le *Cid*. La soirée se terminait par le *Médecin malgré lui*. Coquelin Cadet était arrivé dans la journée; retour de Pézénas. Je l'avais rencontré sur le seuil de l'hôtel; il m'était tombé dans les bras :

— Ah! mon cher Sarcey, vous n'étiez pas à Pézénas! Quel malheur! Pourquoi n'êtes-vous pas venu? Non. Vous ne pouvez vous imaginer cet enthousiasme et ces fêtes! On nous a bombardés de bouquets, couvert de fleurs. Les feuilles de roses tombaient en pluie sur nous. Il y en avait sur le plancher de la scène haut comme ça...

Et il abaissait sa main à la hauteur de son mollet; et comme il y avait dans mon regard d'admiration une nuance de scepticisme, il l'éleva jusqu'au genou et d'une voix appuyée qui imposait la croyance :

— Haut comme ça, ajouta-t-il.

Je m'inclinai.

— Et si vous aviez vu la ville, une curieuse vieille ville, toute pleine du souvenir de Molière. Les habitants n'ont pas voulu en toucher une pierre depuis que Molière y a passé.

— Ils me rappellent, lui dis-je, Mlle George qui prétendait qu'elle ne s'était jamais essuyé la joue depuis que Napoléon y avait posé ses lèvres.

Et de rire, car il est gai compagnon, Cadet, et plein d'esprit.

— Vous conterez tout cela à Monval, ajoutai-je ; ça lui fera plaisir.

7 août 1893.

LA COMÉDIE-FRANCAISE A L'ÉTRANGER

I

LE SUCCÈS DE Mlle SARAH BERNHARDT

Il était bien difficile de ne pas débuter devant le public anglais par un des chefs-d'œuvre de Molière : on pouvait également choisir le *Misanthrope* ou le *Tartuffe*. On s'était arrêté au premier.

Il était à craindre que le *Misanthrope* n'ennuyât quelque peu son monde. Dame! entre nous, le *Misanthrope*, même à Paris, n'est pas toujours régalant ; on l'écoute avec respect, mais sans transport. Que devait-ce donc être devant un public qui évidemment, quelque intelligence et quelque instruction qu'on lui suppose, ne saurait être aussi familier que nous, et avec la cour du grand roi, et avec les finesses de notre langue? Eh bien! c'est un fait inouï, invraisemblable, que je constate sans l'expliquer, l'effet du *Misanthrope* a été prodigieux.

Et ne croyez pas que ce fussent des applaudissements prémédités ; que tout ce monde se fût entendu pour cacher son ignorance et son ennui sous des bravos de complaisance. Non pas; on riait aux bons endroits; on les soulignait par ces petits murmures de satisfaction qui courent de l'orchestre aux loges, et qui ne peuvent avoir été concertés d'avance...

Rien ne peut donner une idée de l'engouement qu'excite Mlle Sarah Bernhardt. C'est de la folie. Lorsqu'elle va paraître, c'est un frémissement dans tout l'auditoire; elle arrive et un « Ah! » d'admiration et de joie s'échappe de toutes les poitrines; on écoute avec une extraordinaire attention, le corps penché en avant, la lorgnette vissée aux yeux; on n'en veut pas perdre une note; on éclate en applaudissements furieux quand elle a fini. Partout où vous allez, c'est d'elle que l'on vous parle; c'est sur elle que l'on demande des renseignements :

— Ah! vous connaissez Mlle Sarah Bernhardt?...

Et l'on vous regarde avec envie. On s'inquiète des moindres particularités de sa vie; où elle habite, comment elle mange et ce qu'elle boit. Ses photographies s'enlèvent.

Un petit fait en dira plus que tout le reste sur cette incroyable vogue.

Je me trouvais au spectacle à côté d'un Anglais qui, m'entendant causer avec mon autre voisin, jugea que j'avais quelque connaissance du Théâtre-Français. Il se tourna vers moi et m'interpellant.

A ce propos, qui diable nous a donc fourré dans la tête, à nous autres Français, que les Anglais étaient cérémonieux et raides, qu'ils ne vous répondaient jamais, si on ne leur avait été présenté dans les formes. C'est de la farce. Je ne trouve que gens ouverts et serviables. Il faut croire que ces manières composées n'appartiennent qu'à la haute aristocratie. Ce qu'il y a de certain, c'est que mon voisin, sans présentation aucune, m'a dit, avec un fort accent britannique :

— J'ai loué ces deux fauteuils pour la saison, de quatre

jours en quatre jours. J'ai ici la liste des pièces affichées pour les représentations auxquelles je puis assister. Seriez-vous assez bon pour me dire celles où joue Mlle Sarah Bernhardt?

— Veuillez me lire votre liste.

Il commença à égrener le chapelet et à chaque fois que je lui disais : — non, ce n'est pas Mlle Sarah Bernhardt ! — il prenait un air si contrit, si désolé, que je ne pouvais m'empêcher de rire. Bref, parmi les soirs qui lui étaient attribués, il ne s'en trouvait qu'un — un seul ! — où jouait la Patti de la Comédie-Française. Il se tourna vers sa femme et lui dit en anglais :

— Nous ne la verrons qu'une fois !

La dame me jeta un regard navré et me dit dans ma langue :

— Ah ! monsieur nous n'avons pas de chance !

Leur consternation était si réelle que j'en eus pitié :

— Consolez-vous, leur dis-je. Je vois figurer sur votre liste les *Fourchambault*. Or je sais, de source certaine, que pour des raisons d'administration intérieure, on ne jouera pas les *Fourchambault*. Il est probable qu'on donnera à la place *Ruy Blas*, où Mlle Sarah Bernhardt joue un de ses plus beaux rôles.

La figure de la dame s'éclaircit. Elle me contempla comme si j'eusse été la colombe de l'Arche, rapportant entre son bec le rameau vert.

On dit que les grandes passions sont aveugles. Le proverbe est vrai de celle-là. Mlle Sarah Bernhardt, nous pouvons le dire sans lui faire tort, car elle est coutumière de ces défaillances aux premières représentations ; personne chez nous n'y prend garde, on sait qu'elles ne tirent pas à conséquence pour la suite. Mlle Sarah Bernhardt a manqué ses deux premières soirées, ou, si le terme semble trop fort, elle n'y a pas donné sa mesure. Elle était agitée, nerveuse, peu maîtresse d'elle-même.

Il y a là un phénomène psychologique qui est curieux à observer.

Mme Sarah Bernhardt, quelque confiance qu'elle ait en son talent, qui est de premier ordre, est cependant assez intelligente et assez fine pour s'inquiéter du bruit fait autour de son nom. Comment se tenir à la hauteur de cette réputation qui s'envole avec des allures de soupe au lait? Comment remplir l'attente d'un public fouetté de surexcitations, dont quelques-unes sont un peu factices. Elle sent vivement la responsabilité dont se trouve chargée sa jeune et charmante tête.

Le premier soir, elle jouait, en guise d'intermède, le second acte de *Phèdre*. C'est elle qui avait exigé cette intercalation au programme. Il paraît qu'au moment d'entrer en scène, elle fut prise d'une de ces peurs bleues qui paralysent quelquefois les artistes. Elle tomba à la renverse, à demi pâmée; et ses camarades passèrent dix minutes à rappeler, par d'énergiques frictions, la chaleur aux extrémités qui s'étaient subitement refroidies. On la porta en scène plutôt qu'elle n'y entra. Elle attaqua, comme il est naturel dans les moments d'émotion forte, la première note trop haut; une fois cette tonique admise, c'est une sensation que les artistes connaissent bien, il fallut la garder comme base du morceau tout entier. La voix dut partir de là et s'élever à mesure que les sentiments qu'elle avait à exprimer croissaient en force et en pathétique; l'artiste fut réduite à crier; elle précipita son débit, elle était perdue.

Vous croyez peut-être qu'il y eut chez les Anglais ce sentiment de malaise que nous eussions tous éprouvé à Paris. Ah! bien! oui; ils étaient enchantés, ils l'ont applaudie avec frénésie, ils l'ont rappelée, et quand elle est reparue, pâle, à demi morte, appuyée au bras de Mounet-Sully, sans qui elle serait tombée, ils l'ont acclamée furieusement.

Et le lendemain elle était encore souffrante ; chagrine contre tout le monde et contre elle-même ; elle a joué son rôle de miss Clarkson, dans l'*Étrangère*, d'une façon qui n'a pu donner aux Anglais une idée approximative de ce qu'elle est réellement dans ce personnage. Elle a notamment hésité dans son grand récit du troisième acte. Ah bien ! elle aurait pu y barboter tout à son aise ! elle a affaire à des yeux prévenus. Qu'il s'échappe de sa bouche des grenouilles ou des perles, ses admirateurs quand même se pâment par avance.

Et, chose plus singulière, je retrouve les journalistes eux-mêmes donnant bride abattue dans cet enthousiasme. Je lis avec curiosité leurs articles sur la Comédie-Française. Savez-vous qu'ils sont très bien faits, ces articles, pleins de sens, de goût et de bonne humeur ! Encore un préjugé à rayer de nos papiers. Nous nous étions laissé dire, et ma foi, nous le croyions sincèrement, qu'il n'y avait plus de critique théâtrale en Angleterre, qu'elle s'était réduite à la réclame, obligeante ou payée.

Je ne sais pas où ceux qui nous parlent de Londres vont chercher tout ce qu'ils disent. Voilà quatre jours que je lis sur la Comédie-Française, dans les journaux de Londres, de longs articles dont nos feuilles françaises se feraient honneur. Il est évident qu'ils ont de parti pris appuyé sur la corde de l'éloge. Mais c'est affaire de politesse et nous ne pouvons que leur en être reconnaissants.

Il n'y a qu'un point où ils me semblent avoir passé la mesure, et c'est là que je reconnais bien la passion nationale. C'est précisément lorsqu'il s'est agi de Mlle Sarah Bernhardt. Nous autres Français, tout en la comblant de louanges, nous aurions dérobé, dans quelque coin de phrases, notre pensée vraie, pour les Parisiens parisiennant qui l'y eussent flairée, en clignant de l'œil. Rien de pareil chez nos confrères, à moins que je n'aie été trompé par ma connaissance imparfaite de la langue anglaise. Ils poussent dans le panégyrique à outrance avec une raideur toute britannique. Les éloges ne leur coûtent rien :

> Je t'en avais comblé ; je t'en veux accabler.

L'un égorge M¹¹ᵉ Rachel aux pieds de l'idole du jour ; l'autre déclare que non seulement M¹¹ᵉ Sarah Bernhardt est la première de toutes les artistes de ce temps, mais même de tous les temps. Ils ouvrent toutes les cataractes de l'admiration pour verser sur cette frêle et nerveuse créature un déluge d'épithètes laudatives. Mais le déluge pourra-t-il durer quarante jours et quarante nuits ? Que diront-ils, quand elle sera vraiment bonne ? Car, je les en avertis, elle sera bonne et très bonne. Elle méritera tous les adjectifs qui lui ont été décernés, et eux, ils n'en pourront plus trouver de nouveaux... Ils ont épuisé leur stock.

9 juin 1879.

II

LA CRITIQUE ANGLAISE ET LES COMÉDIENNES

Il faut croire les Anglais sur parole quand ils avouent eux-mêmes que beaucoup de choses leur échappent dans les pièces que nous leur jouons. Il est à peu près certain que le *Demi-Monde* est une de celles où il a dû rester pour eux le plus de passages obscurs. La pièce n'est pas tombée ; car il est impossible que rien tombe devant ce public qui est, de parti pris, courtois et bienveillant. Elle n'a pas été goûtée ; cela est certain.

Et j'ai retrouvé, le lendemain, cette impression dans tous les journaux. Quelques-uns même l'ont accentuée d'une façon un peu vive, insistant sur les côtés qui sont choquants pour les mœurs anglaises. Presque tous se sont accordé à dire que ce n'était pas là une œuvre de premier ordre, et que c'était même une des moindres qu'eût jamais écrites Dumas et qu'il eût mieux valu ne pas forcer, pour si peu, les résistances de la censure.

Je donne ces jugements comme une curiosité, sans les approuver aucunement ni même les comprendre. Les lecteurs du *Temps* savent quelle admiration j'ai toujours témoignée pour le *Demi-Monde*, que je regarde comme une des maîtresses œuvres du théâtre contemporain, comme une œuvre destinée à demeurer au répertoire à côté, ou, si l'on veut, au-dessous des ouvrages immortels de nos classiques.

Dans ce désastre, Mlle Croizette a remporté un succès personnel. C'est le premier depuis qu'elle joue. J'avais noté et non sans étonnement, la raideur de l'accueil fait à Mlle Croizette, tandis que l'on témoignait pour Mlle Sarah Bernhardt d'un enthousiasme qui allait jusqu'à l'engouement. Il me semblait qu'il y avait excès des deux côtés. Vous savez que, pour mon compte, je n'aime qu'à demi le talent de Mlle Croizette ; mais tant de froideur et une froideur qui touchait presque à l'hostilité, cela me passait, et j'avais crié à l'injustice.

Le critique attaché au *Times* m'a fait l'honneur de me répondre sur ce point. Et, à ce propos, je ne saurais marquer trop vivement mon admiration pour cette presse anglaise ! Tous les jours, dans les cinq ou six grands journaux de Londres, je trouve sur la représentation de la veille un article sérieux, détaillé, où les mérites et les défauts de la pièce, où les qualités des artistes et leurs défaillances sont scrupuleusement examinés. Il est évident que ceux qui écrivent ces feuilletons sont de longue main au courant de notre littérature dramatique; qu'ils ont déjà vu les ouvrages représentés à Paris. Ils ont des façons de juger particulières, où je n'entre pas toujours. Mais nous appartenons à des races différentes et il n'est pas étonnant que nous n'ayons pas, selon le mot de Musset, le crâne fait l'un comme l'autre. Mais qu'il y a de sens, d'esprit, de bonne humeur dans ces articles! Le directeur du *Times* a donc cherché à m'expliquer pourquoi le public anglais avait fait grise mine à Mlle Croizette et je donne le morceau tout entier parce qu'il m'a semblé très curieux et parce qu'il ouvre un jour imprévu pour nous sur le caractère anglais :

« Nous croyons pouvoir fournir à M. Sarcey les explications qu'il demande.

« Chez une actrice, à défaut de génie, car le génie est une force telle qu'il prime toute autre considération, chez une actrice, ce que le public cherche et voit surtout, c'est la femme. C'est à la femme qu'il veut s'intéresser. Aussi se laisse-t-il plus particulièrement séduire à ces qualités charmantes qui sont la grâce propre de la femme : *fragility, physical, delicacy,* une taille svelte, une voix douce, tout ce qui évoque à l'esprit des images de pureté, de tendresse, de faiblesse même, de besoin de protection, tout ce qui, en un mot, distingue la femme de l'homme. L'ampleur de Mlle Croizette, une certaine rudesse de la voix dans les notes basses, un je ne sais quel air d'indépendance, la certitude où elle semble être qu'elle peut toujours compter sur elle-même, tout cela est pour beaucoup dans la froideur témoignée à Mlle Croizette et dont s'étonne M. Sarcey.

» Les caractères que nous avons marqués comme étant

plus spécialement ceux de la femme se rencontrent au contraire chez Mme Broisat et Mlle Sarah Bernhardt, et surtout, à un degré éminent, chez cette dernière. Chez Mlle Sarah Bernhardt ces dons s'unissent à une étrangeté d'allures, à une originalité de physionomie qui ajoutent aux grâces purement féminines un piquant tout particulier. Il y a dans la façon dont elle reçoit son amant, le bandit Hernani, une tendresse si caressante, si enlaçante (*clinging*), une joie si délicieuse à lui avouer son amour, un plaisir si visible à toucher son bras d'homme, à s'abriter sous ce bras comme entraînée par le sentiment physique de la protection qu'il lui assure ; et quand tout cela finit par s'exprimer en paroles, c'est une musique merveilleuse, la musique de la voix la plus tendre, la plus douce, la plus mélodieuse que nous ayons jamais entendue sur la scène ; et nous nous expliquons alors aisément l'enthousiasme du public anglais pour cette actrice, à laquelle l'épithète de conquérant (*winning*) semble pouvoir justement s'appliquer.

» En outre, tout ce que nous avons entendu dire d'elle, ses talents divers et ses qualités multiples, son enfance et sa jeunesse, son caractère et même ses excentricités, ont ajouté à l'effet produit par son jeu et l'ont rendue, comme elle l'est certainement, le centre de la curiosité et de l'intérêt que l'on porte à la Comédie-Française.

» Dans le rôle de doña Sol, elle est tout ce que le rôle lui permet d'être, une femme étonnamment gracieuse, admirablement costumée, aux attitudes pittoresques, à la figure charmante, au regard amoureux, aux gestes pleins d'une grâce féminine, à la voix suave, et merveilleusement propre à donner la sensation de ce que le poète a voulu faire entendre... »

Le journaliste poursuit encore quelque temps sur ce ton ; mais je m'arrête, car en voilà assez, je suppose, pour vous faire sentir à quel ton l'admiration pour Mlle Sarah Bernhardt est montée. Mais ce qui m'a semblé le plus curieux dans ce morceau de critique, c'est l'aveu fait par la critique : que les Anglais se sont formé de la femme, au théâtre, un idéal de sveltesse, de tendresse et de faiblesse, qui nous rappelle les figures de Keepsake, et que toute personne qui s'en écarte risque de leur déplaire. Ils ne voient la femme que sous les traits d'une blonde vaporeuse, autour de laquelle voltige ce parfum de chasteté que leurs romanciers répandent uniformément sur toutes les jeunes filles qu'ils mettent en scène. Mlle Croizette n'a pas à jouer des rôles d'ingénue et il faut bien qu'elle ait l'air et les allures des personnages qu'elle doit représenter. Célimène est une coquette fieffée, Mme d'Ange une courtisane, la Marianne de Musset une jolie femme, de conduite équivoque et que ses caprices mèneront loin. La sveltesse, la faiblesse, la tendresse et toutes les qualités en *esse*, n'ont rien à voir avec ces rôles.

Un Anglais de beaucoup d'esprit avec qui je causais de cette question — et si j'y insiste tant, vous pensez bien que ce n'est pas pour éclairer ce très petit point de savoir si Mlle Croizette a plus ou moins de talent, c'est que ce sont là des traits de mœurs que je crois intéressant de recueillir — cet Anglais me disait donc :

— Quand le rideau s'est levé le premier soir et que nous avons vu Mlle Croizette avec cette rivière de diamants et ce collier de perles blanches au cou, cette affectation nous a choqués.

— Mais Mlle Croizette devait jouer Célimène et en portait le costume. Il est naturel que Célimène, qui est une femme riche, à la mode, qui reçoit beaucoup, ait des parures très brillantes. Toute actrice qui joue Célimène, est obligée, par le rôle, même à mettre des diamants. Si elle n'en a pas de vrais, et j'ignore si ceux de Mlle Croizette sont vrais, elle s'en procure de faux : cela est nécessaire pour l'illusion.

Mon Anglais entra alors dans toutes sortes de considérations où je ne puis le suivre, mais que vous devinez sans peine, sur l'horrible impudeur qu'il y a pour une actrice d'étaler ses diamants sur son cou. D'où viennent ces diamants ?

— Ma foi, monsieur,

<blockquote>Qu'ils viennent de Chaillot, d'Auteuil ou de Pontoise,</blockquote>

nous autres Français, cela nous est fort indifférent. Nous estimons qu'ils viennent de chez le bijoutier, à moins, et cette hypothèse est peu probable, que les diamants ne soient des fleurs qui poussent naturellement, pour le plaisir de nos yeux, sur les épaules des belles personnes.

Je ne me rappelle plus au juste si Mlle Croizette portait ses diamants dans le rôle de la baronne d'Ange. Ce détail est de si peu d'importance que je ne l'ai pas remarqué. Mais il est très vrai, en revanche, qu'elle a été excellente de grâce féline et d'orgueil blessé, et que je ne l'ai trouvée un peu faible que dans les reproches si justes qu'elle adresse à Olivier à la fin du troisième acte. Mme Pasca leur donnait un accent plus âpre.

Toute cette pièce du *Demi-Monde*, bien qu'elle n'ait guère plu au public anglais, a été jouée avec un ensemble irréprochable.

16 juin 1879.

III

LE GOUT ANGLAIS ET LE GOUT FRANÇAIS

J'ai retrouvé, en revenant à Londres, la Comédie-Française, comme je l'y avais laissée, en possession de la faveur publique. Les recettes sont toujours aussi fortes, et, ce qui vaut mieux encore, l'attention ni la sympathie n'ont subi aucun relâchement. C'est toujours la même affluence ; c'est toujours le même goût marqué pour nos comédiens et pour les œuvres qu'ils interprètent ; ce sont toujours les mêmes applaudissements.

A Paris, on a quelque peine à croire à ce succès persistant. J'ai vu se produire toutes sortes de défiances et je n'ai guère rencontré de boulevardier qui ne m'ait dit, me prenant par le bras :

— Voyons, là, entre nous, mon cher, n'est-ce pas, c'est un *four?*

— Mais non, je vous assure.

— A moi, vous pouvez bien l'avouer. Qu'est-ce que cela fait? Et puis, d'ailleurs, tout le monde le dit.

— Eh bien ! tout le monde se trompe. Pourquoi, diantre ! en croyez-vous plus volontiers tout le monde qu'un homme qui a vu la chose, qui l'a étudiée de près, et cela, non pas un jour, en passant, mais tous les soirs, durant tout un mois.

La vérité est que jamais, à Londres, aucune entreprise théâtrale n'a excité la même sensation, n'a remué aussi profondément le public que les représentations de la Comédie-Française. Ceux de mes confrères en critique théâtrale, que j'ai eu occasion d'entretenir à ce sujet, m'ont tous marqué leur étonnement d'une vogue aussi considérable, aussi soutenue. Le soin qu'ils ont pris d'analyser chacune de ces représentations et d'en rendre au public un compte détaillé, témoigne assez de l'intérêt qu'y attachait ce même public.

Les journaux mêmes qui ont été dès l'abord hostiles à la Comédie-Française et qui ont, de parti pris, systématiquement, conservé cette attitude, se gardent bien de contester un succès qui est indéniable. Ils tâchent de l'attaquer dans ses causes ; ils crient aux Anglais :

— Mais ne vous laissez donc pas prendre comme cela ! Nos comédiens valent infiniment mieux que cette troupe étrangère ! Ils sont plus naturels, plus vivants. Leur seule infériorité est de savoir jouer moins habilement de la réclame.

Le *Truth* a fait cette campagne avec beaucoup de vivacité et de malice. Le *Truth*, qui paraît une fois par semaine, me rappelle ce qu'était le *Figaro* hebdomadaire ou bi-hebdomadaire dans les premières années de l'Empire : un journal très méchant, très spirituel, très lu, peu considéré. Il n'y a guère de numéro où il n'ait déchiré nos comédiens, ayant toujours soin de faire une exception — histoire de montrer son impartialité ! — tantôt pour Mlle Sarah Bernhardt, tantôt pour Coquelin, qu'il rattrapera, soyez-en sûrs, au numéro suivant.

Il convient de reconnaître que les coups sont adroitement portés, juste au défaut de la cuirasse. L'écrivain anglais (qui serait, si ce que l'on m'assure est véritable, un Français dénationalisé) ne trouve pas de mots assez mordants pour railler le jeu apprêté et solennel de nos acteurs :

— Chaque phrase qu'ils prononcent, dit-il, est accompagnée de l'attitude que l'on suppose, par convention, appropriée au sens de cette phrase, et cette attitude est maintenue non seulement tant que dure la phrase, mais encore une minute après qu'elle est terminée. Le ton dans lequel la phrase est prononcée varie, il est vrai, suivant ce qu'elle signifie, mais ce ton a toujours quelque chose de théâtral et de déclamatoire.

Il pousse de son mieux en ce sens, et termine par cette conclusion :

« On a dit que, s'il nous eût été permis à nous autres Anglais de rassembler, dans une même troupe, nos plus beaux talents dramatiques, cette troupe serait égale à celle du Théâtre-Français. Je vais plus loin. La troupe d'Haymarket, qui a joué les *Fourchambault*, n'était pas composée de la fleur de nos artistes, et cependant la représentation a été infiniment supérieure à celle où j'ai eu l'honneur d'assister samedi dernier. Oui, la visite de la Comédie-Française à Londres a été un succès immense; mais c'est que les impresarios avec qui elle a traité sont passés maîtres dans l'art de la réclame *(in the art of puffing)*, mais pour tout le monde, sauf pour ceux qui ont le goût perverti, ou qui sont toujours prêts à se prosterner devant l'idole du jour, cette visite a définitivement prouvé que la célèbre troupe de la Comédie-Française vit sur une réputation usurpée et que le théâtre anglais est pour le moment fort au-dessus du théâtre français. »

Cette conclusion a dû paraître un peu téméraire, même aux Anglais. Je ne saurais la discuter : pour comparer deux choses, il faut les connaître aussi bien l'une que l'autre, et l'un des deux termes de la comparaison me manque absolument. Je m'en référerais volontiers pourtant à ce que me disait Got à ce sujet. Il sait passablement l'anglais et, dans ses nombreux voyages à Londres, il a beaucoup étudié le théâtre et les acteurs de cette nation.

— Leur grande infériorité, me disait-il, c'est qu'ils n'ont point d'idéal. Mais cette infériorité est souvent un avantage. Ils sont plus aisément naturels que nous; ils suivent leur instinct, leur tempérament, sans se mettre en peine de règles qu'ils n'ont jamais apprises et ne connaissent pas, et ils arrivent de prime-saut à des effets que nous ne produisons qu'à force d'art, en rentrant dans la vérité par de longs détours. Mais ce système ne donne que des individualités. Avec le nôtre, il y a des troupes d'ensemble ; vous savez comme il est facile, à Paris, de faire une troupe passable, composée d'acteurs qui ont les mêmes traditions et la même manière. Les artistes qui sont nés avec du génie n'en arrivent pas moins à dégager leur personnalité, à devenir eux-mêmes. L'enseignement du Conservatoire soutient les faibles et n'arrête pas les forts.

Je crois ces conclusions plus justes que celles de l'écrivain anglais. Il faudrait y ajouter cette considération que le naturel parfait, dont la recherche est possible sur une petite scène, comme l'est celle du Gymnase, des Variétés ou du Gaiety Theater, ne convient pas aux vastes planches de la Comédie-Française. Le *Truth* se moque de nos artistes, qui marchent et parlent dans un salon sur la scène tout autrement qu'ils ne feraient dans un véritable salon. Eh mais ! c'est qu'il n'y a guère de salon de quinze mètres sur vingt ; c'est que lorsqu'on cause entre soi, on est à côté l'un de l'autre et qu'on parle tout bas ; tandis que, si l'on doit être entendu de douze cents personnes, il faut se parler d'un peu loin, hausser la voix et ralentir le débit. Cette nécessité s'impose à nos acteurs, lorsqu'ils jouent rue Richelieu. Si l'anonyme qui les raille si durement, les avait vus, non sur la petite scène de Gaiety Theater, mais dans leur milieu, à la Comédie même, peut-être aurait-il mieux compris les raisons qui les obligent à accentuer plus fortement, et le geste, et le ton.

Au moins nos Parisiens doivent-ils voir, par ces citations, que, s'il est des personnes à Londres qui protestent contre l'énorme succès de la Comédie-Française, il n'y en a point qui l'aient révoqué en doute.

14 juillet 1879.

IV

LA PUDEUR BRITANNIQUE

— Vous auriez peut-être mieux fait, me disait un de mes confrères d'outre-Manche, de n'apporter ici aucune de vos tragédies classiques. Elles ne seront ni comprises ni goûtées.

Et comme je lui objectais le succès de la grande Rachel et de Sarah dans tout le répertoire :

— Oh! me dit-il, Sarah ne joue guère à l'étranger ; elle y porte plutôt les drames de Sardou. Il est vrai que Rachel a imposé votre Corneille et votre Racine en Europe. Mais c'était Rachel qu'on allait voir et entendre comme c'est Sarah qu'on va entendre et voir. On ne peut rien conclure de l'empressement qu'elles ont excité en faveur des œuvres de vos grands classiques qui restent pour nous lettres closes.

Je lui demandai si le public anglais mettait Molière dans le même sac.

— Vous ferez bien, me dit-il en souriant, d'en jouer le moins possible.

Et comme je lui objectais le plaisir avec lequel on semblait, l'autre soir, avoir accueilli le *Malade imaginaire* :

— Je ne sais si ce plaisir était aussi réel, me dit-il, qu'il a paru être vif. Je connais trop notre noble public pour croire qu'il se soit franchement amusé de ces indécences. Mais il était convenu en quelque sorte que l'on devait faire honneur à Molière et tout lui passer. On lui en a passé plus même qu'il n'en avait mis.

— Qu'entendez-vous par là ?

Il me conta alors une anecdote bien plaisante. Vous savez que, dans la cérémonie, le malade imaginaire dit en latin macaronique, que, s'il entreprenait de donner des louanges au professeur de la faculté qui vient de le recevoir, ce serait :

> Ajoutare des étoilas au cielo,
> Des ondas à l'océano,
> Des rosas au printano.

Coquelin Cadet, pour faire une allusion spirituelle et aimable, trouva bon d'intercaler dans ce couplet un vers de sa façon, et il dit, avec un sourire gracieux :

> Des english Ladisas à Londino.

Le diable est que la syllabe as ou ase, je ne sais, exprime en anglais juste cette partie du corps que le malade imaginaire exhibe à M. Fleurant. Vous voyez le sens que prenait ce petit membre de phrase. Je m'étais bien aperçu d'un je ne sais quel frémissement dans le public à cet endroit, mais j'avais cru que c'était un signe de remerciement. Chez nous, tous les soiristes auraient fait des gorges chaudes du malencontreux incident. Ici, on est plus sérieux. Il n'y a qu'un petit journal satirique qui ait relaté le fait.

Cadet, lorsqu'on lui a révélé sa méprise, en a beaucoup ri et l'un de ses camarades a dit avec une gravité comique :

— Voilà ce que c'est que d'ajouter au texte de Molière. Il se venge.

Aux observations de mon confrère sur le choix des pièces à donner, je répondis que la Comédie-Française n'allait pas à Londres uniquement pour attirer la foule, mais pour plaire à un petit nombre de délicats et les familiariser avec des pièces que tous les connaisseurs en notre pays tenaient pour chefs-d'œuvre. Le souci de la recette était sans doute une considération qui avait son poids, mais ce n'était pas précisément dans le but de gagner de l'argent que nos comédiens étaient venus en Angleterre.

19 juin 1893.

LA COMÉDIE-FRANÇAISE A VIENNE

A Vienne, le spectacle commence et finit de très bonne heure. Oh! que cette mode est plus agréable que la nôtre, et comme je voudrais qu'elle s'introduisît chez nous, ou plutôt que nous y revinssions. Car c'est ainsi que les choses se passaient à Paris au siècle dernier. On dînait à midi, on goûtait à cinq heures, le spectacle s'ouvrait à six ou sept heures, et l'on rentrait chez soi à dix pour souper avant de se mettre au lit.

Nous nous rapprochons insensiblement de ces mœurs. Voici que le déjeuner parisien est reculé à midi et demi; le *five o'clock* remplace le goûter de nos pères. Le mot est changé; c'est la même chose au fond. Nous dînons à huit heures; dans une dizaine d'années nous dînerons à neuf; comme les théâtres ne peuvent indéfiniment reculer l'heure de l'ouverture, il faudra bien, à moins de périr, qu'ils se résignent à resserrer leurs représentations entre le *five o'clock* et le dîner, qui sera devenu le souper.

Cette révolution dans les mœurs parisiennes s'accomplira plus prochainement qu'on ne croit, et peut-être la verrai-je! J'en serais bien content; car voilà tantôt quinze ou vingt ans que j'ai attaché ce grelot et n'ai cessé de le faire sonner. Je ne me doutais pas moi-même combien j'avais raison ; je m'en suis convaincu à Vienne.

A cinq heures, on a fini ses affaires… il faut bien que cela soit possible, puisqu'il en va de même à Londres, et, me dit-on, dans les autres capitales de l'Europe. Les Anglais sont aussi laborieux que nous ; ils ont autant d'affaires à expédier ; ils abattent autant de besogne. Comment ne trouvons-nous pas moyen d'arrêter, comme eux et comme tous les autres peuples, le travail à cinq heures ?… Pourquoi notre journée n'est-elle finie que deux heures plus tard ?

Si vous saviez comme on écoute une pièce de théâtre d'un estomac plus léger et avec une attention plus allègre de sept heures et demie à dix heures ! Comme le public n'est pas retenu par les nécessités du dîner en ville, il arrive à l'heure ; point de ces retardataires qui font lever, pour regagner leur place, toute une rangée de fauteuils, qui troublent le spectacle et interrompent l'émotion. On est frais et dispos ; à dix heures, dix heures et demie au plus tard, on est libre, les uns rentrent vertueusement à la maison, les autres se répandent dans les lieux de plaisir, qui sont très nombreux et très variés à Vienne et l'on peut, après avoir fait la fête, regagner son logis à l'heure même où, chez nous, on sort du spectacle épuisé de chaleur et de fatigue, et l'on cherche en maugréant un fiacre.

La vie du soir est bien mieux entendue ici qu'à Paris ; mais patience : nous y viendrons ! L'heure du dîner, qui, tous les huit ou dix ans, par un progrès fatal, recule à Paris d'une demi-heure, nous y achemine doucement, sans que nous y prenions garde.

Nos comédiens ont eu, les deux premiers jours, le tort de commencer à huit heures. Pourquoi ne pas se conformer aux usages des pays où l'on se trouve ? Je l'ai bien vu le premier soir : vers dix heures, le public a été pris d'impatience. Les archiducs, qui avaient peut-être du monde à souper, ont quitté leur loge; nombre de spectateurs se sont écoulés discrètement, à l'anglaise. Ils avaient faim, et ventre affamé n'a pas d'oreilles.

Elle a été bien belle, cette première représentation. Toute l'aristocratie de Vienne était là; beaucoup de jolies femmes. Les Viennoises sont presque toutes de physionomie animée et piquante; les hommes n'ont rien de cette lourdeur qu'on prête, chez nous, aux Allemands. Ils sont vifs, empressés, aimables. Il semble que, chez eux, il y ait de la cordialité dans l'air. Je me serais cru à Paris, en une soirée de gala.

Nos comédiens avaient choisi, pour inaugurer leur semaine, une pièce bien dure à comprendre pour un public étranger : *les Femmes savantes,* de Molière. C'est Claretie qui leur avait donné ce conseil, ou plutôt intimé cet ordre. Il ne vous est pas permis, leur avait-il dit, emportant à Vienne le nom de la Comédie-Française, de ne pas débuter par un chef-d'œuvre de Molière. Molière c'est notre Shakespeare, c'est le dieu de la maison.

Au reste, il s'est trouvé que les Berlinois avaient fait un raisonnement analogue, car ils avaient ouvert par une pièce de Gœthe; c'était chez eux respect pour le nom du grand poète plus que confiance dans le succès qu'aurait son œuvre. Elle n'en avait eu aucun. Les Viennois — il est vrai qu'ils étaient peu nombreux — avaient bâillé à bouche close, bien qu'ils comprissent parfaitement la langue de Gœthe qui est la leur.

Je n'ai pas besoin de dire qu'ils savent moins le français. Tous ceux que j'ai eu l'occasion de rencontrer le comprennent beaucoup, le parlent peu ou prou; quelques-uns très aisément et très purement. Mais on peut savoir le français et ne comprendre qu'à demi la langue des *Femmes savantes* ou du *Misanthrope*. Voyez même qu'en France on n'entre dans l'intelligence de ces vieux textes que si l'on a été dressé à les bien entendre par une éducation qui est fort longue. Il faut avoir fait ses études classiques pour goûter pleinement les *Femmes savantes*. On ne peut pourtant pas demander à des étrangers, qui n'ont appris de français que ce qu'il en faut pour lire couramment les romans du jour, cette initiation préalable qui n'est même déjà plus si commune chez les Français d'origine.

J'ai été cependant surpris et charmé de l'attention soutenue qu'ils ont prêtée à l'œuvre de notre vieux maître et de l'intelligence avec laquelle ils l'ont applaudie. Il y avait bien dans ces applaudissements, si répétés et si nourris, un parti pris évident de sympathie courtoise et, franchement, nous ne pouvons leur en savoir mauvais gré. Mais je vous assure qu'il était très facile de voir, à travers ces démonstrations, les endroits qui leur ont plu davantage et ceux qu'ils ont trouvé plus faibles; le lendemain, je me suis fait traduire les appréciations des journaux. Eh mais! savez-vous qu'on n'aurait pas vu plus juste à Paris et que les réserves qu'ils ont indiquées sans y insister autrement sont précisément celles que nous eussions faites. On a bien du goût et bien de l'esprit à Vienne. Vraiment, quand je compare la compétence avec laquelle ils parlent de notre théâtre, et notre ignorance du leur, j'entre en confusion et je rougis de honte. Et ce qu'il y a de plaisant, c'est qu'avec cela nous nous en faisons accroire! On apprend la modestie à voyager.

La représentation, sans être parfaite, a été digne de la Comédie et n'a pu qu'accroître son prestige. Vous pensez bien que je ne vais pas ici marquer les trous et les défaillances; ce n'est pas par crainte de les révéler aux Viennois.

Ils sont aussi malins que nous; ils les ont fort bien vus, et ils les ont discrètement soulignés. Mais ce m'est une besogne plus agréable, en pays étranger, de louer après eux ce qui leur a paru vraiment digne d'admiration ou d'estime.

C'est Mlle Bartet qu'ils semblent avoir le plus appréciée. Elle jouait Armande. Il est vrai qu'elle y a été merveilleuse; c'est la perfection classique, dans ce qu'elle a de plus idéal, avec un ragoût exquis de modernité. Bien que la voix ne soit pas des plus puissantes, on n'a pas, dans ce grand vaisseau, perdu un mot de son rôle, tant l'articulation chez elle est nette, tant elle donne d'accentuation aux nuances les plus fugitives du texte. Nous pouvons avec orgueil présenter aux Allemands son impeccable diction comme un des spécimens les plus purs de ce bel art de la déclamation, qui a été si longtemps l'honneur de notre théâtre.

Mlle Fayolle, qui possède, elle aussi, une articulation excellente et qui détache les mots à l'emporte-pièce, a obtenu, elle aussi, un gros succès dans le rôle de Bélise, et Mlle Kalb, avec son visage réjoui et sa voix mordante, a beaucoup amusé dans Martine.

Passons aux hommes. C'est Leloir dont le jeu semble avoir le plus intéressé le public viennois.

C'est une remarque que j'avais déjà faite, il y a bien des années, quand je suivis la Comédie-Française à Londres. Il se produit des déplacements de réputation qui sont très curieux. Tel artiste que nous tenons en grande estime et qui occupe chez nous le premier rang passe à peu près inaperçu à l'étranger; en revanche, ce nouveau public déniche des mérites dont nous ne nous étions pas avisés et les jette tout à coup en pleine lumière.

Nous n'avions certes pas attendu le jugement des Viennois pour reconnaître le talent de Leloir; voilà dix ans qu'avec une insistance infatigable je signale ses progrès constants aux connaisseurs. Mais, enfin, il n'était pas encore un de ceux dont le nom accroche l'œil sur l'affiche. A Vienne, il a été — me disent ces messieurs — déclaré favori. Va pour favori, j'en suis enchanté, parce que je l'aime beaucoup et le regarde comme une des espérances de la maison.

Il est bien probable qu'il doit une bonne part de ce succès à la netteté de son articulation. La jeune école s'imagine avoir fait une trouvaille merveilleuse de parler sur la scène comme on parle dans la vie (quand on parle mal) en mangeant la moitié des mots ; je ne saurais trop répéter et montrer par trop d'exemples combien c'est là une erreur fâcheuse, puisque ce bafouillement — c'est le terme technique — gâte au public tout le plaisir du spectacle, en le forçant de deviner, l'esprit tendu comme l'oreille, ce qu'il lui est impossible d'entendre.

C'est Febvre qui faisait Clitandre. Les Viennois ont chez eux un artiste qui jouit d'une grande réputation, M. Sonnenthal. M. Sonnenthal a débuté dans l'emploi des jeunes premiers, qu'il a tenu durant de longues années avec éclat et qu'il garde encore dans un âge assez avancé. Son public qui l'a vu vieillir lui passe aisément de n'avoir plus la jeunesse et la vivacité des personnages qu'il représente. Il est parfaitement admis que nous avons envers Febvre la même condescendance, que nous lui pardonnons de n'avoir plus la verdeur d'aspect et la légèreté de mouvements qu'exige le rôle de Clitandre. Il le joue avec autorité et adresse, en comédien expert. Truffier a beaucoup amusé dans Trissotin.

Les Viennois interrompent rarement le spectacle pour applaudir. Mais, après chaque acte, ils battent des mains, et l'on peut juger du plaisir qu'ils ont éprouvé par l'intensité du bruit qu'ils font et par le nombre des rappels. Nos artistes ont été rappelés deux et trois fois à chaque acte, et si le succès a été moins bruyant après le dernier, c'est que l'heure du souper pressait tout le monde et qu'on avait hâte de s'en aller.

J'étonnerai sans doute mes lecteurs parisiens si je leur dis que ce qui réussit le mieux c'est le Scribe, dont les ouvrages, traduits en allemand, figurent souvent sur les affiches. Savez-vous quel est, de tous les spectacles promis par la Comédie-Française, celui pour lequel les feuilles de location se sont emplies dès le premier jour, si bien qu'il ne reste plus à cette heure une place à louer? C'est *Adrienne Lecouvreur*.

Quand Febvre, à Paris, soumit son projet à une personne qu'il est inutile de nommer, il paraît qu'en voyant *Adrienne Lecouvreur* y figurer, elle sursauta : « Vous n'allez pas leur jouer ça! » s'écria-t-elle. Elle ne se doutait pas que ça, c'était justement ce qui pouvait le mieux plaire à ce public, parce que c'est un public amoureux du théâtre qui va au théâtre pour y chercher le plaisir du théâtre, Scribe le donne toujours ; il ne donne que cela, mais il le donne joliment et en plein. Au reste, si vous croyez, messieurs les beaux esprits, que Scribe ait perdu, même en France, toute son action sur le grand public, vous vous trompez étrangement. Oui, sans doute, il est convenu, parmi quatre ou cinq mille Parisiens parisiennant, que l'on doit bannir Scribe et que c'est la marque d'un petit esprit que de s'y amuser ; je suis avec Larroumet et Brunetière un des rares amateurs qui aient le courage d'avouer le plaisir qu'ils y trouvent et d'en reconnaître l'extrême mérite. Mais nous avons pour nous la foule. Quand on a remonté, malgré soi et sans y compter, *Adrienne Lecouvreur* à la Comédie-Française, on a été stupéfait de voir, après la première bordée de rires méprisants et d'aigres récriminations tirée par la critique, le public qui paie affluer et emplir la salle quarante ou cinquante fois de suite. Et il en sera toujours de même quand on reprendra quelques-unes des bonnes œuvres de Scribe, avec une interprétation qui la fasse valoir. Il faudrait la donner sans convier à la première représentation le public spécial de ces solennités, dont le siège est fait et qui croit prouver son bon goût en haussant les épaules.

— Mettez-nous à la porte, disais-je à Claretie, et adressez-vous tout de suite au public payant : vous pouvez être sûr qu'il paiera pour voir *Bertrand et Raton* remis à neuf ou la *Camaraderie*.

La situation, voyez-vous, je ne dirai pas : « Il n'y a que cela au théâtre » : il y a bien d'autres choses encore, et j'y suis sensible, quoi qu'on glose tout comme les camarades; mais c'est le moyen le plus puissant qu'on y possède pour intéresser, émouvoir et charmer la foule. Il est absurde d'en faire fi. Peut-être aussi est-il plus facile de dédaigner les situations que d'en trouver de nouvelles.

30 mai 1892.

INDEX ALPHABÉTIQUE

A

About, 180, 208,
Académie (l'), 232.
Ackerman, 160.
Adam (A.), 47.
Admète, 146.
Adrienne Lecouvreur, 389.
Agnès, 173.
Alceste, 146, 155, 178.
Alembert (d'), 201.
Alexandre, 249.
Allan-Despréaux, 187, 234, 286.
Ambigu, 62, 87, 268.
Andrieux, 230, 233.
Andromaque, 154.
Angélique, 147.
Annales du Théâtre et de la Musique, 207.
Araminthe, 263, 333.
Arbogaste, 231.
Argan, 147.
Ariane (l'), 209.
Aricie, 259.
Aristophane, 45, 155, 172.
Aristote, 161, 163, 164, 170, 320.
Armand, 203, 204.

Armande, 387.
Arnal, 252.
Arnould-Plessy (Mme), 95, 96, 244, 250, 333.
Arnolphe, 155, 173.
Arthur, 173.
Athalie, 170.
Auberge des Adrets, 149.
Aubignac (abbé d'), 120.
Augier, 156, 181, 193, 240, 241, 252, 254, 309, 310, 354, 359.
Automne (l'), 176.
Avare (l'), 138, 239, 266, 267, 336, 338.
Aventurière (l'), 236.

B

Barbier de Séville (le), 236.
Baretta (Mlle), 273, 274.
Barré, 265, 339.
Barrière (Th.), 181.
Barrot, 236.
Bartet, 264, 355, 359, 387.
Baudry, 48.
Bayard (M.), 45.
Beaubourg, 342, 343.

Beaumarchais, 48, 172, 173, 189, 190, 192, 250.
Beaumont (M⁰ de), 69.
Beauvallet, 239, 241, 249.
Beauvoir, 241, 242.
Becque, 193, 195, 325, 330, 331.
Beethoven, 47.
Belle-Hélène (la), 181, 182.
Belise, 147, 387.
Belot, 158.
Berlin, 163.
Bernard-Derosne, 107.
Berr, 187.
Berton, 188.
Bertrand et Raton, 390.
Bocage, 239.
Boileau, 77, 120.
Bonval, 241.
Bordeaux, 359.
Bornier (H. de), 354, 355, 356, 361.
Bossuet, 76, 120, 121, 171, 321.
Bouchardy, 97, 165.
Boucher, 353.
Bourgeois gentilhomme (le), 270, 271.
Bressant, 188, 241, 250, 264.
Brisson (Adolphe), 107, 357.
Brohan (les), 231, 242, 244, 289.
Broisat (M⁰ᵉ), 373.
Brunetière, 389.

C

Cagnotte (la), 191.
Cadmus, 349.
Cailhava, 185.
Camaraderie (la), 390.
Camille, 240.
Campistron, 231, 238, 239.
Caprices de Marianne (les), 251.
Caristie, 346.
Cartigny, 287.
Célie, 99.
Célimare le Bien-Aimé, 156, 181, 193.

Célimène, 263, 374.
César, 140.
Chamfort, 69.
Chandelier (le), 317.
Chanteurs ambulants (les), 307.
Chapeau de paille d'Italie (le), 190, 191.
Charlemagne, 360.
Charles Edmond, 305, 311.
Charles Iᵉʳ, 140, 141.
Charlotte Corday, 240.
Châtiments (les), 252.
Chenavard, 175.
Chéri, 244.
Chicaneau, 339.
Cid (le), 120, 127, 182, 250, 269, 270, 361, 362, 363.
Cinna, 250.
Claretie (Jules), 208, 211, 214, 353, 358, 390.
Clarkson (Miss), 369.
Claveau, 107.
Cléante, 138, 339.
Clitandre, 275, 388.
Cocu imaginaire, 321.
Collin d'Harleville, 230, 233, 237.
Comme il vous plaira, 97.
Comte d'Essex, 162.
Confessions (les), d'Arsène Houssaye, 234.
Conservatoire, 217, 263, 274, 295, 332, 352.
Constitutionnel (le), 72.
Contat (Mˡˡᵉ), 286.
Conte d'hiver, 97.
Coquelin, 278, 279, 280, 281, 289, 291, 336, 338, 339, 341.
Coquelin Cadet, 363, 364, 377, 381.
Corbeaux (les), 193, 194, 323, 324, 330.
Corneille, 48, 52, 76, 120, 127, 163, 165, 171, 172, 173, 174, 179, 180, 182, 230, 231, 238, 249, 270, 312, 317, 325, 333, 354, 358, 361, 380.
Corneille (Thomas), 162.

Corrège (le), 48.
Corricolo, 63.
Corsaire (le), 61.
Couture, 48.
Crémieux (Hector), 191.
Créon, 351, 352.
Crispin, 289.
Croizette (Mlle), 371, 372, 374, 375.
Cromwell, 139, 140, 141.

D

Dalila, 252.
Dame aux Camélias (la), 169, 191, 307.
Dancourt, 154.
Daniel Rochat, 271, 272.
Davesnes, 300, 301, 302, 303.
Débats (le Journal des), 69, 72, 73, 80, 294.
Deburau, 73, 84.
Deffant (Mme Du), 79-80, 319.
Delacroix, 241.
Delaroche, 233.
Delavigne (Casimir), 233.
Delaunay, 244, 264, 265, 250, 251, 264, 265, 282, 290, 330, 331, 332, 333, 336, 338, 340, 341.
Demi-Monde (le), 177, 181, 370, 371, 375.
Denain, 244.
Denise, 354.
Dernier quartier (le), 339.
Derval, 302.
Désaugiers, 181.
Desdémone, 173.
Desprez (Louis), 189, 193, 194, 195.
Destouches, 163, 165.
Dettes de cœur, 307.
Deux Amis (les), 190.
Diaz, 241.
Diderot, 157, 189, 190, 192.
Dijon, 335, 342, 343.
Dinah (Félix), 339.

Distrait (le), 271.
Domitien, 139.
Don Sanche, 249.
Dorante, 94.
Dormeuil, 190.
Dorval, 109.
Dramaturgie de Lessing (la), 159 à 168.
Dubois (Émilie), 247.
Dubut-Laforest, 186.
Duc Job (le), 53, 253, 337, 349.
Dudlay, 270, 360, 363.
Dufressy, 154.
Dumaine, 291.
Dumas père, 233, 240, 241.
Dumas fils, 128, 169, 170, 171, 172, 173, 174, 175, 176, 177, 178, 181, 191, 193, 202, 208, 233, 238, 240, 264, 305, 309, 354, 371.
Duncan, 148.
Dupont-Vernon, 351, 363.
Duval (Alexandre), 233.
Duvert, 78, 252.

E

École des Femmes (l'), 120, 127, 155, 271, 319, 332, 333.
Effrontés (les), 156, 252.
Élisabeth, 140, 162.
Élise, 338.
Elmire, 171.
Empis, 238, 239, 245, 249, 273.
Ennery (A. d'), 45, 48, 165.
Épreuve (l'), 250.
Épreuve nouvelle (l'), 271.
Eschyle, 145, 172.
Esculape, 140.
Espoir en Dieu (l'), 176.
Étincelle (l'), 268.
Étrangère (l'), 128, 268, 275, 369.
Eugénie, 190, 250.
Euripide, 146, 172, 199.
Évolution naturaliste (l'), 189.

F

Faguet (Émile), 107.
Fantasio, 251.
Fausses confidences (les), 250.
Faux-Bonshommes, 156, 181.
Favart (Mlle), 242, 244, 251, 301, 336, 338, 340, 341.
Fayolle (Mlle), 299, 387.
Febvre, 388, 389.
Félix, 310.
Femmes savantes (les), 231, 241, 275, 385, 386.
Fénelon, 76, 121.
Feuillet (O.), 252, 310.
Figaro (le), 186, 217, 303, 377.
Figaro, 287.
Figeac, 244.
Fille de Roland (la), 355, 359, 360.
Fils de Famille (le), 307.
Fils naturel (le), 174, 205.
Firmin, 333.
Fiorentino, 59 à 66, 70, 87, 109.
Fix (Mlle), 242, 244.
Fleurant, 381.
Fleury, 236.
Flora, 204.
Fortunio, 265.
Fould, 244.
Fourberies de Scapin (les), 337.
Fourchambault, 367, 378.
Fournier (Édouard), 303.
Francillon, 264, 354.
Frédérick Lemaitre, 109, 149, 239, 252, 310.
Frémaux (Mlle), 271, 274.
Frères ennemis (les), 249.
Fritz, 246.
Frou-Frou, 301.
Funambules, 74.

G

Gabrielle, 240.
Gaëtana, 180.
Gageure imprévue (la), 250.
Ganelon, 360.
Gardel, 175.
Garibaldi, 53.
Garnier (Charles), 207, 208, 214, 345.
Garnier (le comédien), 298, 299.
Garraud, 339.
Gaulois (le), 169.
Gautier (Th.), 48, 91 à 100, 102, 109, 244.
Gavarni, 213.
Gendre de M. Poirier (le), 156, 181, 268, 354.
Geffroy, 244.
Geoffroy, 160.
Georges (Mlle), 203, 204, 363.
Gérald, 360, 362.
Gérard, 186.
Germeuil, 149, 150.
Girardin (Emile de), 340.
Girardin (Mme de), 242.
Girondins (les), 176.
Glorieux (le), 165.
Goethe, 173, 320, 385.
Goncourt (les), 252.
Gondinet, 156.
Got, 244, 249, 252, 254, 282, 289, 290, 311, 336, 333, 355, 359, 378.
Gozlan, 241.
Grandmesnil, 266.
Granville, 102.
Grassot, 179.
Grèce, 143.
Grenoble, 341.
Greuze, 137.
Grimm, 223.
Guichard, 244.
Guillard, 266, 300.
Guitry, 263.

H

Hadamard (Mlle), 352.
Halévy (Ludovic), 191, 301.
Hambourg, 160, 163, 165.
Hamilton, 66.

Hamlet, 149.
Harpagon, 138, 277, 338.
Hector, 154.
Henriette, 173.
Henriette Maréchal, 252.
Héraclius, 249.
Hercule, 146.
Hernani, 252, 268, 362, 373.
Heuzey, 346.
Hommes et Dieux, 100.
Horace, 77, 329, 333, 362.
Horaces (les), 250.
Hôtel de Bourgogne, 221.
Houssaye (Arsène), 234, 235, 236, 237, 238, 239, 240, 241, 242, 243, 244, 245, 246, 247, 249, 251, 253.
Hugo (Victor), 135, 139, 141, 151, 233, 238, 240, 241, 252, 253, 361.

I

Illusion comique (l'), 249.
Il ne faut jurer de rien, 251, 339.
Iphigénie, 179, 199, 259, 271.

J

Janin (Jules), 68 à 91, 109.
Jeux de l'Amour et du Hasard, 94, 250, 268.
Joad, 171.
Joie fait peur (la), 150, 243.
Joseph (le Capucin), 140.
Jouassain, 244, 291.
Jouy, 230.
Judith, 242, 244.
Julie, 252.
Junie, 259.

K

Kalb (Mlle), 387.
Kolb (Mlle), 265.

L

Labiche, 48, 52, 93, 156, 181, 190, 191, 193.
La Bruyère, 76, 78, 322.

Lac (le), 176.
La Chaussée, 156.
Lacroix, 250.
La Flèche, 338.
La Fontaine, 166, 201, 320, 329.
La Harpe, 55, 120, 160, 167.
Lamartine, 176.
Lambert (Albert) fils, 352.
Lambert-Thiboust, 181.
Lambquin, 244.
Lanterne (la) de Rochefort, 78.
Laroche, 298, 352.
La Rochelle, 359.
La Rounat, 180.
Larroumet, 389.
Latour Saint-Ibars, 305.
Laugier, 265.
Lauzanne, 78, 252.
Lavoix, 213.
Lawrence, 48.
Laya (Léon), 51, 53.
Léandre, 99.
Le Bargy, 263, 265, 275, 331.
Le XIXe siècle, 107.
Légataire universel (le), 138.
Legouvé (Ernest), 188.
Legs (le), 250.
Leloir, 387.
Lemaître (Jules), 107, 294, 296.
Le Poussin, 48.
Leroux, 244, 264.
Le Sage, 66, 257.
Lesneven, 54, 55.
Lessing, 159 à 168, 190.
Levert (Mlle), 286.
Lion amoureux (le), 182.
Lireux, 128.
Lœwen, 160.
Londres, 369, 371, 373, 376, 378, 379, 381, 384, 387.
Louis XI, 140.
Louis-Philippe, 263.
Luther (Mlle), 242, 244.
Lyon, 335, 337, 338, 340, 342, 343, 350, 359.

M

Macbeth, 146, 148.
Mlle de Belle-Isle, 260.
Mlle de la Seiglière, 243, 268.
Maillart, 244.
Maître de Forges (le), 209.
Maître Guérin, 252.
Maître Jacques, 276, 338.
Malade imaginaire (le), 138, 147, 266, 380.
Marc-Michel, 48, 52.
Mariage de Figaro (le), 268, 269, 287.
Mariage de Giboyer (le), 252.
Mariage de Victorine (le), 268, 269.
Marianne, 139, 147, 374.
Mariena, 185.
Mario, 333.
Marion Delorme, 316.
Marivaux, 95, 163, 250, 263, 264, 271, 333.
Marmontel, 120, 160, 167.
Mars (Mlle), 187, 242.
Marseille, 353, 354, 355, 357, 359, 360, 362.
Martel, 352, 361, 363.
Martine, 387.
Masquillier, 95.
Matrone d'Éphèse (la), 166.
Maubant, 244.
Mayer, 243.
Mazère, 238, 239.
Médecin malgré lui, 363.
Médée, 250.
Meilhac, 93, 156, 181, 301.
Mélingue, 239, 291.
Ménandre, 155.
Ménechmes (les), 271.
Mercadet, 156, 181.
Mercutio, 149.
Mère confidente (la), 250.
Mérope, 164, 250.
Méry, 241.
Métromanie (la), 250.
Millaud, 217, 218, 221.

Mirecourt, 244.
Misanthrope, 155, 231, 317, 318, 322, 336, 337, 365, 386.
Misanthropie et Repentir, 157.
Miss Multon, 158.
Mithridate, 138.
Molé, 188, 264.
Molière, 120, 127, 135, 138, 148, 153, 154, 155, 158, 163, 165, 171, 172, 173, 180, 182, 193, 194, 219, 221, 222, 224, 229, 230, 232, 238, 240, 241, 243, 250, 259, 263, 265, 267, 269, 271, 272, 275, 277, 279, 280, 281, 299, 312, 317, 319, 320, 321, 322, 325, 328, 329, 332, 335, 337, 338, 340, 354, 358, 359, 363, 365, 380, 381, 385.
Monime, 138.
Moniteur (le), 254, 332.
Monnier (Henri), 136, 331.
Monrose, 287, 289.
Monte-Cristo, 63.
Montégut (Émile), 185.
Montesquieu, 76.
Montigny, 302, 307.
Monval, 364.
Moreau-Sainti, 307.
Morny (le comte de), 241.
Mort de Pompée (la), 249.
Moscou (le décret de), 218, 225, 226, 235, 242.
Mounet-Sully, 348, 349, 351, 352, 353, 357, 358, 360, 362, 363, 369.
Mouriez, 109.
Mozart, 47, 330.
Musset (Alfred de), 135, 176, 237, 238, 241, 251, 252, 264, 339, 340, 372, 374.

N

Napoléon Ier, 74, 140, 225, 226, 363.
Napoléon (Louis), 235.
Nathalie, 244.
Nicomède, 250.
Nîmes, 355.

INDEX.

Noël (Édouard), 207.
Noël et Chapsal, 121.
Nuit d'octobre (la), 176, 252, 339, 340.

O

Œdipe, 348, 350, 351.
Œdipe roi, 250, 348.
Œil crevé (l'), 307.
Olivier le Diable, 140.
On ne badine pas avec l'amour, 251.
Opinion Nationale (l'), 43.
Orange, 292, 344, 345, 346, 352.
Orgon, 171.
Orphée aux enfers, 191.
Orsay (le comte d'), 241.
Othello, 127, 149, 173.

P

Pailleron, 339.
Palais-Royal, 156, 191, 301.
Pandarus, 99.
Papillonne (la), 252.
Parolles, 99.
Pasca (Mme), 375.
Pasteur, 212.
Patin, 343.
Paul Forestier, 337, 340, 341, 342, 343.
Perdita, 99.
Perdican, 265.
Père de famille (le), 190.
Perpignan, 359.
Perrin (Émile), 217, 247, 250, 255, 256, 257, 258, 259, 260, 261, 262, 270, 273, 274, 277, 282, 302, 315, 316, 321, 323, 324, 325, 326, 327, 329, 331.
Perrin Dandin, 338, 339.
Persigny (de), 235, 241.
Pessard, 107.
Pétrone, 166.

Pézénas, 292, 363.
Phèdre, 170, 172, 179, 182, 368.
Philippe, 179.
Philosophe marié (le), 165.
Philosophe sans le savoir (le), 157, 192, 194, 250, 269.
Pimbêche (comtesse de), 339.
Piron, 156, 250.
Pixérécourt, 163.
Plaideurs (les), 338, 339.
Plaute, 45, 155, 172, 173.
Plouvier (Édouard), 197, 203.
Poitevin, 121.
Polyeucte, 170, 172, 180, 182, 250, 271.
Ponsard, 177, 240, 241.
Praxitèle, 175.
Presse (la), 96, 100, 102.
Provost, 244, 266.
Psyché, 249.

Q

Question romaine (la), 180.

R

Rachel, 187, 233, 235, 236, 237, 240, 242, 244, 281, 370, 380.
Racine, 76, 163, 170, 171, 172, 173, 180, 182, 199, 230, 231, 238, 249, 338, 380.
Raphaël, 48, 94.
Rébecca, 242.
Regnard, 135, 154, 250, 269, 271.
Régnier, 234, 244, 289, 311.
Reichemberg (Mlle), 273.
Réjane, 264.
Rembrandt, 48.
Retour imprévu (le), 271.
Richelieu, 140, 188.
Riesener, 48.
Rigaut, 74.

Robillot, 185.
Rochefort (Henri), 78.
Rodogune, 165, 249.
Roland, 181.
Roméo et Juliette, 127, 145, 149.
Romieu, 241.
Romulus, 243.
Rondel, 354, 355.
Roqueplan (Nestor), 94, 95, 96, 241.
Rosalinde, 99.
Rosamond (Mlle), 298, 299.
Rossini, 47.
Rousse (M^e), 207, 208.
Rousseau (J.-J.), 179.
Rousseau (Th.), 48.
Rouvier, 239.
Rubens, 48, 94.
Ruy Blas, 268, 269, 367.

S

Sacy (de), 186.
Sainte-Beuve, 72.
Saint-Germain, 244.
(Paul de) Saint-Victor, 65, 100, 101, 102, 109, 241.
Samson, 109, 234, 239, 244, 287, 289, 311.
Sand (G.), 242.
Sarah Bernhardt, 259, 260, 281, 366, 367, 368, 369, 370, 371, 373, 374, 377, 380.
Sardou, 181, 193, 252, 272, 291, 309, 310, 380.
Schiller, 320.
Scribe, 97, 193, 263, 389, 390.
Sedaine, 157, 192, 250.
Serre, 192.
Sevestre, 237.
Sévigné (Mme de), 79, 80, 319.
Shakespeare, 45, 92, 93, 97, 127, 145, 146, 147, 148, 172, 194, 238, 240, 320, 385.
Silvain, 360, 363.

Silvia, 263, 264, 333.
Socrate, 139.
Songe d'une nuit d'été (le), 97.
Sonnenthal, 388.
Sophocle, 45, 145, 172, 174, 359.
Souvenir, 135.
Stances à la Malibran, 176.
Stendhal, 66.
Stoullig (Edmond), 207.
Sylvio, 99.

T

Talbot, 265, 266, 338, 339.
Talma, 186, 187.
Tartuffe, 147, 153, 171, 178, 239, 320, 321, 365.
Tasse (le), 320.
Taupin, 174.
Tempête (la), 97.
Temps (le), 168, 169, 296, 356, 371.
Tencin (Mme de), 201.
Térence, 153, 172, 173.
Testament de César Girodot, 156.
Thérèse Aubert, 197, 205.
Théric (Mlle), 242.
Thespis, 128.
Thierry (Ed.), 245, 246, 248, 249, 250, 251, 252, 253, 254, 255, 256, 261, 273, 285, 302, 303, 332, 337.
Thiron, 265.
Thomas, 209.
Times, 371, 372.
Tisbé, 240.
Toison d'or (la), 209.
Toulouse, 359.
Tour du Monde en 80 jours (le), 209.
Trissotin, 388.
Tristesse d'Olympio, 135.
Tronchet, 95.
Truffier, 388.
Truth, 377, 379.
Turcaret, 257, 258.

V

Vaillant (le maréchal), 303.
Valence, 359.
Valère, 333, 339.
Vallier, 185.
Vénus de Médicis, 174.
Vénus de Milo, 174, 175.
Vernet, 233.
Verteuil, 261, 300.
Vestris, 175.
Victor (Pierre), 185.
Vienne, 163, 383, 384, 385, 386, 387, 388.
Viennet, 230, 231, 233.
Vie Parisienne (la), 327.
Vieux Garçons (les), 202.
Vigny (A. de), 238.
Villemain, 55.
Villemot, 90, 312.
Vitu, 223.
Voiture, 77, 78, 79, 80, 83.

Voltaire, 71, 76, 79, 80, 120, 121, 160, 163, 164, 179, 250.
Voltaire (le), 189.

W

Wagner, 175.
Wailly (de), 237.
Weil, 354.
Weiss (J.-J.), 78.
Winterhalter, 48.
Worms, 188, 359.

X

Xipharès, 138.

Y

Yahne, 264.

Z

Zaïre, 250.
Zola, 189, 192, 193.

TABLE DES MATIÈRES

	Pages.
I. — AVANT-PROPOS, par Adolphe Brisson............	v

II. — FRANCISQUE SARCEY. Articles consacrés à la mémoire du critique au lendemain de sa mort par :

Jules Claretie........................	1
Emile Faguet.........................	7
Henry Fouquier.......................	13
Gustave Larroumet....................	18
Jules Lemaitre.......................	25
André Theuriet.......................	29
Adolphe Brisson......................	33

III. — LA CRITIQUE ET LES CRITIQUES.

Les droits et les devoirs du critique...................	45
Quelques critiques :	
Fiorentino	59
Jules Janin.........................	68
Théophile Gautier...................	91
Paul de Saint-Victor.................	100
Rapports de la critique avec les directeurs du théâtre......	105

IV. — LES LOIS DU THÉÂTRE.

Essais d'une Esthétique de théâtre..................	119
Les conditions de l'art dramatique..................	125
Les pièces gaies et les pièces tristes.................	133
Le mélange du comique et du tragique...............	141

TABLE DES MATIÈRES.

	Pages
Le ton propre de la comédie et l'unité d'impression........	152
La « Dramaturgie » de Lessing......................	159
Le théâtre et la morale. — Le but du théâtre est-il de moraliser?......................................	169
Influence du théâtre sur les mœurs.................	178
La décadence du théâtre........................	185
Principales évolutions et révolutions de l'art dramatique....	189
Les sentiments de convention.....................	197
Le public des premières........................	207

V. — LA COMÉDIE-FRANÇAISE.

Constitution et fonctionnement de la Comédie-Française. — Son histoire. — Les deux principes contradictoires qui ont influé sur sa destinée. — Conflits entre les comédiens et le pouvoir dénoués par le public...................... 217

Les directions de la Comédie-Française :

    Arsène Houssaye.......................... 235
    Édouard Thierry........................... 246
    Émile Perrin............................. 255
    La Comédie en 1893....................... 262

La question d'argent. — Les sacrifices nécessaires au vieux répertoire.................................... 267
    Les grosses recettes et l'avidité des comédiens........ 273
    Les sociétaires en tournées..................... 277

Sociétaires et pensionnaires : Les vétérans et les débutants. 285
    Les avantages du sociétariat..................... 290
    Devoirs de la critique envers les jeunes comédiens...... 292
    Les débuts d'artistes, autrefois et aujourd'hui......... 296
    Le régisseur général........................... 300

Le comité de lecture. Sa défense, son utilité. Difficulté de le remplacer................................... 305

    Les abonnés du mardi......................... 315

La Comédie-Française en voyage :

    A travers la province : Dijon et Lyon............... 335
    A Orange................................ 344
    A Marseille.............................. 353

	Pages.
A l'étranger : Londres. — Les succès de Mlle Sarah Bernhardt...	365
La critique anglaise et les comédiennes...............	370
Le goût anglais et le goût français....................	375
A Vienne...	383